中國學術思想 研究輯刊

二六編
林慶彰 主編

第3冊

孔老關係研究

黃梓根 著

花木蘭文化事業有限公司

國家圖書館出版品預行編目資料

孔老關係研究／黃梓根 著 — 初版 — 新北市：花木蘭文化
事業有限公司，2017〔民106〕
目 4+208 面；19×26 公分
（中國學術思想研究輯刊 二六編；第 3 冊）
ISBN 978-986-485-171-3（精裝）
1.（周）孔丘 2.（周）李耳 3. 學術思想 4. 先秦哲學
030.8   106014198

ISBN-978-986-485-171-3

9 789864 851713

中國學術思想研究輯刊

二六編 第 三 冊   ISBN：978-986-485-171-3

孔老關係研究

作　　者　黃梓根
主　　編　林慶彰
總 編 輯　杜潔祥
副總編輯　楊嘉樂
編　　輯　許郁翎、王 筑　美術編輯　陳逸婷
出　　版　花木蘭文化事業有限公司
社　　長　高小娟
聯絡地址　235 新北市中和區中安街七二號十三樓
　　　　　電話：02-2923-1455／傳真：02-2923-1452
網　　址　http://www.huamulan.tw 信箱 hml 810518@gmail.com
印　　刷　普羅文化出版廣告事業
封面設計　劉開工作室
初　　版　2017 年 9 月
全書字數　184238 字
定　　價　二六編 12 冊（精裝）新台幣 22,000 元

孔老關係研究

黃梓根　著

作者簡介

黃梓根，男，湖南瀏陽人，嶽麓書院歷史學博士，現供職於湖南大學校辦公室。

提　要

　　孔、老關係是研究早期儒道關係的最基本的問題之一。本文在充分尊重和利用前人已有研究成果的基礎上，針對孔、老關係這一重要而又頗具爭議的學術公案進行了史料的全面梳理和辨析，揭示了孔老思想的諸多共通之處，並分析了出現這些共通之處的原因，探析了早期儒道思想的同源性。

　　孔老關係應該包括兩個方面的內容，一是孔子和老子之間的交往，主要指老子和孔子之間的師生關係；二是孔子思想和老子思想之間的關係。以往的爭論和研究往往糾纏於孔老之間交往的存在與否，而較少涉及到孔老思想之間的關係。本文立足史料，從考證老子與孔子的師生關係入手，試圖澄清以往的一些模糊認識，重點考察和揭示了孔、老思想之間的相通之處以及出現這些相通現象的原因，並對孔、老時代及稍後一段時間內的儒道關係談了一些自己的看法。

　　本文認為，歷史上所記載的孔子師事老子一事當屬歷史事實，不應該被無端懷疑，先秦兩漢時期儒、道等各家典籍中的關於孔子問禮於老子的記載是可信的。孔子和老子有著共同的時代和文化背景，他們在思想上有著同源的關係，兩人的思想在實質上有著諸多的相通之處。例如，老子的思想中包含了孔子和早期儒家的諸多思想元素，如仁、禮、中庸等；而孔子的思想中也處處流露出老子和早期道家的思想成分和處世傾向，如無為、隱逸、處下、守愚等。孔子對老子的思想是有所吸收和借鑒的。

　　本文立足史料的梳理、甄別和考證，用大量可靠的史實來糾正和澄清以往關於老孔關係的一些錯誤認識，並重點揭示孔老思想的相通之處，由此在思想內容上證明了老孔師生關係存在的真實性。

　　老子和孔子生活在同一歷史時期，其文化背景和社會背景都是大致相同的。我們認為在老子和孔子的時代，後世意義上的「道家」和「儒家」之分或許是不存在的，先秦諸子之學或許本無所謂「九流十家」之分。所以，我們認為，在研究老、孔關係及其思想的時候，應該特別注意不能用後人「儒家」或「道家」的立場和視角去看待和解讀孔子和老子的思想。

　　雖然孔、老思想在本質上是相通的，儒道兩家思想在源頭上是合一的。但是，老子和孔子的思想在後世畢竟還是朝著不同的方向發展了，成為中國思想文化史上的兩大基本派別。那麼，這種異向發展背後的原因和動力又是什麼呢？這是我們努力思考並力圖解答的一個問題。我們認為，老、孔思想的異向發展，除了其自身的思維邏輯方式的不同之外，更存在著社會政治選擇和文化傳承與詮釋解讀等多方面的因素。

　　通過人們兩千多年的詮釋和發展，人們對老子和孔子的認識已經逐漸偏離了他們本來的面目，人們對早期道家和早期儒家的認識也往往打上孔、老以後不同時代自己的印記。早期的儒、道兩家並沒有真正分開過。以往，人們多認為早期儒道關係緊張對立，這是不符合當時的歷史真實情形的。既然早期儒道並未完全分開，所以就不存在緊張和對立可言。

　　郭店楚簡儒道文獻的出土，只是進一步說明了早期儒道和平共處這一結論，並不是所謂的「新發現」。細心研讀傳世文獻，我們就已經能發現早期儒道並不對立，所以不能說是郭店楚簡改寫了早期儒道關係，只能說明我們以前對早期儒道關係的認識不夠深入和準確。對於出土文獻，我們一方面應該高度關注和充分利用，但另一方面又不能無限放大它們對中國古代思想學術研究的作用和價值。

目

次

第1章 緒 論

　　儒、道兩家思想同源而異流，他們既有對夏、商、周三代文化的繼承和發展，也有對三代文化的反思和批判。可以說，儒、道文化均脫胎於中國早期文明，是中國傳統文化的兩大主幹。儘管儒、道兩家思想和文化在各自的發展過程中，越來越呈現出不斷加深的異化和對立，但是我們仍不能忽視和否認兩家思想在起源上的同一性。從儒道關係整個的發展過程來說，儒、道的界限有一個從模糊到清晰的過程。早期的「儒家」，如孔子和孟子、荀子，其思想有著許多「道家」的成分；而早期的「道家」，如老子和莊子，也同樣有著類似「儒家」的強烈的入世情懷。早期的儒家和道家並沒有真正分開過。

　　孔老關係的問題是我們研究中國思想文化史不可迴避的基本問題，也是儒道關係研究的最基本的問題之一。對於孔老關係的研究，除了考察孔老之間的交往之外，我們應該更多地關注老子和孔子學說的實質和他們思想關係的實際情況，而不是糾纏於「道家」和「儒家」等學術派別名號，畢竟這種學派的名號都是後人的描述和概括，而這種描述和概括與歷史上先秦諸子學術的客觀情況是有距離的。

　　在先秦和漢代的典籍中，有大量關於孔子師事老子的記載，從先秦到兩漢時期，人們都不曾對孔子和老子的交往有什麼懷疑。孔子與老子的交往以及兩人在思想層面的諸多互通恰恰反映了早期儒道關係的和諧與包容，也說明了儒、道兩家在源頭上的共通。

　　唐儒韓愈作《原道》，首先對老子和孔子的師生關係提出了最具代表性的

懷疑。其說雖「論辨無據」，但「衛道有心」〔註 1〕，此後，因儒、道學派之爭而肇發的對孔老交往的懷疑思潮卻層出不窮，直至二十年代初的一些著名學者，仍然承此餘緒，堅持認爲孔子師老子乃荒謬之說，認爲孔子早於老子，而孔學先於老學。這種思潮的影響至今還很大，不少學者受此影響，依然懷疑老子和孔子的師生交往關係。可以說，韓愈以來的懷疑論使孔子與老子的關係問題由一個簡單的歷史事實演化成一個頗具爭議的學術公案。

因此，我們有必要對傳統文獻中的關於孔老交往的相關史料作一次全面的考察和辨析，並結合二十世紀七十年代以來一系列新出土的戰國兩漢簡帛資料，來重新考察和審視老子和孔子的師生關係以及他們在思想上的關係，由此進一步澄清我們對孔、老關係和早期儒道關係的認識，並在此基礎上探究孔、老思想相通的深層原因以及由此產生的思想遺傳和文化影響。

1.1 選題和研究意義

我們認爲，該選題在以下幾個方面具有重要意義：

（1）孔、老關係的問題是研究儒道關係的最基本的問題。孔子曾師從老子，向老子請教禮的問題，他們之間有著學術上和思想上的交流。但是，自唐代韓愈開始，興懷疑之風，認爲孔子問禮於老子一事純屬烏有，這種懷疑一直延續到現代，使孔、老關係的問題變得複雜神秘，人們從而往往在學術研究上對孔、老關係的問題有所迴避，不願意正面進行研究。本書首先要解決的問題就是通過對相關史料的全面考察，澄清這段史實，統一認識，力圖說明先秦兩漢時期關於孔、老交往的歷史記載是眞實可信的。

（2）孔子和老子在思想上有著同源的關係，並且兩人的思想有著諸方面的相通之處。例如老子深諳禮學，在本質上並不反對仁義，老子也講中庸；孔子的思想深處也有著隱逸、無爲、不爭、愼言、處下等老子式的思想和處世傾向。本書的第二個任務就是全面揭示孔、老這些相通的思想，並且分析其原因。

（3）孔子和老子的思想主張在本質上有著諸多的相通之處，但在思維方式和實現途徑上表現出比較明顯的差異，我們要解決的第三個問題就是力圖

〔註 1〕 羅根澤語，見羅根澤編著：《古史辨》第六冊《自序》，上海古籍出版社 1982年版，第 2 頁。

揭示孔、老二人思想主張同源而異流的表現，並且去思考孔老思想出現這些差異的深層原因。

　　（4）後人對老子和孔子的認識已經逐漸偏離了老、孔的本來面目，對早期道家和早期儒家的認識也往往打上老、孔以後不同時代政治和學術的烙印，我們試圖還原或接近以孔、老爲代表的早期儒、道思想的本來面目。

　　（5）湖北郭店楚簡的儒、道文獻出土以來，有學者提出，可以據此發現早期的儒道關係原來並不緊張，甚至提出因此要改寫整個先秦學術思想史。本書力圖說明，通過傳世的文獻就可以發現，早期的儒道關係本來就不緊張，郭店楚簡的儒道文獻內容，只是進一步印證了這一結論，並不是通過新出土文獻才能得出這一結論。早期儒道關係的重新認識，是傳統文獻和出土文獻共同的結論。我們應該充分重視出土文獻的史料價值，但不能無限放大它們的學術意義。

1.2　研究綜述

　　老子和孔子都是春秋末期的人。先秦兩漢的文獻出現了大量關於老子和孔子交往的記載。目前可以看到的關於老、孔關係的最早記載，可能要數《文子》一書。〔註 2〕《文子·道原》篇有「孔子問道，老子曰：『正汝形，一汝視，天和將至。攝汝知，正汝度，神將來舍。德將爲汝容，道將爲汝居』」〔註 3〕的記載。此外，《莊子》、《呂氏春秋》、《史記》、《禮記》、《孔子家語》、《韓詩外傳》等書中均有關於老、孔交往的記載。可見，在離老、孔年代較近的戰國秦漢時期，人們對老、孔同時並有所交往是沒有什麼懷疑的。

　　從唐代韓愈開始，人們對孔、老關係有了不同的觀點。韓愈在《原道》篇中曾懷疑並否定老、孔有過交往，雖然韓愈自己並未能證明自己的判斷，但他的質疑卻開了風氣，從此以後，懷疑老、孔師生關係的人就層出不窮了，如宋代的陳師道、葉適，清代的汪中、崔述等等。而且這種懷疑一直延續到現代，如許地山、顧頡剛先生等人都懷疑老孔之間有過師生的關係，馮友蘭先生在《中國哲學史新編》中甚至把老子視爲孔子之後的人，認爲孔、老的

〔註 2〕　《文子》一書，過去被認爲是僞作，1973 年河北定縣 40 號漢墓出土的竹簡中，發現了《文子》殘簡，證明《文子》不僞，當屬先秦作品。參見張松輝《先秦兩漢道家與文學》，東方出版社 2004 年版，第 42 頁。

〔註 3〕　《文子》卷一《道原》，《文子疏義》，中華書局 2000 年版，第 23 頁。

交往是不可信的傳說。

可以說，從韓愈懷疑老、孔之間不曾有過交往開始，人們便開始了對老、孔關係的研究，遺憾的是這些研究多停留在是與非、有與無的簡單判斷，並無深入的論證和研究。直至晚近一些學者，如胡適先生等人，才開始對老、孔關係作正面的研究。胡適先生在《說儒》一文中討論「道」與「儒」的歷史關係時曾專門談到了老子和孔子的關係問題，肯定了老、孔的師生關係，也提出了一些很有啓發性的觀點。例如，他認爲先秦沒有道家，道家起源於戰國、秦漢之間：

> 「道家」這一名詞不見於先秦古書中，在《史記》的《陳平世家》、《魏其武安侯列傳》、《太史公自序》裏，我們第一次見著「道家」這個名詞。司馬談父子所謂「道家」，乃是一個「因陰陽之大順，採儒墨之善，撮名法之要」的混合學派。因爲是個混合折衷的學派，他的起源當然最晚，約在戰國的最後期與秦漢之間。這是毫無可疑的歷史事實。〔註4〕

同時，胡適先生還認爲老子是正宗的儒家：

> 老子也是儒。儒的本義爲柔，而《老子》書中的教義正是一種「寬柔以教，不報無道」的柔道。「弱之勝強，柔之勝剛，天下莫不知，莫能行。」「上善若水，水利萬物而不爭。」「夫唯不爭，故天下莫與之爭。」「報怨以德。」「強梁者不得其死。」「曲則全，枉則直，窪則盈。」——這都是最極端的「犯而不教」的人生觀。如果「儒，柔也」的古訓是有歷史意義的，那麼老子的教義正代表儒的古義。〔註5〕

胡適先生從「儒」的考證入手，揭示了老子思想和孔子思想具有同根同源性，儘管他認爲老子是正宗的儒家的觀點值得商榷，但他對二者思想互通的關注已經具有十分重要的意義了。

另外，《古史辨》第四冊和第六冊中收錄了不少關於老子及《老子》年代考以及老學與孔學先後關係的爭辯和論述，但隨著考古的新發現，當時疑古派學者關於孔學和老學關係的某些觀點已經被證明是不正確的。儘管如此，《古史辨》中大量的古史考證對先秦學術思想研究作出了重大的貢獻，並且

〔註4〕 胡適：《胡適全集》第4卷，安徽教育出版社2003年版，第73頁。
〔註5〕 胡適：《胡適全集》，安徽教育出版社2003年版，第74頁。

爲後學者提供了重要的研究線索。

　　二十世紀八十年代以來，隨著儒道關係研究的深入，人們對孔、老關係的研究也有所推進。特別是一九九三年十月湖北荊門郭店戰國楚簡的出土，使人們對先秦儒道關係產生了濃厚的興趣，並且湧現出不少結合郭店楚簡來研究早期儒道關係的論文，但是正面討論孔老關係的文章尚不多見。

　　據筆者所關注，近幾年來，有三部著作曾闢專節對孔老關係進行了一定篇幅的論述和分析。這是上個世紀八十年代以來大陸地區研究老孔關係的代表性成果。雖然相關部分的篇幅都不算很大，但對我們的研究有很大的啓示和幫助。這三部著作分別是孫以楷先生的《道家與中國哲學》（先秦卷）（人民出版社 2004 年版）、張松輝先生的《先秦兩漢道家與文學》（東方出版社 2004年版）和《老子研究》（人民出版社 2006 年版）。他們的觀點都是肯定老孔在歷史上的師生關係，並指出老子思想對孔子有多方面的影響。這對我們進一步從微觀上分析老孔思想的相通之處提供了方向性的指導。孫以楷先生在《道家與中國哲學》（先秦卷）曾闢專節論述了老子學說對孔子的影響。〔註 6〕張松輝先生在《先秦兩漢道家與文學》一書中對孔子與道家的關係，特別是與老子的關係，也作了簡要的分析，認爲老子和孔子之間確實存在師生關係，而且這種關係對儒家的興起起著至關重要的作用。〔註 7〕接著，張松輝先生在《老子研究》一書中，談到了老、孔會面在社會地位以及道、無爲、禮學、隱逸思想等方面對孔子產生的影響。在臺灣地區，陳鼓應先生的研究最爲突出，撰有《老莊新論》〔註 8〕一書，裏面闢專節從哲學的角度比較了老子思想

〔註 6〕　孫先生說：「老子早於孔子近二十年，可以說是並生。與孔子並生的老子開創了哲學本體論，建構了完整的形而上學體系。他的這些哲學觀點對孔子及儒學家產生了極大的影響。我們堅持老先於孔，老子是中國第一位哲學家，並不是爲了『要以道家思想爲中國哲學史的主幹』，而是爲了尊重歷史事實。孔子所受老子的影響，證據不僅在於孔子認同了老子的『無爲而治』之說，也不僅在於孔子不贊成老子的『報怨以德』，主要是在於老子的形而上的本體論啓發孔子晚而學易、喜易以研尋天道。老子的超越性的思維方式引發孔子實現對周禮的超越，用人之本體——仁去改造周禮，構建了儒家人生哲學、倫理哲學。」（見孫以楷、陸建華、劉慕方：《道家與中國哲學·前言》（先秦卷），人民出版社，2004 年版，第 16 頁。）

〔註 7〕　張松輝先生說：「孔子和老子的思想、情趣的確有許多相通之處。根據孔子的一些言語，我們甚至認爲孔子讀過《老子》這本書。」（見張松輝《先秦兩漢道家與文學》，東方出版社 2004 年版，第 49 頁。）

〔註 8〕　初版於 1991 年 4 月，由中華書局（香港）有限公司出版，上海古籍出版社 1992年再版。

和孔子思想，認爲老學先於孔學。陳著偏向於哲學分析，並未從具體的思想內容上揭示孔老思想的相通。

二十世紀八十年代以來，出現了一些討論早期儒道關係的論文，其中部分文章談到了孔子和老子的思想關係。例如，劉笑敢《孔子之仁與老子之自然——關於儒道關係的一個新考察》（《中國哲學史》2000 年第 1 期）一文試圖通過孔子之仁的觀念和老子之自然的觀念來說明儒道兩家在精神上有相通之處，指出老子並非一概反對儒家道德，只是反對強制的或虛僞的道德表現。道家的自然原則爲儒家的道德原則提供了一個實踐的標準，爲儒家道德原則的社會實踐提供了潤滑劑。張運華《論道家對儒家的影響》（《管子學刊》1999 年第 3 期）指出道家與儒家除了相互衝突之外，也還有著相互影響、相互吸收的關係。認爲從中國哲學起源於先秦諸子來看，最初雖然呈現著一種多元並起的局勢，但在一個相對統一的地域中所產生的多種思想，其互相影響、互相滲透卻是無法避免的，也就是說，先秦時期的學術發展是多向而又相互交錯的，決不是單線縱向而彼此孤立的。道家與儒家的關係就體現了這種學術特點。他從孔、老關係和《論語》兩個角度談了先秦道家對儒家的影響。張運華《荀子對道家思想的吸收和對儒學的重建》（《求索》1998 年第 3 期）認爲荀子在天道觀、認識論和無爲論三個方面吸收了道家的學說，從而對儒家進行改造，完成了重建儒學的大任。陳鼓應《早期儒家的道家化》（《中州學刊》1995 年第 2 期）一文提出了儒家的道家化和道家的儒家化這一個問題，文章指出，儒道兩家從他們的創始人開始，便有著思想上的對話。戰國中期以後，在百家爭鳴的學術環境裏，稷下道家在倫理思想上吸收儒家的仁義學說及禮制文化；儒家的孟、荀在哲學上接受道家的宇宙論、自然觀。因此我們可以說所謂先秦儒家的道家化乃是指儒家在哲學上的道家化，而所謂稷下道家的儒家化，乃是指稷下道家在倫理學上的儒學化。陳鼓應、白奚《孔老相會及其歷史意義》（《南京大學學報》1998 年第 4 期）一文認爲孔子早年曾與老子多次相會，在請教過程中深受老子影響，隨著孔子儒學思想形成，孔老討論中儒道兩家的分歧與互補性也都顯現出來，孔老相會是中國文化史上的重大事件，具有非同尋常的歷史意義。葉坦《儒家「無爲」說——從郭店楚簡談開去》（《哲學研究》1999 年第 7 期）一文從郭店楚簡和傳統文獻關於「無爲」的話題說起，主張從自然與社會兩方面及二者的關聯中，來看儒道兩家的「無爲」說。余學琴《儒家之始祖　道家之津梁——論孔子思想的道

家成分》（《安徽師大學報》1994 年第 3 期）一文從哲學思想、政治觀點、人
生態度三方面論述了孔子對老子思想的吸收。王岳川《簡論儒道思想的精神
互動性》一文指出：在中國思想史研究中，人們一般只看到儒道思想在範式
與體系上的差異，其實兩者從思想源頭看還存在著相通相契的關係。這主要
表現爲：1、老子思想的多元性對孔子的影響。2、由於漢墓帛書《老子》與
郭店竹簡《老子》的發現，學界根據通行本得出的老子反對「仁」、「義」、「禮
樂」的觀點並不符合老子思想的實際。郭沂《老莊孔孟哲學的底蘊及其貫通》
（《原道》第 1 輯，1994 年版）一文探討了老莊孔孟哲學的思想底蘊及其相互
貫通，認爲表面上，儒道對立，勢若水火，實質上，它們不但同根同源，而
且相互貫通。分析了儒道人生觀的差異性和方法論的相通性。他指出：在孟
子哲學中，人生觀當然是儒家的，但方法論卻主要源於老子；他用老子的方
法來解決孔子的問題。在如何「存心」、「養心」問題上，孟子還提出了著名
的氣論，這是對老子氣論的繼承和發展。孟子繼承了老子關於氣是一種使心
保持其本然狀態的東西、心的本然狀態通過氣得以實現的觀點。孟子雖取法
老子，但仍歸宗於孔子。從人生觀的角度看，孟學是孔學發展的一座豐碑；
從方法論的角度看，它又是老學發展的新階段。文章同時還談到孔子對莊子
思想的影響。郭沂另外一篇文章《生命的價值及其實現——孔、莊哲學貫通
處》（《孔子研究》1994 年第 4 期）認爲孔、莊都以生命價值立論，其哲學體
系都是圍繞什麼是生命的價值和如何實現生命的價值而建構起來的。

　　此外，還有另外一些論文也都談到了早期儒道關係及孔老關係的相關問
題，我們都有所關注，如：郭沂《從郭店楚簡〈老子〉看老子其人其書》（《哲
學研究》1998 年第 7 期）；呂鵬志《試論孔子之「道」和老子之「道」的宗教
淵源》（《中華文化論壇》1997 年第 2 期）；張立文《論簡本〈老子〉與儒家思
想的互補互濟》（《道家文化研究》第 17 輯，北京三聯書店 1999 年版）；張鴻
愷《從郭店竹簡〈老子〉不非「仁」、「義」、「禮」、「樂」論早期之儒道關係》
（臺灣《宗教哲學》民 9209）；李存山《從郭店楚簡看早期儒道關係》（《道家
文化研究》第 17 輯，北京三聯書店 1999 年版）；張松輝《論老子的禮學思想》
（《中國哲學史》2005 年第 1 期）等。

　　綜上觀之，近二十年來的儒道關係研究是成果最多、程度最深的一個階
段，大致呈現出以下特徵：1、從對儒道關係的宏觀把握逐漸轉向對儒道思想
不同側面的微觀研究，學者們開始從各個側面深化對儒道思想的對比研究；

2、重視傳統文獻和出土文獻的結合，從上面的綜述可以看出，已有不少的成果結合了 1973 年出土的馬王堆漢墓儒道文獻和 1993 年湖北荊門郭店楚簡出土的儒道文獻；3、從儒道主幹地位的對立和爭論開始轉向理性地關注儒道互補的不同層面，研究的角度和立場越來越多元化。但是，這些研究也存在不少的問題：1、對儒道思想的基本特徵，存在矯枉過正的問題，有些文章爲了追求新意，出現片面、偏激的現象，有悖傳統思想的本來面目。2、有些文章執著於儒道主幹地位的爭論，缺乏客觀理性的學術立場。3、有些文章脫離文本太甚，僅僅根據一點點材料就大發議論，出現曲解文本的現象。4、有些文章過於依賴新近的出土文獻，而忽視對傳統文獻的仔細解讀，忽視了傳統文獻與出土文獻的互證。

到目前爲止，系統、微觀論述孔、老關係的專著並未出現，孔、老關係和早期儒道關係尚有較大的研究空間。我們希望在充分尊重和利用現有研究成果的基礎上，全面耙梳史料，深入分析，爭取在這一研究領域有所推進和突破。

1.3 研究的主要內容及方法

1.3.1 研究內容及主要觀點

本課題主要研究老子和孔子的關係以及由此反映出來的老、孔時代的儒道關係。孔、老關係一方面包括老子與孔子之間的交往關係，另一方面包括他們的思想之間的關係。我們希望在充分利用前人研究成果的基礎上，結合二十世紀七十年代以來一系列新出土的戰國兩漢簡帛資料，對傳統文獻中的相關史料作一次全面的考察和辨析，來重新審視孔子和老子的關係以及他們在思想上的異同，由此進一步澄清我們對孔老關係和早期儒道關係的認識，推進早期儒道關係的研究。

考察儒、道兩家的相關傳世文獻和二十世紀七十年代以來一系列新出土的相關簡帛資料，對於孔、老關係和早期儒道關係，我們有以下幾點基本認識：

（1）孔子師事老子確有其事，先秦兩漢時期關於孔老交往的史料記載是可信的。先秦時期許多以前被視爲偽書的典籍值得重新審視，其中的史料不宜輕易全盤否定。

（2）孔子和老子在思想上有著同源的關係，兩人的思想實質有著諸方面的相通之處。孔子對老子的思想是有所吸收和借鑒的。

（3）不能用後期儒家或道家的視野去看待和研究孔子和老子的思想，在孔子和老子的思想裏頭是沒有明顯劃分「儒家」和「道家」的。

（4）後人對老子和孔子的認識已經逐漸偏離了他們本來的面目，對早期道家和早期儒家的認識也往往打上孔老以後不同時代的烙印。早期的儒道關係本來就不緊張，郭店楚簡的出土，只是進一步印證了這一結論，並不是通過新出土文獻才能發現這一問題，更不能說是改寫了先秦學術思想史。我們應該充分利用出土文獻，但不能無限放大它們的學術意義。

1.3.2　研究的方法

我們將堅持以馬克思主義唯物史觀爲指導，充分尊重和利用前人的研究成果，注重歷史與邏輯的統一的方法，認眞鑽研原著，結合傳統文獻和出土文獻，重視考證和詮釋的結合，對孔、老關係進行全面的考察和研究，並以此爲切入點，深入探討孔、老思想和早期儒道關係的原貌，提出自己系統的觀點，並進行深入論證。

研究孔老關係，在史料上是很難有重大突破的，但是我們的研究方法和視角可以轉換。以前的相關研究，往往是以儒家或者道家的視角去看待孔子或者老子，那麼得出的結論往往難免會帶有學派的意氣，而導致對歷史本相的偏離。我們力爭站在儒道立場之外去看待孔子和老子的關係以及他們的思想，力求更加接近眞實的孔子和老子。

在依靠和尊重史料的同時，我們有時候又不妨跳出史料，從社會史的角度去觀察孔、老的思想和由此出現的一些相通現象。羅志田先生有感於蒙文通先生從社會視角研究思想史的治史方法〔註 9〕，提出：「既存史料總是有限的，除少數可遇不可求的機會（如新出土前人少見的史料）外，任何人研究

〔註 9〕 蒙文通先生曾說，「衡論學術，應該著眼於那一時代爲什麼某種學術得勢，原因在哪裏？起了什麼作用？這才是重要的」。比如以黃老和今文學爲代表的「老子、孔子之學何以在漢代戰勝百家之學」這一大問題就當從其得勢之原因和所起的作用著眼，「從這裏看孔、老，似乎比專就孔、老哲學思想看，更有著落」。參見蒙文通：《治學雜語》，收入蒙默編：《蒙文通學記》，三聯書店，1993 年版，17 頁。

孔、老思想所依據的基本材料是相同的，然視角的轉換常可以『盤活』許多原不爲人所重的史料，史學的理解也就更進一層了。」〔註10〕他又說：「學術史不能離具體的學術文本，惟有時稍轉換視角跳出文本之外，則片言也可獲殊解。」〔註11〕這是很有啓發的見解。

所以，我們在研究孔老關係的時候，一方面要力求突破「儒」與「道」的視野局限；另一方面也要不斷轉換視角，從多角度、多層面去思考史料中所反映出來的問題。

1.4 研究的重點與難點

本課題的重點在於梳理和考證傳世文獻中體現的孔、老關係史料，並從文化同源和孔老交往的事實出發，力圖全面揭示孔、老思想的相通之處，分析探討孔、老思想相通和異路的深層原因，同時揭示老、孔子思想的內在關聯和早期儒道思想的交融互補。

孔老關係的問題是一直以來頗具爭議的學術公案，問題的討論容易引起學術立場和派別的爭議。另外，早期儒道關係問題研究涉及到對諸多先秦史料的辨偽和甄別的工作，此外，對一些相關的新出土儒、道文獻的解讀和認定也還待進一步深入論證，而且這是一項艱難的工作。孔老關係問題是一個重要而又陳舊的話題，前賢時修關注不少，雖觀點各異，研究程度深淺不一，但我們要推陳出新，哪怕是向前推進一小步，都屬不易。所有這些，都給我們的研究帶來很大的挑戰和壓力。

〔註10〕 羅志田：《史無定向：思想史的社會視角芻說》，載《開放時代》2003年第5期。
〔註11〕 羅志田：《史無定向：思想史的社會視角芻說》，載《開放時代》2003年第5期。

第 2 章　關於孔老研究的史料問題

　　我們研究老孔關係以及他們的思想，首先面臨的就是史料的問題。孔、老的研究是古老而傳統的課題，我們很難在史料上有重大的突破，任何人研究孔學與老學，最主要的史料無外乎《老子》和《論語》以及相關的先秦兩漢典籍。然而，先秦古書的年代離我們已經十分遙遠了，更麻煩的是，時修前賢對先秦史料的眞僞等諸多問題的觀點各異，眾說紛紜，至今尚未有一致的意見。

　　包括《老子》和《論語》在內的很多先秦典籍，涉及到諸多問題的考證和說明，例如作者、成書年代、版本流傳等等。同時，也有許多先秦典籍，長期被懷疑是漢代以後的僞作，被認爲不能用於先秦思想史的研究。不少的先秦典籍即使已經有了比較合理的傳統說法，但也被置於懷疑之列。特別是晚近以來，疑古之風盛行。正如裘錫圭先生所言：「從 20 年代到 30 年代，疑古逐漸成爲古典學界的主流思潮，傳統的古典學在很多方面受到清算。經書的神聖外衣完全被剝除。很多先秦古書的年代被推遲，有不少書被看作漢以後的僞作（這裡所說的書包括書中的單篇）。雖然懷疑古書之風早就存在，但是只是到了這一次才發展成主流思潮，懷疑的廣度和深度也大大超過以往，從而明顯地改變了古典學的面貌。」〔註1〕

　　史料眞僞問題的糾纏，使我們作任何一個學術判斷，都不得不十分地小心謹愼。所以，在展開討論之前，很有必要對有關史料作一個簡要的交代，說明一下我們持論的依據和對有關史料問題的態度。我們在此專闢章節，特別對此類問題作一些說明，一是爲了方便後面的行文，可以不再贅言；二是

〔註1〕 裘錫圭：《中國出土古文獻十講》，復旦大學出版社，2004 年版，第 2～3 頁。

想結合二十世紀七十年代以來的考古新材料和學界的相關研究對某些相關史料作一些試探性的拓展，試圖在更加廣闊的史料視野中去考察孔老關係和他們的思想，力求得出更加符合實際的結論。

我們研究孔老關係及其思想，所依據的材料主要還是傳世文獻中的相關史料，同時關注以郭店楚簡為代表的系列考古新材料，把它們作為補充和參照。

二十世紀的考古發現，給我們重新認識先秦古籍提供了契機和參考座標，使許多問題不再需要費筆墨口舌進行論戰了。裘錫圭先生說：「50 年代以後，由於考古事業的發達，地下的古代文字資料大量出土。尤其是 70 年代以來，陸續發現了大量漢代（多數屬於西漢早期）和戰國時代所抄寫的古書，如臨沂銀雀山、阜陽雙古堆、定縣（今稱定州市）八角廊等漢墓出土的竹書，長沙馬王堆漢墓出土的帛書，慈利石板坡、荊門郭店等戰國楚墓出土的竹書等，為古典學提供了一大批極為寶貴的新資料。由於這批資料的出土，很多久已亡佚的先秦古書得以重見天日，不少傳世的先秦古書有了比傳世各本早得多的簡帛古本，古書中很多過去無法糾正的錯誤和無法正確理解的地方得以糾正或正確理解，不少曾被普遍懷疑為漢以後所偽作的古書得以證明確是先秦作品，不少曾被普遍認為作於戰國晚期的古書得以證明是戰國中期甚至更早的作品。」〔註2〕隨著考古的新發現，許多以前在一段時期內被視為偽書的先秦典籍需要重新審視。我們應該謹慎對待一些先秦典籍中出現的在以往看來有爭議的孔老研究史料，不能隨意予以否定。

然而，無論是傳世典籍還是考古新發現，都只能是一種有限的史料依據，歷史的真相永遠無法完全還原，有限的史料只能得出有限的結論，誰都無法對任何歷史問題作出絕對的判斷。正如李零先生所說，「歷史如大浪淘沙，有些東西沖走了，有些東西留下來（我們研究的都是歷史碎片）。我們用剩下的東西研究丟掉的東西，很難，有如憑蛛絲馬蹟破無頭公案，故事層出不窮。」〔註3〕所以，「出土發現和傳世文獻，兩者都只是管中窺豹，全域還在兩者之外，無論哪一方面，都有已知和未知，只有放入學術史的框架，虛實結合，才能發揮兩方面的作用。」〔註4〕所以，對待史料，我們很認同寧鎮疆先生的

〔註2〕 裘錫圭：《中國出土古文獻十講》，復旦大學出版社，2004 年版，第 4 頁。
〔註3〕 李零：《簡帛古書與學術源流》，生活·讀書·新知三聯書店 2004 年版，第 9 頁。
〔註4〕 李零：《簡帛古書與學術源流·前言》，生活·讀書·新知三聯書店 2004 年版，第 4 頁。

觀點：「在將古代文獻作爲史料來對待的問題上，合乎要求的做法是要把所有的討論都放在對中國古代文獻整體和文獻傳統全面認識的基礎上來進行。那種根據局部的、片段的、孤立的特徵來處理早期文獻問題的做法已經被證明並不能眞正解決古代與文獻有關的重要課題，反而可能在最終結果上失誤。」〔註5〕下面，我們結合前人的研究，分別對老子和孔子的相關史料問題作一些必要的交代和說明。

2.1 關於老子及其思想研究的史料

2.1.1 研究老子思想當以通行本《老子》爲主要依據

2.1.1.1 通行本《老子》和帛書《老子》

到目前爲止，我們研究老子的思想，所依靠的主要史料還是《老子》，而《老子》一書版本很多。一般認爲，《老子》爲春秋末年的老子所著，內容與現在流行本《老子》基本一致。

《老子》自成書以來，因其獨特思想魅力，一直被世人所傳，至今未曾間斷。在幾千年的傳承當中，《老子》一書的版本之多，已經無法進行完全的統計。20 世紀 70 年代以前的學者研究《老子》，多以河上公、王弼的本子爲依據。我們今天看到的最多的通行本《老子》，也叫今本《老子》，就是以王弼本《老子》爲底本的，是目前最可靠的《老子》傳本。曾經有一段時間，通行本《老子》被多數學者認爲在孔子、墨翟之後，可能成書於戰國中前期，甚至更晚。例如，錢穆先生說：「根據種種論證，《莊子》一書實在老子五千言之前。莊周以前，是否有老聃這一人，此刻且不論。但老子五千言，則決然是戰國末期的晚出書。」〔註6〕顧頡剛先生把《老子》的成書年代定在《呂氏春秋》之後、《淮南子》之前〔註7〕，屬戰國末年或西漢初年的作品。這些觀點在今天看來已經明顯是錯誤的了。〔註8〕

〔註5〕 寧鎭疆：《〈老子〉早期傳本結構及其流變研究》序，學林出版社，2006 年版，第 4 頁。

〔註6〕 錢穆：《莊老通辨》，（臺灣）東大圖書股份有限公司 1991 年版，第 1 頁。

〔註7〕 參見羅根澤編著《古史辨》第 4 冊，上海古籍出版社 1982 年版，第 462～520 頁。

〔註8〕 考古專家根據墓葬型制及器物紋樣等推定，湖北郭店戰國楚墓的下葬年代當

　　1973 年在湖南長沙馬王堆漢墓出土了帛書《老子》甲、乙本，上篇爲「德篇」，下篇爲「道篇」。甲本文字，不避漢高祖劉邦諱，可見它是劉邦稱帝以前抄寫的。乙本避劉邦諱，但不避惠帝劉盈、文帝劉恒諱，可知它是劉邦稱帝以後，劉盈、劉恒爲帝以前抄寫的。甲、乙本皆分二篇，乙本篇末標出《德》3041 字，《道》2426 字，合計 5467 字。甲本尾題殘缺不明。兩本都不分章次。帛書《老子》的出土，提供了很多重要的信息，具有重要的學術意義。這使得帛書《老子》研究火熱了很長一段時間，湧現了一大批研究成果。甚至有人認爲研究《老子》非帛書不可，狂熱地認爲要「以帛書本之是爲是，以帛書本之非爲非」，主張一切依照帛書《老子》來改正傳世本的《老子》。所幸一段時間之後，人們終於在反覆考辨和思考中恢復了冷靜和理性，重新將傳世的通行本《老子》視爲最可靠的本子。

2.1.1.2　簡本《老子》

　　一九九三年十月，湖北省荊門市沙洋區四方鄉郭店村的一座戰國墓葬中，挖掘出一批楚文字竹簡。這批竹簡中，有三篇形制不等的《老子》抄本，文字加起來不及今本《老子》的五分之二。簡本《老子》的出土，引發人們對老子思想和早期儒道關係的再思考。一時間，有人認爲簡本《老子》是最好的、最原始的《老子》版本；有人認爲郭店楚簡的發現，「整個中國哲學史、中國學術史都需要重寫」。〔註 9〕

　　郭店楚簡的發現，特別是郭店《老子》的出土，無疑給《老子》研究帶來了嶄新的研究視野，提供了許多重要的學術信息，具有重大的學術意義。人們發現，簡本《老子》的某些地方與通行本的提法出入較大，這引發了人們對老子思想的再思考。

　　例如，楚簡《老子》中有一段話使人們重新思考老子對於仁的態度：

　　　　絕智棄卞（辯），民利百怀（倍）；絕巧棄利，盜惻（賊）亡又
　　（有）；絕僞棄慮（詐），民復季（稚）子。〔註 10〕

這段文字在今本《老子》第十九章可以找到對應的文字，對比之下，簡本中

　　　　爲戰國中期偏晚，約公元前 300 年左右；那麼郭店戰國楚簡《老子》毫無疑問也應該是公元前 300 年以前就有了，而且在當時（戰國中期以前）就已經廣爲流傳了。
〔註 9〕　杜維明：《郭店楚簡與先秦儒道思想的重新定位》，載《中國哲學》第二十輯《郭店楚簡研究》專輯，遼寧教育出版社 1999 版，第 4 頁。
〔註 10〕尹振環：《楚簡老子辨析》，中華書局 2001 年版，第 168 頁。

的「絕智棄辯」、「絕偽棄慮」在今本中作「絕聖棄智」和「絕仁棄義」。這樣一來，楚簡《老子》就少了對聖和仁、義三者的棄絕。

據此，人們紛紛得出結論，認爲老子原來並不反對仁義。如聶中慶先生在其《郭店楚簡〈老子〉研究》中說：「如『絕仁棄義』簡本作『絕偽棄慮』，意思大不相同。傳統的觀點認爲老子反對仁義，其實不然。老子不但不反對『聖』，亦不反對『仁義』。古史辯派認爲老子生活時期，不應有如此激烈反對『仁義』的言詞，此懷疑是有道理的。春秋晚期儒道間並未勢同水火，竹簡《老子》可以證明這一點。」〔註11〕尹振環先生認爲：「『絕智棄辨』與『絕聖棄智』、『絕偽棄慮』與『絕仁棄義』的不同，……它說明老聃那時還沒有否定（或公開否定）聖、仁、義，因爲他對仁義中的自利性、市易性、虛詐性尚發現不多。」〔註12〕

誠然，通過簡本《老子》和今本《老子》的關於仁義文字的對比，從字面上看，簡本《老子》似乎證明了老子不反對仁義。但是，問題在於，簡本《老子》是否就完全沒有出現反對仁義的字眼呢？〔註13〕簡本《老子》是否就能代表原始《老子》的全貌呢？如果簡本《老子》不是一個完整的本子，那麼誰能保證殘缺的部分不會出現象今本《老子》類似「絕仁棄義」這樣表面上反對仁義的文字呢？

我們認爲，考察一個人的思想，不能單憑隻言片語。不能因爲出現了某一處表面上反對仁義的字眼，就下結論斷定老子否定仁義；也不能因爲某個新的版本好像沒有出現否定仁義的字眼，就據此斷言老子主張去提倡仁義。僅僅通過一個句子就下結論，未免稍嫌單薄。我們認爲，要準確地把握老子關於仁義的思想，更重要的是應該全面地分析和考察流傳至今的成熟的通行本《老子》全文，從整個《老子》的情況去把握其思想主旨，冷靜客觀地看待版本流傳中出現的個別差異，綜合分析，這樣才有可能更加接近老子思想的原貌。而要全面地研究老子及其思想，我們堅持認爲，簡本《老子》不能作爲主要的依據，只能依靠通行本《老子》，原因有三：

〔註11〕聶中慶：《郭店楚簡〈老子〉研究》，中華書局 2004 年版，第 187～188 頁。

〔註12〕尹振環：《楚簡老子辨析》，中華書局 2001 年版，第 170～171 頁。

〔註13〕張松輝先生分析簡本《老子》丙組「古（故）大道廢，安有仁義」一句時，指出簡本《老子》在字面上也出現了反對仁義的字眼，與通行本的「大道廢，有仁義」其實是同樣的表述，意思都是說大道廢棄了，於是才有了仁義。（參見張松輝《老子研究》，人民出版社 2006 年版，第 467 頁。）

其一，簡本《老子》文字加起來不及通行本《老子》的五分之二，是否能代表當時《老子》的全貌尚不可知。正如龐樸先生指出：「楚簡中有三篇形制不等的《老子》，內容分別見於今本，但總和不及今本五分之二。目前尚無力判斷原始（老子）是否這樣；也猜不出爲什麼竟會抄成三篇，抑或只是出於偶然。」〔註 14〕郭沂先生一開始撰文認爲「簡本《老子》不但優於今本，而且是一個原始的、完整的傳本。」〔註 15〕後來，尹振環先生也列舉了七條證據，進一步支持郭沂的觀點，主張簡本《老子》並非是一個節選本。〔註 16〕但後來通過進一步的研究，郭沂修正了自己的看法：「郭店《老子》是當時《老子》的一部分還是全本？我過去的看法是，這是一個完整的傳本。現在看來，這只是一種可能性。」〔註 17〕承認「郭店《老子》有可能並非當時《老子》的全部，但其全部應該保存在今本《老子》裏面。也就是說，今本《老子》中可能還有其他原屬古本《老子》即至遲在郭店本的時代已經存在的部分。」〔註 18〕

既然不能確定簡本《老子》是否爲完整的本子，或換言之不能確定簡本《老子》是否爲《老子》原貌，那麼它就不能完整地、準確地反映老子的思想。

其二，對簡本《老子》部分文字的確認和釋讀，尚有不少的爭議。

其三，先秦典籍證明通行本《老子》爲當時的權威版本。張松輝先生在其《老子研究》一書中例舉了若干條先秦典籍中的記載來證明通行本《老子》遠在先秦就已經出現，認爲出土的最早版本未必就是老子的原作。〔註 19〕

綜上，我們認爲，研究老子的思想，通行本《老子》更爲可靠。郭店楚簡《老子》這一重大考古發現固然具有重要的學術價值，我們應該充分重視它所提示的任何歷史可能，但是我們不能無限放大它對先秦學術思想研究的

〔註 14〕 龐樸：《古墓新知——漫談郭店楚簡》，載《中國哲學第二十輯·郭店楚簡研究》，遼寧教育出版社 2000 年 1 月版，第 10 頁。

〔註 15〕 郭沂：《楚簡〈老子〉與老子公案——兼及先秦哲學若干問題》，載《中國哲學》第二十輯，遼寧教育出版社 2000 年版，第 119 頁。

〔註 16〕 參見尹振環《楚簡老子辨析——楚簡與帛書〈老子〉的比較研究》，中華書局 2001 年版，第 52～54 頁。

〔註 17〕 郭沂：《簡本與甲本、乙本、王本文字主要差異對照表》，載《郭店楚簡與先秦學術思想》，上海教育出版社 2001 年版，第 514 頁。

〔註 18〕 郭沂：《郭店楚簡與先秦學術思想》，上海教育出版社 2001 年版，第 515 頁。

〔註 19〕 張松輝：《老子研究》，人民出版社 2006 年版，第 460～467 頁。

作用。出土文獻可以在學術研究中起到輔助和印證的作用，但不能取代傳世文獻在中國古代思想史研究中的主體地位。

2.1.2 關於老子其人的資料

　　老子其人，一直因為史料的問題而爭議不斷。關於老子生平的記載，最直接和可靠的要數司馬遷《史記・老子韓非列傳》，其次是先秦兩漢其他典籍中所間接反映出來的線索。我們不妨把研究視野放寬一些，把所有關於老子生平的記載都作出一番梳理，辨偽存眞，從中理出一條合乎邏輯的線索。我們將在第三章考證孔老師生關係時具體引用和分析這些史料，這裡不作詳細的介紹。

2.2 研究孔子及其思想的史料問題

2.2.1 《論語》無疑是研究孔子及其思想的主要依據，但它並不能反映出孔子思想的全部

　　我們認為《論語》是研究孔子及其思想最主要和最可靠的史料。但《論語》畢竟只是當時眾多關於孔子言行的史料之一，所以它並不能百分百地反映出孔子的思想和生平。

　　《論語》由孔子弟子和再傳弟子集錄整理，是研究孔子及早期「儒家」思想的主要資料。今本《論語》共有二十篇。《漢書・藝文志》稱：「《論語》者，孔子應答弟子時人及弟子相與言而接聞於夫子之語也。當時弟子各有所記。夫子既卒，門人相與輯而論纂，故謂之『論語』。」〔註20〕《藝文志》又說：「《論語》古二十一篇。出孔子壁中，兩《子張》。齊二十二篇。多《問王》、《知道》。魯二十篇，傳十九篇。」〔註21〕可見當時的《論語》至少有《古論語》、《齊論語》和《魯論語》三種版本。「傳魯論語者，常山督尉襲奮、長信少府夏侯勝、丞相韋賢、魯扶卿、前將軍蕭望之、安昌侯張禹，皆名家。張氏最後而行於世。」〔註22〕張禹所傳《魯論語》流行於後世，今《論語》二十篇即依此而定。《齊論語》為齊人所傳，比《魯論語》多《問王》、《知道》

〔註20〕 班固：《漢書・藝文志第十》，中華書局簡體字本，2005 年版，第 1361 頁。
〔註21〕 班固：《漢書・藝文志第十》，中華書局簡體字本，2005 年版，第 1360 頁。
〔註22〕 班固：《漢書・藝文志第十》，中華書局簡體字本，2005 年版，第 1361 頁。

兩篇，共二十二篇；《古論語》相傳出於曲阜孔子住宅壁中，它把《堯曰》的「子張問於孔子」以下另分一篇，稱爲《子張》，與《論語》原《子張》篇同名，故有《子張》兩篇，實際上是二十一篇。這三種本子除了篇數不同之外，在章次、文字和解說上都有出入。三國時何晏彙集漢魏各家注解，作《論語集解》，現在流傳的就是何晏的注本。

　　關於《論語》的成書時間，說法不一，我們讚同楊伯峻先生的說法：「論語的著筆當始於春秋末期，而編輯成書則在戰國初期，大概是接近於歷史事實的。」〔註 23〕關於《論語》的編訂者，也有很多不同的說法。清代的廖燕認爲《論語》是孔子親自編訂的：「昔人稱《論語》爲孔子弟子所記，並無確據。余謂此書爲大聖人經天緯地之文，豈他人可以代筆耶？即篇中諸賢論說，亦皆孔子削筆之詞。或群弟子有言從而附益其間，要當以孔子爲正。」〔註 24〕趙岐《孟子題辭》認爲是孔子弟子編訂的：「七十子之疇，會集夫子所言，以爲《論語》。」劉寶楠說：「《論語》之作，不出一人，故語多重見，而編輯成書，則由仲弓、子游、子夏首爲商定。」〔註 25〕也有觀點認爲《論語》由曾子門人子思最後主持編纂成書。其中爲大多數人所接受的是班固《漢書・藝文志》的說法：「《論語》者，孔子應答弟子時人及弟子相與言而接聞於夫子之語也。當時弟子各有所記，夫子既卒，門人相與輯而論撰，故謂之《論語》。」也就是說，《論語》是由孔子弟子所記錄，孔子死後由他的再傳弟子所編定。清人崔述在《論語源流附考》中懷疑《論語》中有些內容未必可信，有漢人自己所杜撰的東西加入。崔述的懷疑雖然有一定的道理，但畢竟理由不充分。金景芳先生在《〈孔子新傳〉序》曾說：「眞正的孔子之學，主要是六經和《論語》。七十子後學的記述和《孟子》、《荀子》二書的一部分，也應包括在內。在上述著作中，最能反映孔子思想的，首推《易傳》，其次是《春秋》，再次是《論語》。」我們不認爲最能反映孔子思想是《易傳》，我們認爲應該是《論語》。正如楊伯峻先生所指出：「如果我們要研究孔子，仍然只能以《論語》爲最可信賴的材料，無論如何，《論語》的成書要在《左傳》之前，……至於崔述用後代的封建道德作爲標準，以此來範圍孔子，來測量論語的眞僞、純

〔註23〕楊伯峻：《論語譯注・導言》，中華書局 1980 年版，第 31 頁。
〔註24〕廖燕：《二十七松堂集》卷七《雜著》，日本天久二年刻本。此說顯然不能服人，因爲《論語》中明明記載了關於孔子死後的事情。
〔註25〕劉寶楠：《論語正義》，中華書局 1990 年版，第 793 頁。

駁，更是不公平和不客觀的。」〔註26〕朱彝尊《經義考》說：「孔子一生仕止久速、造次顛沛、纂修刪述、盛德大業，靡一不具《論語》；及門弟子德行氣質、學問造詣、淺深高下、進止得喪，靡一不具《論語》。」〔註27〕《論語》一書比較全面地反映了孔子及孔子學派的基本情況和思想主張，毫無疑問應該是我們研究孔子及其思想的最重要的、最基本的文本。但是，對於孔子的記載，《論語》只是當時眾多史料中的一種，而且很幸運地被流傳至今。我們不能因爲有人對《論語》的某些內容提出並無實據的懷疑而否定《論語》的史料價值。我們雖然主張要不斷擴大孔子思想研究史料的關注範圍，但《論語》的可靠性無疑還是應該擺在第一位的，其他的相關史料可以用來補充和進一步證明《論語》的思想。

我們堅信，當時存在而沒有流傳下來的孔子史料比《論語》要豐富得多。同時，許多與《論語》時代大致相當的先秦史料中，也必然會有一些重要的相關信息隱含其中。所以，我們在依據《論語》的同時，又不能把《論語》和孔子思想絕對劃上等號。我們認爲，所有傳世的先秦兩漢典籍和新出土的秦漢簡帛資料中，關於孔子史料的蛛絲馬蹟我們都應該重視，而不應該首先就持一種懷疑和排斥的態度，因爲它們很有可能幫助我們認識更加接近全面和眞實的孔子。

2.2.2 《論語》以外的相關儒家文獻

長期以來，有相當一部分學者認爲，只有《論語》所稱引的「子曰」或「孔子曰」才是可靠的，而其他先秦古書中「子曰」或「孔子曰」就一定是後人所僞託的。這種做法最大的遺憾就是將大量的本來能反映孔子思想和先秦儒家思想的材料不假思索不加辨析地排除在信史之外，被粗暴地打入孔子研究史料之外的冷宮。事實上，許多《論語》以外的傳世典籍中的相關材料是可以參考的。金景芳先生曾提出：「研究孔子思想固然應以《論語》爲最重要的材料，但是如果株守一部《論語》，而對於孔子所刪述的《詩》、《書》、《禮》、《樂》、《易》、《春秋》毫無瞭解或不願意瞭解，則對孔子思想的研究，只能是掛一漏萬，是不能做到全面地如實地評價孔子的。」〔註28〕

〔註26〕楊伯峻：《論語譯注》，中華書局 1980 年版，（導言）第 31 頁。
〔註27〕朱彝尊：《經義考》卷二百十一引譚貞默語，中華書局 1998 年影印版。
〔註28〕金景芳：《金景芳先秦思想史講義》，天津古籍出版社，2007 年版，第 138 頁。

　　所幸的是，隨著研究的不斷深入和出土文獻的不斷發現，越來越多的學者主張將更多的先秦史料納入孔子研究的視野。例如，楊朝明先生認爲：「對於我們今天的孔子研究來說，《孔子家語》一書的價值並不在《論語》一書之下」。〔註29〕郭沂先生認爲《孔子家語》、《孔叢子》等都屬於「《論語》類文獻」，乃是孔子及門、再傳或數傳弟子忠實記載的夫子之言〔註30〕。郭沂先生把《論語》之外那些門人所記孔子言行錄性質的文獻視爲研究孔子思想比較可靠的史料，包括今本和帛書本《易傳》中的有關文獻、《孝經》、大小戴《禮記》中的有關文獻、上海博物館藏戰國竹簡中的有關文獻、定縣竹簡《儒家者言》和《哀公問五義》以及《荀子》中的有關文獻、《孔子家語》和《孔叢子》中的有關文獻通通視爲基本可靠的孔子史料。〔註31〕杜維明先生認爲：「我們不能貿然否定孔子家傳，從而對《孔叢子》乃至《孔子家語》都截然斷定是與夫子毫不相干的意揣之辭」〔註32〕。

　　《孔子家語》，或稱《孔氏家語》、《家語》，是記錄孔子及門弟子言行和諸國故事的書，今傳本爲十卷四十四篇，魏王肅注。長期以來，《孔子家語》被認爲是僞書。《四庫全書總目提要》說：「特其流傳已久，且遺文軼事，往往多見其中，故自唐以來，知其僞而不能廢也。」〔註33〕其內容重要而豐富，但是因長期被視爲僞書而影響了它作爲思想史料的應有價值。然而，上個世紀七十年代相關的考古發現和八十年代以來的相關研究表明，《孔子家語》並非魏晉人所作的僞書。1973 年河北定縣八角廊漢墓出土了整理者定名爲《儒家者言》的竹簡，1977 年安徽阜陽雙古堆漢墓又出土了一些簡牘，這些材料均以孔子及其弟子言行爲主，與《孔子家語》性質相類。相關簡報於上個世紀八十年代初發表以來，引起了學術界的廣泛關注，李學勤先生等學者紛紛撰文發表自己的看法，用大量的事實和分析比較一致地否定了《孔子家語》

〔註29〕楊朝明：《〈孔子家語・執轡〉篇與孔子的治國思想》，見於論文集《傳統文化與以德治國國際學術研討會會議論文》，山東省濟南市，2001 年 8 月 17～21日。

〔註30〕郭沂：《郭店竹簡與中國先秦學術思想》，上海教育出版社 2001 年版，第 360～364 頁。

〔註31〕郭沂：《郭店竹簡與中國先秦學術思想》，上海教育出版社 2001 年版，第 354～364 頁。

〔註32〕杜維明：《郭店楚簡的人文精神》，載武漢大學中國文化研究院編《郭店楚簡國際學術研討會論文集》，湖北人民出版社，2000 年版。

〔註33〕《欽定四庫全書總目》（整理本），中華書局 1997 年版，第 1194 頁。

爲僞書的傳統觀點。〔註 34〕

　　按照李學勤先生的觀點，《儒家者言》也可稱爲竹簡本《家語》，從年代和內容上看，竹簡可能是《漢書》著錄二十七卷《家語》的一部分，也許是摘抄本，從體例上看，竹簡《家語》和今本是相近似的。所以《孔子家語》的成書有一個很長的過程，西漢前期的雙古堆簡牘和西漢晚期的八角廊竹簡中，都能反映《家語》發展的一定階段，王肅不可能僞造整部家語。〔註 35〕漢初已經有了《家語》的原型，而且可能是《史記》、《說苑》等書的參考資料之一，今本王肅注《家語》是在簡本基礎上多次擴充編纂而成的。〔註 36〕

　　另外，從思想上看，《孔子家語》與以《論語》爲代表的早期儒家的許多主張是很切合的，這也從一個側面反映了《孔子家語》應該是早期儒家的作品。例如，在仁、禮關係上，《家語》同《論語》一樣認爲仁是禮的本質，它們是一脈相承的；在德、刑關係上，《家語》一方面繼承了孔子重德輕刑的觀念，另一方面又提出德刑並重的觀點；對君臣關係上，繼承孔子「君使臣以禮，臣事君以忠」的觀點，提出君臣之間並非是絕對的命令與服從的關係；對老子的態度上，多次以十分尊敬的口氣提到老子，在《三恕》、《觀周》、《好生》等篇表現出對老子「執雌持下」等思想的讚同和吸收，跟《論語》一樣，也體現出了老子對孔子在思想方面的影響。

　　還有觀點承認《孔子家語》確實是王肅所編撰的，但把它看成僞書是不正確的，「從資料的來源來看，現存《孔子家語》的材料基本上來自於以《說苑》、《禮記》、《韓詩外傳》爲主的已有文獻，而劉向所著的《說苑》，其材料也另有所本，即大多來自於記載孔子及其後學言論、行事的《儒家者言》類作品。」〔註 37〕也就是說，《孔子家語》中關於孔子的材料是有所依據的，並非憑空杜撰，因而具有重要參考意義，我們可以將它作爲研究孔子及其思想的史料依據。正如有學者所指出：「《孔子家語》是研究孔子和早期儒學的寶

〔註 34〕相關的研究論文如：《孔子研究》1987 年第 2 期所刊李學勤先生的《竹簡〈家語〉與漢魏孔氏家學》；《煙臺大學學報》1988 年第 1 期所刊李學勤先生的《新發現簡帛與漢初學術史的若干問題》；《國學研究》2000 年第 7 卷所刊胡平生先生《阜陽雙古堆漢簡與〈孔子家語〉》；《煙臺師範學院學報》2001 年第 3 期所刊王承略《論〈孔子家語〉的眞僞及其文獻價值》等文章。

〔註 35〕參見李學勤：《竹簡〈家語〉與漢魏孔氏家學》，載《孔子研究》1987 年第 2 期。

〔註 36〕參見李學勤《新發現簡帛與漢初學術史的若干問題》，載《煙臺大學學報》1988 年第 1 期。

〔註 37〕李傳軍：《孔子家語辨疑》，載《孔子研究》2004 年第 2 期，第 83 頁。

貴材料，……該書與包括《禮記》、《大戴禮記》在內的傳世文獻以及新出土
文獻都有相同或相通之處，細心將《家語》與之比較，不難發現它的確應該
是孔子弟子記錄的彙編，其基本的、主要的內容還應當是原始面貌的保留。」
〔註38〕

　　包括《孔叢子》在內的家語類文獻同樣值得關注。有人擔心《孔叢子》
中孔子的話是孔子弟子或再傳弟子的假託之語。我們認爲《孔叢子》中的有
關孔子言行記錄大部分應該是有所依據的，不會全是隨意的假託之語。對此，
子思和魯穆公的對話或許能說明一些問題：

　　　　穆公謂子思曰：「子之書所記夫子之言，或者以謂子之辭。」

　　　子思曰：「臣所記臣祖之言，或親聞之者，有聞之於人者，雖非其正
　　辭，然猶不失其意焉。」〔註39〕

《史記·孔子世家》載：「孔子生鯉，字伯魚。伯魚年五十，先孔子死。伯魚
生伋，字子思，年六十二。」〔註40〕可見，子思親聞孔子所述是完全有可能
的，間接聞之於孔子身邊的學生也是完全沒有問題的。很長時間，人們都認
爲《孔叢子》係僞書，但從今天的出土史料看來，恐怕要重新看待這個問題
了。

　　檢閱古籍，我們會發現，關於孔子的史料，在很多先秦典籍中都可以互
見。對此，郭沂先生有一段話說得很有道理：「不難發現，許多史料彼此互見。
對此，過去人們一般認爲，不是甲抄自乙，就是乙抄自甲。其實，孔子言行
『當時弟子各有所記』，自然難免互有重複，後來各派都有自己的傳承系統，
就理所當然地將這種重複的現象也保留下來了。所以，各種《論語》類文獻
彼此互現的情況，並不一定就是某書抄自某書。」〔註41〕確實，許多古代的
典籍，由於傳抄和口授的原因，其流傳的途徑不可能是單線的。不同的典籍
同時出現大致相同的內容，或許恰恰說明了這些內容的眞實性，以及當時人
們對這些內容的重視程度和其流傳的廣泛程度。

　　以上談到的一些典籍，大部分都可以歸爲儒家類的文獻。下面我們討論
一下道家文獻中的孔老關係材料問題。

〔註38〕楊朝明：《讀〈孔子家語〉札記》，載《文史哲》2006年第4期，第43頁。

〔註39〕孔鮒：《孔叢子·公儀篇》，《四部叢刊初編》本，上海書店1989年影印版。

〔註40〕《史記》卷四十七《孔子世家》，中華書局簡體字本，2005年版，第1565～
　　　　1566頁。

〔註41〕郭沂：《郭店竹簡與中國先秦學術思想》，上海教育出版社2001年版，第361頁。

2.2.3 《莊子》、《文子》等道家文獻中有關孔、老關係的材料不能全盤否定

《莊子》等道家文獻中有許多關於孔子的記載。當然，在這些記載中，肯定會出現一些未必完全符合事實的內容。但是，在所有這些記載中就沒有可以值得關注的可信的東西嗎？我們認為不是這樣。為什麼我們在談到古代學術史的時候可以而且必須引用《莊子・天下》篇的材料？為什麼有學者在認定莊子時期儒道對立很嚴重〔註 42〕的時候就不管寓言不寓言了大肆引用《莊子》的材料？而在別人討論老孔師生關係的時候，一談到《莊子》的有關記載就動輒以「寓言」相待呢？我看這些只能說明一個問題，那就是，在有些研究者心目中，預先就有一個儒道對立的成見，所以一看到道家的東西，首先就想到必定「排儒」，一看到儒家的東西，首先就想到必定「非道」。但是在自己需要的時候，就不管寓言不寓言了，拿來便是，這似乎缺乏一種客觀公正的研究心態。任何一種傳世文獻，都有一定的史實依據，不能單憑自己的妄想臆測，就斷言哪部書可以用，哪部書不能相信。必須有所依據，有所分析，才能作出較為正確的判斷。

陳鼓應先生引徐復觀先生和黃方剛先生的話說：「《莊子》一書『寓言十九，重言十七』。其寓言部分，『除完全架空的人物以外，對歷史人物相互關係的行輩，則從無紊亂』。這裡所說的『對歷史人物相互關係的行輩』，當屬所謂『重言十七』吧！並且，細查《莊子》書中關於歷史人物相互關係的記載，如關於孔子與其弟子顏淵、子路、冉求；孔子與葉公子高；孔子與楚狂接輿；惠子與莊子；公孫龍子與魏牟；管仲與齊桓公等等相互關係的記載。其中在時代上絕對可能與大概可能的問對或交往，有七十九次之多，而在時代上絕對不可能者只有兩次。這就是說，《莊子》書中關於孔子問禮於老子的記載，並非憑空杜撰。」〔註 43〕

唐蘭先生在《老聃的姓名和時代考》一文中也曾經梳列了《莊子》內外雜篇關於孔子與老子交往的材料，並且對各條記載的真偽還做了一番論述，

〔註 42〕其實早期儒道關係，包括孟莊時期，直至漢初，都不是人們通常以為那樣激烈對立。《莊子》一書出現一些激烈的批判儒家的字眼其實只是表面的理解。有些東西，譬如虛仁假義等等，是早期儒道兩家都反對的。而莊子本人與儒家的關係也很密切。我們在文章後面會專門討論莊子和儒家、孟子和道家等關係問題。

〔註 43〕陳鼓應：《老莊新論》，中華書局（香港）有限公司 1991 年版，第 53～54 頁。

認爲「所謂內篇七篇是眞莊子書的一說，也不過承用劉向的意見而已；其實並沒有內篇一定是眞和外篇、雜篇一定是假的證據。」〔註44〕即便對於非莊子本人所記的材料，也未必就全不可信：「這一類文字雖在莊子方面是僞的，在作者當時卻並不是存心作僞，而且這究竟是先秦的文字，所以就史料而論，也許有些靠得住的東西。雖然在這種東西裏找眞確的史料是非凡困難的，但可以相信的也未嘗沒有。」〔註45〕通過分析《莊子》關於孔子與老子的材料，唐蘭先生得出「關於老聃的重要事實，可以總結出四點來：（甲）老聃比孔子長，孔子曾學於老聃。（乙）老聃和老子是一人。（丙）老聃住的地方是沛。（丁）老聃就是今世所謂《道德經》的著者——至少是其中一部分的傳授者——的老子。」〔註46〕

再如，《文子》一書，長期以來被很多人認爲是抄襲《淮南子》而成的僞書，現在看來，恐怕不能簡單將《文子》視作僞書了。因爲 1973 年出土的《文子》殘簡證明該書在先秦就已經有了。1973 年 5 至 12 月，河北省定縣八角廊 40 號漢墓（可能是宣帝五鳳三年逝世的中山懷王劉修墓）中出土了一批已因焚燒而炭化的竹書，有《論語》、《文子》、《太公》和內容大都見於《說苑》、《孔子家語》的《儒家者言》（整理者定名）等書，殘損十分嚴重。其中有 277 枚《文子》殘簡，共 2790 餘字，其中記載平王與文子問答的次數達 52 次之多。〔註47〕關於這一批竹簡的年代，陳東先生根據簡文用字的避諱，判斷該竹簡當抄寫於高祖時期：「定州漢墓竹簡《論語》只諱『邦』字，惠帝以下諸帝皆不諱，我們推斷其抄寫年代當在漢高祖在位的十餘年間，與長沙馬王堆漢墓出土《老子》甲本、山東臨沂銀雀山漢墓出土屬同一時期的抄本。」〔註48〕既然這批竹簡抄寫於漢初，那麼就證明《文子》一書在秦漢時期就已經頗爲流行了，而《文子》一書的寫作和成書，自然還要早得多了。既如此，《文子》一書中關於孔子向老子學習的記載，也就值得我們去關注。並不能因爲它是道家的作品，就將其排斥於孔子及其思想研究的史料範圍之外。

〔註44〕羅根澤編著：《古史辨》第四冊，上海古籍出版社 1982 年版，第 342 頁。

〔註45〕羅根澤編著：《古史辨》第四冊，上海古籍出版社 1982 年版，第 344 頁。

〔註46〕羅根澤編著：《古史辨》第四冊，上海古籍出版社 1982 年版，第 344～345 頁。

〔註47〕參見裘錫圭《中國出土古文獻十講》，復旦大學出版社，2004 年版，第 80 頁。

〔註48〕陳東：《關於定州漢墓竹簡〈論語〉的幾個問題》，載《孔子研究》2003 年第 2 期。

　　作為研究者，我們應該胸懷寬廣地將一切儒道文獻都納入我們的關注視野，對這些史料作對比甄別，從而得出比較合理的認識。

第 3 章　老孔交往考

　　儒家、道家文化在中國傳統文化中的地位和作用，歷來頗具爭議。老子和孔子的關係問題，也引發了道家和儒家在中國思想文化歷史中的地位之爭。有所謂的儒家主幹說，視儒家文化爲中國文化的代表，甚至把儒學等同於中國傳統文化；也有所謂的道家主幹說，認爲「中國傳統文化從表層結構看，是以儒家爲代表的政治倫理學，從深層結構看，則是道家的哲學框架」〔註1〕；更多的人們主張儒、道互補說，認爲儒道文化共同主導了中國兩千多年思想文化的發展。我們讚同儒道互補這一說法，同時認爲儒家文化和道家文化是貫穿中華民族傳統文化發展的兩條主幹線。儒道文化的思想淵源，我們可以追溯到孔、老時代以前的三代文化。〔註2〕雖然孰爲主幹爭論不休，但孔子和老子作爲儒、道兩家思想的直接源頭，是一個沒有任何爭議的歷史事實。

　　作爲兩大主幹文化的直接創始人，老子和孔子從一開始便有著思想上的直接對話，並且有著師生的關係。老子和孔子都是春秋末期的思想家，老子稍長於孔子，並且曾經向孔子傳授過關於禮的知識。這是被廣大先秦兩漢史料所共同證明了的歷史事實，這也是歷來爲大多數學者所公認的歷史事實。

　　但是，也有不少學者從不同的角度對這一問題提出種種質疑，並由此引發出儒、道文化之優劣、先後、主輔等諸多問題的爭議。本章試圖從尊重歷史眞實的角度出發，以孔子問禮於老子這一事件爲切入口，對先秦兩漢史料

〔註1〕　周玉燕、吳德勤：《試論道家思想在中國傳統文化中的主幹地位》，載《哲學研究》，1986 年第 9 期。

〔註2〕　張岱年先生認爲：「孔子是三代文化的總繼承者，而老子則是三代文化的批判者。」見張岱年：《文化與哲學》，北京：教育科學出版社 1988 年版，第 70 頁。

中關於孔、老關係的材料作一次全面的梳理和探究，重新考察孔子和老子的交往，以澄清一些關於孔老關係和早期儒道思想的錯誤認識。

3.1 關於老子其人需要澄清的幾個問題

3.1.1 老子其人是眞實存在的

　　關於老子其人，史書記載十分簡略。後世的許多相關記載，又往往流於荒誕，多爲不可相信的神話傳說。在一些傳說中，老子或被描繪成長生不死的神仙，或被認爲是變化無窮、無所不能的「太上老君」，有人甚至把老子說成是佛教的始祖釋迦牟尼。由於流傳下來的可信史書對老子的生平記載過於簡略，如司馬遷《史記・老子韓非列傳》僅寥寥數語，且閃爍其辭，使得老子的身世顯得迷霧重重。

　　後世許多文獻的相關記載，又往往流於荒誕，神話傳說多於信史。雖然先秦典籍中的老子是一個實實在在的充滿憂患意識的知識分子，但在東漢以後，隨著道教的興盛，老子漸漸被推向神壇，開始不斷被神化。〔註3〕而這種被神化的後果，就使人們心目中的老子越來越遠離歷史上的老子，最終連老子是否眞實存在都似乎成爲了一個問題。

　　由於這些原因，有人甚至把老子其人視爲烏有，如馮友蘭先生就懷疑與孔子同時的老子其人的存在，他說：「傳說中之『古之博大眞人』，乃老聃也。老聃之果爲歷史的人物與否不可知。」〔註4〕再如，孫次舟先生稱：「就前所論，老子不見稱於《論語》《墨子》《孟子》，至荀卿、韓非始言老子。《莊子・內篇》言老聃不言老子，至《外篇》、《雜篇》始以老子爲一學派，復多引《老子》語。因斷老子並無其人，乃莊周後學所捏造。」〔註5〕孫次舟根據老子不見稱於《論語》、《墨子》和《孟子》，於是斷言無老子其人。〔註6〕其邏輯雖然不能成立，卻也代表了一種學術觀點。

　　需要指出的是，所有這些懷疑都拿不出任何有力的證據來否定老子的存

〔註3〕　關於老子被神化的原因和過程，參見拙作《老子如何被推向神壇》一文，載《湖南大學學報》（社科版）2006年第4期。

〔註4〕　馮友蘭：《中國哲學史》（上冊），華東師範大學出版社，第131頁。

〔註5〕　羅根澤編著：《古史辨》第六冊，上海古籍出版社1982年版，第100頁。

〔註6〕　《論語・述而》有「述而不作，信而好古，竊比於我老彭」一句，鄭玄認爲：「老，老聃；彭，彭祖也」。但是否正確，尚無定論。

在。都只能算是一種大膽的猜測。而關於老子其人的歷史記載，卻是大量存在於先秦典籍中的，而且是非常明確的。從司馬遷的時代到現在，都只是對老子的身世知之不詳，並沒有任何史料能夠說明歷史上無老子其人。正如郭沫若先生所說：「至於老聃本人，在秦以前是沒有發生過問題的，無論《莊子》、《呂氏春秋》、《韓非子》以至儒家本身，都承認老聃有其人而且曾為孔子的先生，我看這個人的存在是無法否認的。」〔註7〕這是我們研究這個課題必須澄清和強調的一個基本認識。

關於老子的生平，最可信的資料還是司馬遷《史記·老子韓非列傳》中關於老子的記載。我們不妨先把這段文字摘錄如下：

老子者，楚苦縣屬鄉曲仁里人也，姓李氏，名耳，字聃，周守藏室之史也。孔子適周，將問禮於老子。老子曰：「子所言者，其人與骨皆已朽矣，獨其言在耳。且君子得其時則駕，不得其時則蓬累而行。吾聞之，良賈深藏若虛，君子盛德容貌若愚。去子之驕氣與多欲，態色與淫志，是皆無益於子之身。吾所以告子，若是而已。」孔子去，謂弟子曰：「鳥，吾知其能飛；魚，吾知其能遊；獸，吾知其能走。走者可以為罔，遊者可以為綸，飛者可以為矰。至於龍，吾不能知，其乘風雲而上天。吾今日見老子，其猶龍邪！」

老子修道德，其學以自隱無名為務。居周久之，見周之衰，乃遂去。至關，關令尹喜曰：「子將隱矣，強為我著書。」於是老子乃著書上下篇，言道德之意五千餘言而去，莫知其所終。

或曰：老萊子亦楚人也，著書十五篇，言道家之用，與孔子同時云。

蓋老子百有六十餘歲，或言二百餘歲，以其修道而養壽也。

自孔子死之後百二十九年，而史記周太史儋見秦獻公曰：「始秦與周合，合五百歲而離，離七十歲而霸王者出焉。」或曰儋即老子，或曰非也，世莫知其然否。老子，隱君子也。老子之子名宗，宗為魏將，封於段干。宗子注，注子宮，宮玄孫假，假仕於漢孝文帝。而假之子解為膠西王卬太傅，因家於齊焉。

世之學老子者則絀儒學，儒學亦絀老子。「道不同不相為謀」，

〔註7〕 郭沫若：《十批判書·稷下黃老學派的批判》，東方出版社 1996 年版，第 145 頁。

豈謂是邪？李耳無爲自化，清靜自正。〔註8〕

一切關於老子身世的討論，都必須從這段材料開始。可以看出，從司馬遷時代開始，人們對老子的身世就已經知之不詳了。但是，通過分析《史記·老子韓非列傳》中司馬遷關於老子生平的記載，我們認爲，司馬遷根據他所掌握的資料，至少有幾點他是可以確定的：

第一，老子的籍貫、姓、字；

第二，老子是周代的史官；

第三，孔子曾經向老子請教過禮；

第四，老子修道德之學，無爲自化，清靜自正；

第五，老子著有五千言的言道德之義的書。

對於以上五點情況，司馬遷是沒有任何懷疑的，或者說，這是在存於漢代的史料中可以基本確定的情況。

我們有理由相信，出生在約公元前 145 年的職業史官司馬遷對有關老子身世資料的佔有比以後任何一位學者都要更加豐富。而且，司馬遷的寫實風格是世人所公認的。所以，我們認爲，關於老子的身世，應該充分尊重和相信司馬遷的記載。如果沒有可靠的證據，不應該隨意加以懷疑。而事實上，從我們文章後面的梳理也可以看出，從先秦到漢唐，人們對司馬遷所提到的這些關於老子的基本信息都是沒有什麼懷疑的。

至於司馬遷《老子韓非列傳》中關於老萊子和太史儋的閃爍之詞，不過是當時的一些傳聞罷了，所以司馬遷也就放在《老子韓非列傳》的後面而一筆帶過。後世學者在對老子進行的考證的時候，對這一段文字進行了深入的分析和挖掘，同時也放大了它的史實價值，並進行了很多不合實際的發揮。例如，把五千言的《老子》和太史儋扯上關係。在《史記·老子韓非列傳》中，我們不曾發現任何太史儋編著《老子》的蛛絲馬蹟，而且從《史記·老子韓非列傳》本身就可以判斷出太史儋和老子不可能是一個人。

3.1.2 老子的生卒、姓氏

關於老子的生卒年代，史書上沒有明確的記載。〔註9〕

〔註8〕《史記》卷六十三《老子韓非列傳》，中華書局簡體字本，第 1701～1703 頁。

〔註9〕由於史料的問題，古代確有其人而又生卒不詳的人很多，我們不能因此就否認這些人的存在。老子也是一樣，記載不詳是因爲年代久遠，史料不存，但不能因此就輕易懷疑其真實存在。

　　從《莊子》、《史記》等文獻記載來看，孔子曾向老子問禮，說明老子應年長於孔子，思想比孔子成熟早。胡適先生認為：「老子比孔子至多不過大二十歲。老子當生於周靈王初年，當西曆前 570 年。」〔註 10〕目前，人們比較一致地認同這種說法。至於老子的卒年，就不太可考了。雖然司馬遷提到當時有人說老子活了六百多歲，還有人說老子活了二百多歲，但那是不可能的事情。至於後世那些關於老子身世的各種神話傳說，我們認為更是荒誕不經的。〔註 11〕

　　不過，先秦典籍中也確實提到過老子的去世的事情。《莊子・養生主》就提到了老子去世的事情：

　　　　老聃死，秦失弔之，三號而出。〔註 12〕

雖然沒有明確的時間和地點，但這是關於老子去世的最直接而有限的記載了。這說明在先秦的典籍中，老子還是一個有血有肉的實實在在的人，這跟後世神仙化了的老子是完全不一樣的。

　　老子究竟姓甚名誰，這個問題一直沒有一致的看法。司馬遷認為老子「姓李氏，名耳，字聃。」但是，後人對此有不同的看法。近代學者多主張老子姓老，如唐蘭先生認為：「老聃的老字是他的氏族的名稱，因為當時稱子的，像孔子、有子、曾子、陽子、墨子、孟子、莊子、惠子以及其餘，都是在氏族下面加子字的。」〔註 13〕高亨也認為老子本來姓老：「老、李一聲之轉，老子原姓老，後以音同變為李，非有二也。」〔註 14〕張松輝先生談了五條依據，論證了「老」和「李」可能都是老子的姓氏。〔註 15〕

　　雖然前人時賢對老子的姓氏談了不少自己的看法，但畢竟因為史料有限，都還不足以定論，有待進一步研究。老子的姓氏問題對老子思想的研究

〔註 10〕　胡適：《中國哲學史大綱》，東方出版社 1995 年版，第 39 頁。

〔註 11〕　如署名劉向的《列仙傳》說老子生於商代，一直活到了春秋末年；甚至後世有些道教徒說老子出關入西域教化胡人去了，說佛祖釋迦牟尼是老子的化身；也有些僧人說老子是佛祖的弟子迦葉。張松輝先生在《老子研究》（人民出版社 2006 年 8 月版）一書的第 4～31 頁對關於老子身世的各種傳說作了詳細的梳理。

〔註 12〕　《莊子集釋》卷二上，中華書局 1961 年版，第 1 冊，第 127 頁。

〔註 13〕　唐蘭：《老聃的姓名和時代考》，載《古史辨》第四冊，上海古籍出版社 1982 年版，第 332 頁。

〔註 14〕　高亨：《史記老子傳箋證》，載《古史辨》第六冊，上海古籍出版社 1982 年版，第 445 頁。

〔註 15〕　參見張松輝《老子研究》，人民出版社 2006 年版，第 37 頁。

並無直接的影響，所以本文不花更多的筆墨來討論這個問題。

3.1.3 老子是陳人，不是楚人

　　分析和考察老子出生地和主要的活動地區的文化背景，是準確把握老子思想特徵的一個有用的方法。任何一個人思想的形成總是和他所處的環境有很大的關係。關於老子的籍貫，張松輝先生在《老子研究》一書中指出：「從司馬遷一直到今天的學者，基本上都認為老子是楚國人。特別是現在的學者，把老子思想視為楚文化的一個重要組成部分，用楚國的政治、經濟背景來闡述老子思想產生的原因。而這些看法是完全錯誤的，老子是陳國人，不是楚國人。」〔註16〕而老子的思想也與陳國的周文化息息相通。〔註17〕

　　司馬遷說老子是「楚苦縣厲鄉曲仁里人」，據此，一般認為老子是楚人。《史記·老子韓非列傳》中所言「楚苦縣」即是指今河南省鹿邑縣附近。孔穎達《禮記·曾子問疏》引《史記》則說為「陳國苦縣賴鄉曲仁里人也」。《史記》索隱引《地理志》說：「苦縣本屬陳，春秋時楚滅陳，而苦又屬楚，故云楚苦縣。」〔註18〕可見兩種說法並不衝突，苦縣春秋時屬陳地，所以，老子為陳人。但是，陳後併入楚國，所以司馬遷又說老子為楚苦縣人。可見所謂的楚人、陳人，都是指的同一個地方，即今河南省鹿邑縣或真源縣。據張松輝先生考證，老子在世時，陳國還沒有被滅亡〔註19〕，所以，準確地講，老子是陳人。

　　也有人根據《莊子·天運》說孔子「南之沛見老聃」，認為老子為宋人。

〔註16〕張松輝：《老子研究》，人民出版社 2006 年版，第 51 頁。

〔註17〕陳國是周文化氣氛最濃的國家之一。《漢書·地理志》載「陳本太昊之墟，周武王封舜後媯滿於陳，是為胡公，妻以元女大姬。婦人尊貴，好祭祀，用史巫，故其俗巫鬼。」（《漢書》卷二十八下《地理志下》，中華書局簡體字本，第 1318～1319 頁。）可見，陳國的始封祖是舜的後代胡公，而胡公的夫人就是周武王的長女大姬。

〔註18〕《史記》卷六十三《老子韓非列傳》，中華書局簡體字本，第 1701 頁。

〔註19〕張松輝先生考證說：「老子究竟是陳人，還是楚人，這就要看老子在世的時候，陳國是否還存在。據《左傳·宣公十一年》和《史記·陳杞世家》記載，宣公十一年（前 598），楚乘陳內亂，舉兵滅陳，但就在當年，楚王在申叔的勸告下又恢復了陳。而這一年老子還沒有出生。陳的最後滅亡是在孔子去世的那一年（前 479 年）。老子是孔子的師輩，又很早去周做官，陳國滅亡時，老子很可能已經不在人世。這一切都說明，在老子主要活動時期，陳國還存在，他的家鄉屬陳國管轄，因此，準確地講，老子應是陳人，不是楚人。」參見張著《老子研究》，人民出版社 2006 年版，第 52～53 頁。

因為「沛」當時屬宋國。姚鼐就說過：

> 《莊子》載孔子、陽子朱皆南之沛見老子，夫宋國有老氏，而
> 沛者宋地，……則老子其宋人、子姓耶？子之為李，語轉而然，猶
> 姒姓之或以為弋也。〔註20〕

對此，張松輝先生分析說：「姚鼐的這一觀點有一個前提：某人住在什麼地方，他就是什麼地方的人。然而老子還曾在周住過，孔子曾經到周向他討教，那麼我們是否就可以說老子是周人呢？宋國有姓老的，其他國家也有姓老的，如魯國就有老祁（見《左傳》昭公十四年），楚國有老萊子。由此可見，姚鼐的看法也只能是一種推測。」〔註21〕

老子是陳國人，而陳國是一個浸染著濃厚的周文化的國家。陳的始封祖是舜的後代胡公，而胡公的夫人就是周武王的長女大姬。《漢書‧地理志》、《括地志》兩書記載說：

> 陳本太昊之墟，周武王封舜後媯滿於陳，是為胡公，妻以元女
> 大姬。婦人尊貴，好祭祀，用史巫，故其俗巫鬼。……吳札聞陳之
> 歌，曰：「國亡主，其能久乎！」〔註22〕

> 陳州宛丘縣在陳城中，即古陳國也。帝舜後遏父為周武王陶
> 正，武王賴其器用，封其子媯滿於陳。〔註23〕

這些記載告訴我們，遏父是舜的後裔，由於他為周朝建立了功勞，周武王便把他的兒子媯滿（又稱胡公）封於陳，還把自己的大女兒大姬嫁給了媯滿。大姬實際上是以天子之女的身份下嫁給諸侯，而且還是一位沒有多少實力的諸侯。因此在她嫁給媯滿後，就成了陳國的實際統治者，這就從功業和血緣關係兩個方面拉近了陳與周文化的距離。大姬的愛好使陳成為一個有著重視史巫、重視文化傳統的國家，而這些文化傳統自然與周文化是一致的。張松輝先生還從陳國的無為思想傳統、隱逸思想傳統、水德等方面論證和提示了老子思想和陳國思想傳統的關係，最後指出：「弄清了老子的國屬，就會使我們不再局限於『道家屬於楚文化』這個狹小的、而且是錯誤的小圈子裏去審視老子的思想，而是能夠使我們從更大的文化背景、也即周文化背景中去考察老子、乃至於道家思想產生的原因，這對於整個中國思想的研究都是有益

〔註20〕 姚鼐：《老子章義序》，上海古籍出版社《續修四庫全書》，第 954 冊，第 624 頁。
〔註21〕 張松輝：《老子研究》，人民出版社 2006 年版，第 30 頁。
〔註22〕 《漢書》卷二十八下《地理志下》，中華書局簡體字本，第 1318～1319 頁。
〔註23〕 《史記‧周本紀》「正義」引，見中華書局簡體字本，第 93 頁。

處的。」〔註24〕

3.1.4 老子和老萊子、太史儋各有其人

《史記‧老子韓非列傳》介紹老子的主要生平事蹟之後，還附帶記載了當時有關老子的一些傳說：「或曰老萊子亦楚人也，著書十五篇，言道家之用，與孔子同時云。蓋老子百有六十餘歲，或言二百餘歲，以其修道而養壽也。自孔子死之後百二十九年，而史記周太史儋見秦獻公曰：『始秦與周合，合五百歲而離，離七十歲而霸王者出焉。』或曰儋即老子，或曰非也，世莫知其然否。」〔註25〕司馬遷把自己對老子生平的看法放在前面，而附帶上當時的其他傳說，這可以說明兩個問題：第一，司馬遷認為老子就是老聃，與老萊子、太史儋並無關係，這也是當時最傳統和最普遍的說法；第二，當時人們對於老子的身世已經不甚清楚，有人開始把老子與老萊子、太史儋扯到一起了。我們應該注意的是，司馬遷對老子的籍貫生平的記載是準確肯定的語氣，而對傳說只是順便提及，而且語氣十分不肯定。我們認為司馬遷記載老子另外的傳說，只是對當時情況的如實記載一下罷了。並不能說明他自己也這樣認為。可是，他的這麼順便一寫，卻引起了後人的過多的猜測和想像。〔註26〕後人對這段材料的過度關注和發揮其實在一定程度上誤導了人們對相關史實的理解。

張松輝先生在《老子研究》一書中，以四條理由證明了老子和老萊子不是同一個人，令人信服，現移錄如下：

> 第一，《莊子》明確視老子、老萊子為二人。《莊子》談到老子的有二十條左右，都呼為老聃或老子，另有一條記載老萊子的事（見《外物》），這說明在莊子那裏，老子和老萊子被視為兩人。

> 第二，《史記》本書的證明。《史記‧老子韓非列傳》只說：「或曰：老萊子亦楚人也，著書十五篇，言道家之用，與孔子同時云。」

〔註24〕 張松輝：《老子研究》，人民出版社2006年版，第61頁。

〔註25〕 《史記》卷六十三《老子韓非列傳》，中華書局簡體字本，第1702頁。

〔註26〕 例如，清人畢沅《道德經考異》和汪中《老子考異》均認為老子就是太史儋；錢穆先生認為孔子所見老子即老萊子，而老萊子就是《論語》中的荷蓧丈人。（參見《先秦諸子繫年》，商務印書館2002年版，第245～246頁。）羅根澤先生也在《老子及〈老子〉書的問題》一文中專論「老子即是太史儋」。（見《古史辨》第四冊第449頁～453頁，上海古籍出版社1982年版。）

〔註27〕其中沒有一句話說老子就是老萊子。而《史記‧仲尼弟子列傳》記載「孔子之所嚴事：於周則老子；於衛，蘧伯玉；於齊，晏平仲；於楚，老萊子；於鄭，子產；於魯，孟公綽。」〔註28〕孔子到周，師從老子；到楚，則師從老萊子。這條記載，已經明確無誤地把老子和老萊子列爲兩人，而且是時代相同而國別不同的兩個人。

第三，兩人的生平出處也不一樣。《史記‧老子韓非列傳》「正義」引《列仙傳》說：「老萊子，楚人。當時世亂，逃世耕於蒙山之陽，莞葭爲牆，蓬蒿爲室，杖木爲床，著艾爲席，菹芰爲食，墾山播種五穀。楚王至門迎之，遂去，至於江南而止。曰：『鳥獸之解毛可績而衣，其遺粒足食也。』」此事又見《高士傳》。這些記載說明，老萊子的生平事蹟與老子根本不一樣，各有各的故事。

第四，《漢書》記載的證明。《漢書‧藝文志》把《老子》和《老萊子》的書明確列爲兩本，在《老子鄰氏經傳》下注：「姓李，名耳，鄰氏傳其學。」而在《老萊子》十六篇下注：「楚人，與孔子同時。」這就說明，班固是把他們當作兩人看待的，因爲在班固的時候，同時存在《老子》和《老萊子》兩本書。〔註29〕

至於老子是不是太史儋〔註30〕，答案也是很明顯的。《史記》明確說：「自孔子死之後百二十九年，而史記周太史儋見秦獻公曰：『……。』或曰儋即老子，或曰非也。」〔註31〕孔子和老子同時，顯然老子不可能是孔子以後百二十九年的人，正如張松輝先生所說：「如果我們相信老子可以活兩百多歲，那麼這個太史儋也有可能是老子，如果我們不相信老子能夠活兩百多歲，那麼這個太史儋也就不可能是老子。我想，相信老子能夠活兩百多歲的學者（神仙家

〔註27〕《史記》卷六十三《老子韓非列傳》，中華書局簡體字本，第 1703 頁。
〔註28〕《史記》卷六十七《仲尼弟子列傳》，中華書局簡體字本，第 1735 頁。
〔註29〕張松輝：《老子研究》，人民出版社 2006 年版，第 19～20 頁。
〔註30〕羅根澤先生以四條理由認爲老聃即是太史儋：「其實老聃即史儋。何以言之？一、聃儋音同字通，《呂氏春秋》作老耽，亦即此人。古聲音同則可假借，故荀卿一作孫卿，荊卿一作慶卿，厥例繁矣。二、聃爲周柱下史，儋亦爲周之史官。三、老子出函谷關：史儋入秦，亦必出函谷關。四、史記老子之子名宗……宗子注，注子宮，宮玄孫假，假仕於漢孝文帝。而考《孔子世家》，孔子十世孫襄，爲孝惠博士：何老子先於孔子，反八世以至孝文？若謂聃即史儋，史儋後孔子百二十餘年，則具妥適無疑」。見羅根澤編著：《古史辨》第四冊，上海古籍出版社 1982 年版，第 10 頁。
〔註31〕《史記》卷六十三《老子韓非列傳》，中華書局簡體字本，第 1703 頁。

除外），恐怕不會有吧！至於把二人說成是同一家族的人，更是毫無根據。」
〔註32〕

3.1.5 《老子》爲老子所著

《老子》一書，爲老子所作。司馬遷對此有明確的記載：「老子乃著書上下篇，言道德之意五千餘言而去，莫知其所終。」〔註33〕在這段話裏，透露了司馬遷時代關於《老子》一書的兩條重要信息：第一，當時的觀點認爲《老子》一書爲老子所著，與老萊子和太史儋無關；第二，當時人們認爲《老子》一書的字數一開始就是五千多字，和今本《老子》的字數基本一樣。

而且，綜觀《史記·老子韓非列傳》，關於《老子》的作者，並無異說。至於後面引起爭議的閃爍其辭的一段文字，只是提到還有老萊子和太史儋二人的傳說，根本就不曾提到他們和五千言的《老子》一書有任何關係。關於老萊子，只是據說「著書十五篇」，與五千言的《老子》顯然沒有什麼瓜葛。而關於太史儋就更沒有半個字說他有任何著書了。

可見，《史記·老子韓非列傳》中是清清楚楚地表明了老萊子和太史儋二人與五千言《老子》無任何關係的。從老子傳可以看出，雖然司馬遷收錄了關於老萊子和太史儋的傳說，但絕沒有任何記錄說明司馬遷認爲太史儋或者老萊子會是《老子》的作者。

可是，令人覺得奇怪的是，不知道從什麼時候開始，人們就開始把《老子》一書和老萊子、太史儋扯上關係了。《老子》一書的著作權至今依舊是人們爭議的話題，人們還是不斷地把《老子》和老萊子、太史儋扯上關係。在我們看來，這恐怕在一定程度上也存在一個過度詮釋和任意發揮的問題。

例如馮友蘭先生就曾經否定《老子》一書爲與孔子同時的老子所作。他說：「《老子》一書，相傳爲係較孔子爲年長之老聃所作。其書之成，在孔子以前。今以爲《老子》係戰國時人所作……，後世所以有此種錯誤，蓋由司馬遷作《史記》，誤以爲李耳及傳說中之老聃爲一人。其實《老》學（即現在《老子》書中所講之學）之首領，戰國時之李耳也。」〔註34〕這就直接把春秋時的老子對《老子》的著作權完全給否定掉了。他認爲「今所有之《老子》，

〔註32〕張松輝《老子研究》，人民出版社2006年版，第20頁。
〔註33〕《史記》卷六十三《老子韓非列傳》，中華書局簡體字本，第1702頁。
〔註34〕馮友蘭：《中國哲學史》（上冊），華東師範大學出版社2000年版，第130～131頁。

亦曾經漢人之整理編次，不能必謂成於一人之手。」〔註 35〕同時，還把老萊子和太史儋都算進去了：「總的看起來，後來所謂《老子》一派的思想有許多部分，有些是出於老萊子，有些出於太史儋，這些思想，都以韻文的形式流傳於世。李耳把它們收集起來，再加上他自己的創作，編輯成這本書，題名爲《老子》。」〔註 36〕可以說，這些都只是一種自己的理解或猜測，並無史料的支撐。

郭店楚簡出土後，有人下結論說：「簡本《老子》終於使我們發現：今天所見到的帛書《老子》，原來是太史儋在李耳所著《老子》基礎上的『擴建』與部分『改建』。而流行最廣的今本《老子》——嚴遵本、河上公本、王弼本、傅奕本等，則又是經過西漢劉向到唐玄宗，在帛書類《老子》基礎上的校訂、統一篇章、統一定名、部分改造後的本子。」〔註 37〕「可見今天流傳的《老子》，不論是帛書還是今本，其作者非太史儋莫屬。由此又反證了簡本《老子》也只能出於李耳了。」〔註 38〕這種推斷和猜測表面上看來，似乎有一點道理。但至少有兩點是經不起推敲的：

第一，能否說明郭店出土的殘簡《老子》就是當時《老子》的全貌呢？我們已經在文章前面說明了簡本《老子》不一定就是原始《老子》的全貌；

第二，有什麼依據能說明太史儋與《老子》有關係呢？司馬遷《史記》老子傳提到太史儋的時候，只是附帶說了一句「或曰儋即老子，或曰非也」，根本不曾提及太史儋與《老子》一書有任何關係。

而且，太史儋根本就不可能是老子李耳。因爲當時傳說老子活了二百多歲，又曾經是周柱下史，這與周太史儋職業相同，身份相似，人們自然就會把老子和後世的太史儋聯繫起來，所以當時有人誤認爲「儋即老子」是很正常的事情。但老子明顯不能活二百多歲，也沒有任何記載說太史儋著過五千言《老子》。所以我們認爲，把太史儋和五千言《老子》扯上關係是非常牽強的。

其實，認爲《老子》是春秋末年的老子所著，這是自司馬遷以來大多數學者的共識。即便是在疑古思潮風行的年代，都有不少學者堅持這種認識，例如胡適、唐蘭、郭沫若、呂思勉、高亨等人。呂思勉先生在《先秦學術概

〔註 35〕馮友蘭：《中國哲學史》（上冊），華東師範大學出版社 2000 年版，第 131 頁。
〔註 36〕馮友蘭：《中國哲學史新編》第 2 冊，人民出版社 1964 年版，第 31 頁。
〔註 37〕尹振環：《楚簡老子辨析·比較研究部分》，中華書局 2001 年版，第 4 頁。
〔註 38〕尹振環：《楚簡老子辨析》，中華書局 2001 年版，第 28 頁。

論》中認為《老子》成書甚早，且《老子》並非南方之學，而是北方之學。〔註39〕金景芳先生也曾經說：「我們所要知道的，是《老子》書的作者和年代，這個問題，實際在先秦諸書，已有確切的解答，僅僅是詳略互有不同，找不出一條相反的證據。我們如果還肯重視證據，就沒有理由說上述諸書記載完全不可靠，獨有我們的主觀臆測可靠。那麼，《老子》書是老聃作，老聃與孔子同時而年輩稍長，這個事實實不容懷疑。」〔註40〕在一個簡單事實由於種種原因被複雜化之後，要回復到它本來的簡單，其實往往是很困難的。一個本來基本確定的事情，一旦被人懷疑之後，即便懷疑的理由並不充分，但要重新予以肯定，那也是很難的事情。老子對於《老子》的著作權問題，或許就屬於這一種情況。

3.2 孔子和「儒」

3.2.1 孔子和原始「儒」

關於孔子的生平，《史記·孔子世家》的記載是詳細而全面的，此不贅言。在這裡我們對孔子的生平和思想只側重講三點：

第一，孔子曾經是一個幫助人家料理喪事的「儒」。〔註41〕

「儒」在孔子和老子的時期，更多應該是指一種職業，而學術的成分是比較少的，其主要工作之一就是幫助人們料理喪事。中國古代貴族講究「慎終追遠」〔註42〕，對待喪事特別講究，有一整套的喪葬之禮，後來推廣到了民間。據許多先秦史書的記載，孔子年輕的時候，就曾經向老子學習過喪禮，並且曾經協助老子操持過喪禮。

孔子自己也對學生子夏講過：「汝為君子儒，無為小人儒」〔註43〕。歷來的注家都把「儒」解釋為名詞，作「儒者」講。如楊伯俊就將這一句翻譯為：

〔註39〕 呂思勉：《先秦學術概論》，中國大百科全書出版社 1985 年版，第 27 頁。
〔註40〕 金景芳：《金景芳先秦思想史講義》，天津古籍出版社，2007 年版，第 122 頁。
〔註41〕 中國人歷來重視死的觀念與喪葬禮儀，這種廣泛的社會需求促成了一個特殊社會階層「儒」。在中國古代社會，最晚到殷代有了專門負責辦理喪葬事務的神職人員。這些人就是早期的儒，或者稱為術士。他們精通當地的喪葬禮儀習慣，這些人形成了一種相對獨立的職業階層。
〔註42〕 《論語·學而》，程樹德：《論語集釋》第一冊，中華書局 1990 年版，第 37 頁。
〔註43〕 《論語·雍也》，程樹德：《論語集釋》第二冊，中華書局 1990 年版，第 389 頁。

「你要去做君子式的儒者，不要去做小人式的儒者。」〔註 44〕我們認爲這樣解釋未必符合孔子的原義。在孔子的時代，「儒」更多的意思應該是指一種與「禮」相關的職業。《雍也》這裡講的「汝爲君子儒」中的「儒」，應該就是這種做禮事的儒生，並且這裡「儒」用作動詞，意思是「行儒事」、「做禮事」。那麼「汝爲君子儒，無爲小人儒」就應該翻譯爲：「你應該去幫助那些君子（有道德修養的人）去行儒事（操持喪事等），而不要去替那些小人行儒事。」孔子對於「君子」是充滿敬意的，對小人是鄙夷的。行禮事，對於君子而言是很有必要的，而且有辦法和他們交流。如果和小人去談所謂的禮事，幫他們去按照禮制處理喪事，無疑對牛彈琴，不但沒有辦法溝通，反而有可能自取其辱，所以孔子要子夏替君子而「儒」，不要爲小人而「儒」。當然，這只是一種自己的理解，不見得正確。

在《禮記・曾子問》中我們可以看到，孔子協助老子處理葬禮的時候，曾經遇到日食而不知道是否該繼續，也曾經遇到過「下殤」（小孩子死）是否該用棺材的困惑。〔註 45〕可見，孔子年輕的時候，確實做過「儒」這一行當。周谷城據章炳麟《國故論衡・原儒》認爲：「周以前的儒者，卻是主持宗教鬼神等事的。他們略知天文氣候，他們常代人斷事，代人祈禱；他們的服裝，有特別的樣式。他們實在就是一種術士。」〔註 46〕這種類似「術士」的「儒」與後來「儒家」的「儒」的概念是有區別的。孔子年輕的時候一邊執行著當時傳統儒士所做的一些主持宗教鬼神的事情，一邊開始研習傳統的學問，有了學術的內容。所以，從孔子開始才有了後世意義上的「儒家」的學術的成分，而在孔子本人及其弟子們的身上，早期「術士」之「儒」的成分還是作爲比較主要的部分存在著的。

3.2.2　「儒」和「儒家」

早期的「儒」和後來的「儒家」是既有聯繫又有區別的兩個概念，不能等同。章太炎先生曾作《國故論衡》，有《原儒》一篇，提出「儒」有廣義狹義三種不同的說法，使我們知道「儒」字的意義經過了一種歷史的變化，從一個廣義的，包括一切方術之士的「儒」，後來竟縮小到那「祖述堯舜，憲章

〔註 44〕楊伯峻：《論語譯注》，中華書局 1980 年版，第 59 頁。

〔註 45〕詳見《禮記・曾子問》，下文將具體引該故事。

〔註 46〕周谷城：《中國通史》上冊，上海人民出版社，1957 年版，第 103 頁。

文武，宗師仲尼」狹義的「儒」。〔註47〕胡適先生在《說儒》篇指出，「儒」的名稱，最初見於《論語》孔子說的「汝爲君子儒，毋爲小人儒」。〔註48〕認爲儒是殷民族的教士，他們的衣服是殷服，他們的宗教是殷禮，他們的人生觀是亡國遺民的柔遜的人生觀，並且從事治喪相禮的職業。〔註49〕

綜合前人的觀點，我們可以這樣來描述「儒」：「儒」在最初是一種從事喪葬等類似宗教禮儀的職業。從事這種職業的人一般都掌握了比較豐富的知識，並且可能還懂得一些類似巫術之類的方術。他們在人們的心目中被認爲是通天達地的、有知識的人。那麼，最初的「儒」，在學術層面的含量是很少的。

而「儒家」則是一個富含學術意味的概念了。它已經逐漸淡化和偏離早期作爲術士之「儒」的宗教性意味了。正如章太炎先生所說的那樣，變成了狹義的「祖述堯舜，憲章文武，宗師仲尼」的「儒」了。在孔子的時代是沒有明顯的「儒家」這麼一個概念的。「儒家」學派的形成，是孔子以後的事情。孔子之學在孔子的弟子和再傳弟子以及孔子學說的追隨者們經過幾代甚至十幾代的流傳和發展之後，才逐漸成爲一個以孔子學說爲思想皈依的相對獨立的學術派別。儘管儒家學派在先秦時期已經初步形成，但是「儒家」派別的嚴格劃定和分類，那是漢代人做的事情。在先秦諸子的學術篇章中，一般都是以人爲敘述對象，或者只是把學術思想比較接近的人放在一起來敘說，「某某家」、「某某派」的提法並不明晰。我們將在第七章第二節「儒道學派的形成和劃分」中詳細論述這個問題。

3.2.3 孔子思想和儒家思想

關於孔子的思想，還有一點需要特別說明，那就是，我們不能把孔子思想等同於儒家思想。孔子曾經做過儒的職業，他開創的學派被後人稱爲「儒家」，但是，孔子的思想和我們通常所理解的儒家思想是不能完全劃等號的。

孔子的思想是駁雜的。孔子是一個鮮活的春秋時期人物。他的思想無疑具有春秋時期的各種各樣人物思想的痕跡。例如，在孔子的思想裏面，我們可以看到許多「道家」的東西。孔子的思想對老子的思想有很多的吸收。同

〔註47〕參見《胡適全集》第 4 卷，安徽教育出版社 2003 年版，第 3～4 頁。
〔註48〕參見《胡適全集》第 4 卷，安徽教育出版社 2003 年版，第 6 頁。
〔註49〕參見《胡適全集》第 4 卷，安徽教育出版社 2003 年版，第 1 頁。

樣，孔子的思想對於當時和之前其他的有影響的思想家的思想無疑也會有所反映。而儒家思想是後來人在不斷總結孔子和孟子、荀子等和孔子學術主旨及社會主張大致相同的思想家的共性而提煉出來的一種共同的思想傾向。這種思想傾向與孔子的思想比較接近，而孔子又被冠為「儒家」的始祖，所以就把這種思想傾向稱為「儒家思想」。同時，隨著歷史的發展和社會政治的需要，這種「儒家思想」還不斷被賦予新的內容，有了更廣泛的意義。可見，「儒家思想」是一個集合體，是一個抽象和籠統的稱呼。而孔子思想是具體的，多層面的。如果把孔子思想完全等同於儒家思想，那麼，這勢必會影響我們對孔子的認識。

儒家思想在後世不斷地被系統化。特別是當它被統治者選擇為統治思想之後，儒家思想被加入了統治者自己的想法和需要。隨著儒家思想的官方化和正統化，儒家思想與孔子思想的差距也更大了。人們如果以儒家思想的角度去看待和研究孔子的思想的話，往往會受到一種先入為主印象的影響，從而不能很好地認識孔子的思想。正確的方法是，把孔子從儒家或道家的立場和視野中拉出來，只是把孔子看作是一名春秋末期的學者或者是思想家，從他所流傳下來的實際的話語中去觸摸他的思想，從他所處的時代背景和社會環境中去求證這些思想的來源和可靠性。

3.3 孔子和老子交往考

道家文化和儒家文化是中國傳統文化的兩大支柱。作為兩大主幹文化的直接開啟者——老子〔註 50〕和孔子，以及他們之間的關係，一直以來是傳統文化研究者們所關注的焦點問題。孔老關係問題是儒道關係的基本問題。在中國古代的思想文化發展歷史上，儒道文化是本土蘊育生長的一對攣生兄弟。儘管儒、道兩家文化在各自發展的過程中，越來越呈現出異化和對立，但是我們不能否認兩家思想在起源上的同一性。從儒道關係整個的發展過程來說，儒、道的界限有一個從模糊到清晰的過程。早期的儒家，如孔孟，其

〔註50〕 有學者認為道家文化是莊子開啟的。如錢穆先生說：「莊周以前，是否有老聃這一人，此刻且不論。但《老子》五千言，則決然是戰國末期的晚出書。如此說來，道家的鼻祖，從其著書立說，確然成立一家思想系統的功績言，實該推莊周。」參見錢穆《莊老通辨》，生活‧讀書‧新知三聯書店 2002 年版，第 3 頁。

思想有著許多道家的成分；而早期的道家，如老莊，也並非不食人間煙火的
方外神仙，同樣有著類似儒家的強烈的入世情懷。

孔子與老子的交往以及兩人在思想層面的諸多互通恰恰反映了早期儒
道關係的和諧與包容。但是，由於相關史料的缺佚和個別相關記載的含糊不
清〔註51〕，以及唐宋以來因儒、道學派之爭而肇發的對孔老交往的懷疑思
潮，使孔子與老子的關係問題由一個簡單的歷史事實演化成一個頗具爭議的
紛繁複雜的學術公案。

我們先來看看史書上對孔子情況的記載。人們對孔子這位儒家始祖的生
平是基本上沒有太多爭議的。《史記》載：「孔子生魯昌平鄉陬邑」，「魯襄公
二十二年而孔子生」〔註52〕。「孔子年七十三，以魯哀公十六年四月己丑卒。」
〔註53〕司馬遷對孔子生平的記載是精確到年月的。可見，有關孔子生平的史
料在司馬遷時期是準確而豐富的。

再來看老子的情況，同樣是在《史記》裏，司馬遷對老子的記載卻簡單
得多：「老子者，楚苦縣厲鄉曲仁里人也，姓李氏，名耳，字聃，周守藏室之
史也。」〔註54〕對其生卒年和大致的活動時間都沒有交待。特別是《老子韓
非列傳》後面的幾句話，使後人對老子的身世感到撲朔迷離，由此眾說紛紜，
爭論不休。而正是這幾句話，引發出後人對老子身世的諸多猜測，加之後世
儒道學派道統之爭的原因，孔老關係越來越被人們打上儒道之爭的烙印，從
而不斷被人懷疑，甚至歪曲，很多時候已經遠離了歷史的本來面目。我們接
下來即將展開的評述，就是為了澄清關於孔老關係的一些基本認識。我們認
為，《禮記》、《史記》等先秦兩漢典籍中關於孔子師從老子學禮的記載是可信
的，後世那些懷疑老孔師生關係的論說皆沒有客觀的史實依據，而多出於主
觀臆測或有意為之。

3.3.1 舊說平議——對老孔師生關係懷疑論的答辯

老子和孔子的師生關係，自先秦以來一直為多數人所認同。但自唐以後，
人們對它的懷疑也從未間斷過。為了更清楚地論述老、孔師生關係的真實性，

〔註51〕此指《史記‧老子韓非列傳》後面閃爍其辭的一段話，見前引。
〔註52〕《史記》卷四十七《孔子世家》，中華書局簡體字本，2005 年版，第 1537 頁。
〔註53〕《史記》卷四十七《孔子世家》，中華書局簡體字本，2005 年版，第 1564 頁。
〔註54〕《史記》卷六十三《老子韓非列傳》，中華書局簡體字本，2005 年版，第 1701
頁。

我們不妨先對以往的懷疑論作一番簡要的梳理和分析。

3.3.1.1 關於唐代韓愈的懷疑論

可以說，對孔老關係提出疑問，並且造成巨大影響的，韓愈是第一人。韓愈是一位以儒家爲本位的大學者。他對孔子師從老子的事情是不認同的，或者說是不願意接受的。但又持論無據，而且自相矛盾。韓愈在《原道》篇中說到：

> 後之人其欲聞仁義道德之說，孰從而聽之？老者曰：孔子，吾師之弟子也。佛者曰：孔子，吾師之弟子也。爲孔子者，習聞其說，樂其誕而自小也，亦曰：吾師亦嘗師之云爾。不惟舉之於其口，而又筆之於其書。〔註55〕

可以看出，韓愈認爲孔子師老一事只不過是道家的荒誕說法。但是，他同時也注意到，其實此前的儒家也似乎對此並不避諱。於是，他只好替儒家解釋爲「習聞其說，樂其誕而自小也」。顯然，韓愈這樣講只是出於維護儒家的道統尊嚴而已，並未給人以信服的理由。相反，他的話還引發了人們進一步的思考：爲什麼作爲儒家的「爲孔子者」也說「吾師亦嘗師之」？難道眞的只是因爲「習聞其說，樂其誕而自小」嗎？

其實，這樣的解釋是不能自圓其說的。李覯就提出：

> 韓退之有言：「老者曰：孔子，吾師之弟子也。佛者曰：孔子，吾師之弟子也。爲孔子者，習聞其說，樂其誕而自小也，亦曰吾師亦嘗師之云爾。」佛之說不詳。《曾子問》、《老子韓非列傳》則有問禮之事。史未足信；《禮記》，經之屬也，亦有妄乎？〔註56〕

李覯質疑：就算作爲史書的《史記·老子韓非列傳》未足以信，難道作爲儒家經書的《禮記》還會亂說嗎？當然，這也不能完全說明問題，因爲單憑《禮記》是不足以說服人的。但至少可以看出韓愈的懷疑只是懷疑而已，他沒有能夠拿出任何證據來否定《史記》和《禮記》所記載的關於孔子問禮於老子的事情。

更讓人覺得不解的是，韓愈一方面把老、孔的師生關係否定得乾乾淨淨，但另一方面他在別的地方卻又認同老子與孔子的師生關係。例如，韓愈在《師

〔註55〕韓愈：《韓愈全集·原道》，上海古籍出版社1997年版，第120頁。

〔註56〕李覯：《直講李先生文集·卷二十九》，轉引自羅根澤編著：《古史辨》第6冊，《自序》，上海古籍出版社1982年版，第4頁。

說》和《進士策問十三首》中分別明確提到了孔子曾經師從老聃：

　　聖人無常師，孔子師郯子、萇弘、師襄、老聃。〔註57〕

　　　古之學者必有師，所以通其業，成就其道德者也。……孔子亦

　有師，問禮於老聃，問樂於萇弘是也。〔註58〕

從這裡看來，韓愈又是承認老、孔的師生關係的。

　　為什麼會出現如此前後矛盾的說法呢？原因在於，韓愈是從維護儒家道統出發的，為了證明「為孔子者，習聞其說，樂其誕而自小也」，顧此失彼，從而出現了自相矛盾的說法。但否定老、孔師生關係的學者往往記住了《原道》中的話，而忽略了《師說》和《進士策問十三首》中韓愈的話。

　　儘管韓愈的懷疑觀點前後矛盾，不足以服人，卻還是肇發了後世更多的懷疑。自此，懷疑老、孔師生關係的人就層出不窮了。正如胡適先生所言：「那個孔子問禮於老聃的傳說，向來懷疑的人都學韓愈的看法，說這是老子一派的人要自尊其學，所以捏造『孔子，吾師之弟子也』的傳說。」〔註59〕殊不知，韓愈的看法是自相矛盾。

　　至於胡適先生自己，他對老子和孔子的這種交往是並不懷疑的，胡適《老子傳略》說：

　　　清人閻若璩因《禮記・曾子問》孔子曰：「昔吾從老聃助葬於巷黨，及堩，日有食之。」遂推算昭公二十四年，夏五月，乙未朔，己時，日食，恰入食限。閻氏因斷定孔子適周見老子在昭公二十四年，當孔子三十四歲（《四書釋地續》）。這話很像可信，但還有可疑之處：一則《曾子問》是否可信；二則南宮敬叔死了父親，不到三個月，是否可同孔子適周；三則《曾子問》所說日食，即便可信，難保不是昭公三十一年的日食。但無論如何，孔子適周，總在他三十四歲以後，當西曆紀元前五一八年以後。大概孔子見老子在三十四歲與四十一歲之間。老子比孔子至多不過大二十歲。老子當生於周靈王初年，當西曆前五七〇年左右。〔註60〕

胡適先生在閻若璩的觀點基礎之上，甚至提出孔子適周問禮的時間是在孔子

〔註57〕韓愈：《韓愈全集・師說》，上海古籍出版社1997年版，第130頁。

〔註58〕韓愈：《韓愈全集・進士策問十三首・其十二》，上海古籍出版社1997年版，第154頁。

〔註59〕胡適：《胡適全集》第4卷，安徽教育出版社2003年版，第1頁。

〔註60〕羅根澤編著：《古史辨》第四冊，上海古籍出版社1982年版，第303～304頁。

三十四歲至四十一歲之間。我們認為，對於孔子問禮於老子的具體時間，由
於史料的不完整，目前還無法得出十分完整的線索和準確的結論。但是，對
於孔子曾經問禮於老聃一事的存在，這是沒有問題的。

3.3.1.2　關於宋人王十朋的懷疑觀點

宋人王十朋〔註61〕說：

> 夫子之始末，莫詳於《世家》。抑嘗讀之矣，而未免乎疑，庸
> 可以不辯？夫子嘗適周矣，及其施（疑為旋）也，老子以言送之曰：
> 「聰明深察而近於死者，好議人者也。博辯廣大而危其身者，好發
> 人之惡者也。」老子之言，似不徒發，必有以箴夫子之失。使夫子
> 果有此失，豈足為聖人乎？此不免乎疑也。〔註62〕

王十朋認為《史記·孔子世家》關於孔子適周問禮於老子之時，老子對孔子
所說的話值得懷疑，進而懷疑這段記載的可靠性。我們來看王十朋的邏輯：
老子對孔子說的這些話，並不是憑空而發的，而是針對孔子的過失。可是孔
子如果有此過失，則不能稱之為「聖人」。既然孔子是聖人，聖人就不會有這
些過失的，那麼老子對孔子就不可能說這樣的話。既如此，這段記載就值得
懷疑。

很明顯，王十朋的邏輯是站不住腳的。實際上，真實的孔子是一個生動
的凡人，而不可能是一位天生的「聖人」。任何人的思想修養都有一個發展成
熟的過程，在這個過程中，難免會出現很多過失和錯誤。孔子感覺自己很多
方面都不足，經常向別人請教。對於禮制，他就跟隨老子學習。老子向前來
學習的孔子談一些禮制以外的做人的道理，也是很正常的。正因為這樣，孔
子回去之後才會向弟子感歎老子的偉大。老子對孔子所說的這番話，無疑是
出於對年輕人的愛護和教導，本身並沒有褒貶之意。這樣一種正常的師生間
對話，怎麼就會成為產生那些所謂的疑問的原因呢？

由此看來，王十朋的懷疑其實很滑稽。

3.3.1.3　宋儒葉適的懷疑

宋儒葉適也懷疑作《老子》一書的人，不會是教孔子以「禮」的老子，
而是另有其人。他甚至懷疑有兩個老子。他在書中寫到：

〔註61〕王十朋為紹興二十七年進士第一，在思想、文學各方面都有很深的造詣。
〔註62〕《策問》，《梅溪先生文集》卷十四，《四部叢刊》，上海書店印行，1989年版。

言老子所自出，莫著於《孔子家語》、《世家》、《曾子問》、《老子韓非列傳》。蓋二戴記「孔子從老聃祭於巷黨」云云，史軼「子死下殤有墓」，禮家儒者所傳也。司馬遷記孔子見老聃，歎其猶龍，遁周藏史至關，關令尹喜強之著書，乃著上下篇言道德之意，非禮家儒者所傳也。以莊周言考之，謂「關尹老聃，古之博大真人。」亦言孔子贊其為龍，則是為黃老學者借孔子以重其師之辭也。二說皆塗引巷授，非有明據。然遷謂「世之學老子則絀儒學，儒學亦絀老子」。稱指必類，乃好惡之實情，烏得舉其所絀，而亦謂孔子聞之哉？且使聃果為周藏史，嘗教孔子以故記，雖心所不然，而欲自明其說，則今所著者，豈無緒言一二辨析於其間？而故為巖居川遊、素隱特出之語，何耶？然則教孔子者必非著書之老子，而為此書者必非禮家所謂老聃，妄人訛而合之爾」。〔註63〕

這裡，作為儒者的葉適認為：孔子師老並贊其為龍的說法只不過是道家後學「借孔子以重其師之辭」而已，並據此判定「教孔子者必非著書之老子，而為此書者必非禮家所謂老聃，妄人訛而合之爾」。這種推論除了讓人稍感論證蒼白無力之外，還讓人感覺論者缺乏一種看問題的客觀、平和的心態，還真有點太史公所言「世之學老子則絀儒學，儒學亦絀老子」的味道。

3.3.1.4 清儒汪中、崔述等人的懷疑

清儒汪中認為老子就是太史聃，晚於孔子。他對孔子師老的事實提出三點疑問：其一、孔子問禮於老子，而老子書中說「禮者，忠信之薄而亂之首也」；其二、楚之於周，聲教中阻，楚人仕周頗可疑；其三、老子身為王官，不可謂隱君子。〔註64〕

其實，他這幾點疑問都是可以解釋清楚的。第一，老子反對「禮」與老子懂禮、教禮並不矛盾。老子身為周朝史官，自然熟知各種禮制。熟知禮制，才可能知道禮的弊端和虛偽。反對禮，卻講授禮制，也並不矛盾，在現實生活中常常可以看到這種情況。我們在「老子與禮」一節會專門論證這一問題。第二，汪中認為「周楚聲教中阻，楚人仕周頗可疑」是因為他誤以為老子是楚國人，這和司馬遷犯了同樣的錯誤。其實，老子根本就不是楚人，他是陳

〔註63〕 葉適：《習學記言序目》（上冊）卷第十五，中華書局 1977 年版，第 209 頁。
〔註64〕 汪中：《述學補遺·老子考異》，《四部叢刊初編》307 冊，上海書店印行，1989 年版，27～28 頁。

國人，屬於中原人士。我們在第一節討論老子的生平的時候就已經詳細說明了這一點。既然這樣，老子「仕周」就沒有什麼可疑的了。第三，老子確實曾爲王官，但他晚年棄官歸隱了。如果說身爲王官不能稱隱君子，那棄官歸隱了總可以稱爲隱君子吧。所以汪中之說並無實據，不可信。

與汪中同期的崔述也激烈反對孔子問禮於老子之說。他的觀點是：之所以出現孔子問禮於老子這一說，是因爲「戰國之時，楊墨並起，皆託古人以自尊其說。儒者方崇孔子，爲楊氏說者因託諸老聃以紬孔子；儒者方崇堯舜，爲楊氏說者因託黃帝以紬堯舜。以黃帝之時，禮樂未興，而老聃隱於下位，其跡有近似乎楊氏者也。」〔註 65〕崔述雖然相信老子的年代在春秋末年，卻否認《史記》關於孔子問禮於老子之說，認爲孔子既無「驕氣與多欲」也無「態色與淫志」。所以，他只好把老子這個人和《老子》這本書分開來，這和葉適《習學記言》提出「教孔子者必非著書之老子，而爲此書者必非禮家所謂老聃；妄人訛而合之爾」的說法，是一脈相承的，不足爲據。

康有爲也主張孔先老後之說，認爲：「各子書雖《老子》、《管子》，亦皆戰國書，在孔子後，皆孔子後學。」〔註 66〕但並沒有提出任何能說服人的證據。

梁啓超認爲老子是戰國末期人，《老子》成書於戰國末期。梁啓超提出了「六點證據」，斷言《老子》一書出自戰國之末：一、老子的八代孫與孔子的十三代孫同時；二、孔子、墨子、孟子都沒有稱及老子；三、《曾子問》所載老子的談話和《老子》書中的反禮不一致；四、《史記·老子韓非列傳》本於《莊子》，而《莊子》爲寓言，不能視爲史實。五、《老子》一書中有許多過於激烈或自由的話語，不似春秋時候的人所說的話；六、《老子》中「王侯」、「侯王」、「王公」、「萬乘之君」、「取天下」、「仁義」等字樣，不像春秋時所有。〔註 67〕針對梁啓超的觀點，張煦逐條予以反駁，認爲：一、自孔子至漢景帝四百一十年，老子雖不是活了幾百歲，但總在百歲左右。百歲左右的老子之子孫，歷時九代，可有四百年。孔子二十歲生伯魚，其後十三代皆不永

〔註 65〕崔述：《洙泗考信錄·卷之一》，顧頡剛編訂：《崔東壁遺書》，上海古籍出版社 1983 年版，第 270 頁。

〔註 66〕康有爲：《桂學答問》，謝遐齡編選：《變法以至昇平——康有爲文選》，遠東出版社，1997 年 3 月版，第 155 頁。

〔註 67〕梁啓超：《評胡適之中國哲學史大綱》，《飲冰室合集》第 5 冊，中華書局 1989 年版，第 57～59 頁。

年，定皆早年得子。所以老子八傳至解，與孔子十三代孫同時，並不奇怪。二、《論語》中的「竊比於我老彭」中的「老」即老子；「以德報怨」也見於《老子》。三、以尼采做例，《曾子問》的老聃，拘謹守禮並無不可。四、未駁斥；五、認爲可以不予駁斥；六、在對老子原文是否被竄改未下結論以前，不能以文字定時代。〔註 68〕最後，張煦得出的結論與梁啓超剛好相反，認爲梁啓超之說並不能證明《老子》爲戰國書。

張松輝先生結合張煦的觀點，也對梁啓超的證據一一予以評析，頗爲精當，現摘錄如下：

1、孔、墨、孟都沒有提到老子。評：說孔子沒有提到老子是不準確的，只能說《論語》中沒有提到老子，而其他先秦典籍，如《禮記》、《史記》等，多次記載孔子對老子的評價。退一步說，即便是這些人沒有提到老子，也不能證明老子不是他們之前的人，如孟、莊基本是同時人，可誰也沒有提到誰，這並不能證明彼此都不存在。

2、《禮記·曾子問》所記載的老子談禮，與《老子》書中反對禮的思想相背。評：反對某種事物，必須對這種事物有深入的瞭解。老子之所以反對禮，是因爲他太瞭解禮的實質。講的更明白一些，老子是先學禮，後反對禮。另外老子一方面反對禮，一方面又講禮制，這種矛盾的行爲也很好理解。因爲老子生活於「失仁而後禮」的時代，全社會都在講究禮節，一貫主張和光同塵的老子也就不得已而爲之，更何況他任職時的責任之一就是掌禮。莊子也反對禮，但《莊子·人間世》還是主張「外曲者，與人之爲徒也。擎跽曲拳，人臣之禮也。人皆爲之，吾敢不爲邪？爲人之所爲者，人亦無疵焉，是之謂與人爲徒」。去做自己不願意做的事，這在今天也不鮮見。

3、《史記》中有關老子的傳記本於《莊子》，而《莊子》屬於寓言，不能看作歷史。評：說《史記》是本於《莊子》，根據不足，如《莊子》記載了老子的去世情況，而《史記》卻說老子不知所終。可見《史記》的記載是另有所據。

4、《老子》中有許多太激烈、太自由的話，不像春秋時代人的

〔註 68〕羅根澤編著：《古史辨》第 6 冊，《自序》，上海古籍出版社 1982 年版，第 9 頁。

話。評：這條理由，更是臆測。為什麼春秋人就不能講出激烈、自由的話？看看商武乙的射天神、商紂王的酒池肉林、周內史叔興和鄭子產的否定天命等等，這些行為和言論，在後人的眼中，都是相當激烈的。

5、《老子》書中的「萬乘」、「王侯」、「王公」等字樣不像是春秋時所應有。評：春秋時期，一些強大的諸侯國已經擁有數千輛兵車，《論語》中已多次把中等國家稱之為「千乘之國」，孔子本人也使用過「萬乘」一詞，《荀子・子道》記載：「孔子曰：『昔萬乘之國有爭臣四人，則封疆不削。』」那麼為什麼與孔子同時的老子就不能講出「萬乘」一詞？周天子稱王，楚國君也稱王，當時還有公、侯、伯、子、男五等爵位，既然如此，老子講「王侯」、「王公」等詞，又有什麼值得大驚小怪的呢？張煦先生《梁任公提訴老子時代一案判決書》對此反駁說：「《易・蠱之上九》『不事王侯，高尚其事』不是早已『王侯』聯用嗎？《易・坎象》『王公被險以守其國』，《離象》『六五之吉離王公』。不是『王公』聯用嗎？」張先生所舉的例子（特別是第一個例子）是非常有力的反證。

6、老子的八代孫與孔子的十三代孫同時。評：這是根據《史記》推算出來的。且不說《史記》在記載老子世系時可能有誤，即使無誤，也不能據此推論老子是戰國末期人。梁啟超是根據20～30年為一代的常規計算的，而這種常規式的計算往往與實際不符。有人二十歲得子，也有人六十、七十歲得子，這一代就相差四、五十年。因此，梁的這一證據也不能算作確證。另外，對《史記・老子韓非列傳》中「宮玄孫假」中「玄孫」，張煦先生有一個合情合理的理解：「《老子韓非列傳》說『宮玄孫假』的玄孫，只《爾雅・釋韻》上對曾孫說，下對來孫說，方是第四代孫。若單言『玄孫』之『玄』，無異『遠祖』之『遠』，《說文》『玄，幽遠也』，《文選・東京賦》注引《廣雅》：『玄，遠也。』『玄』字『遠』字，義本相同，遠祖本是高曾以上的祖，玄孫自然可以說孫曾以下的孫。據此，就不只八傳了。」〔註69〕

綜合汪中、崔述、康、梁諸人的論述，我們發現，他們在進行論辯的時

〔註69〕張松輝：《老子研究》，人民出版社2006年版，第21～23頁。

候，始終事先預設了自己的觀點，如：孔子、孟子、墨子必須要稱及老子，才能說明老子先他們而存在。如：老子是楚人，周、楚文化迥異，那麼楚人老子不能仕周。再如：老子是反對禮的，反對禮制的人不可能教孔子禮等等。而他們的這些預設的觀點，卻根本就經不起推敲，缺乏細心的考證。

更嚴重的問題是，他們只是提出了自己的懷疑，卻不能對《史記》、《禮記》等關於孔子問禮於老子的歷史記載作出有力的反駁。對於孔子問禮的問題，如果僅僅只是提出否定的意見，那是很容易的事情，但是，否定的理由是什麼呢？既然舉不出充足的證據，那麼這種懷疑和否定就只能是一種主觀的臆測，不足以成為一種歷史結論。在這些孔先老後的觀點背後，我們似乎看到，他們是在力圖在維護著一種什麼東西，而這種力圖被維護的東西，就是孔子的神聖和儒學的權威。

3.3.1.5 崔浩並不曾懷疑老、孔師生關係

羅根澤先生認為自先秦以來，是北魏的崔浩最先對老孔的師生關係提出疑問。他在《古史辨·自序》中說：「這樣矛盾（指有關老子身世及其與孔子關係的各種矛盾說法——引者按）共存的維持了一千二百多年，中間惟有北魏崔浩（？——四五〇）曾經懷疑。可惜其說已佚，止見於宋王十朋《問策》說：『至如疑五千言非老子所作，有如崔浩。』（《梅溪先生文集》卷十三）」〔註70〕

其實羅根澤先生錯了。崔浩並不曾懷疑老、孔的師生關係，而且並不是像他所言「其說已佚」，《魏書·崔浩列傳》記載得非常明確：

> （崔浩）性不好《老》《莊》之書，每讀不過數十行，輒棄之，曰：「此矯誣之說，不近人情，必非老子之作。老聃習禮，仲尼所師，豈設敗法文書，以亂先王之教。韋生所謂家人筐篋中物，不可揚於王庭也。」〔註71〕

可以看出，崔浩明確說「老聃習禮，仲尼所師」，並沒有懷疑老、孔二人的師生關係，只是懷疑《老子》不是老聃所著而已。他認為向孔子傳授古禮的老子斷不會寫出反禮的、「亂先王之教」的五千言《老子》的。但是，崔浩沒能為自己的這種懷疑拿出絲毫證據，完全是一種主觀推測。還有一點，就是崔

〔註70〕羅根澤編著：《古史辨》第 6 冊，《自序》，上海古籍出版社 1982 年版，第 2 頁。

〔註71〕《魏書》卷三十五《崔浩列傳》，中華書局簡體字本，第 548 頁。

浩的原話完整地保留在《魏書・崔浩列傳》中，沒有像羅根澤認爲的那樣已經佚失。〔註72〕

3.3.1.6 晚近懷疑論

　　晚近以來，老子其人其書以及老、孔的師生關係遭到全面的懷疑，甚至連老子這個人都被懷疑不存在，這種認識一直深深地影響到了當代的學人，以至於我們今天重談老孔師生關係時，竟有不少人由於受此影響而懷疑該選題的意義。

　　例如，孫次舟先生就認爲歷史上並無老子其人。孫先生稱：「老子不見稱於《論語》《墨子》《孟子》，至荀卿、韓非始言老子。《莊子・內篇》言老聃不言老子，至《外篇》、《雜篇》始以老子爲一學派，復多引《老子》語。因斷老子並無其人，乃莊周後學所捏造。」〔註73〕《論語》、《墨子》、《孟子》沒有言及老子，就能斷言無老子其人嗎？其邏輯顯然是不成立的。

　　顧頡剛先生懷疑：老子痛恨聖與智，是因爲戰國後期社會上受遊士的損害重極了，才有這種呼聲。在春秋末年及戰國初期都不會有這種呼聲。〔註74〕所以，他提出：

> 老子爲什麼會成爲孔子的老師？我以爲這不是訛傳的謠言，乃是有計劃的宣傳。老子這個學派大約當時有些勢力，但起得後了，總敵不過儒家。他們想，如果自己的祖師能和儒家的祖師發生了師生的關係，至少能聳動外人的視聽，爭得一點學術的領導權。於是他們造出一件故事，說孔子當年到周朝時曾向老子請教過，但他的道力不高，而且有點驕矜之氣，便給老子痛罵了一頓。他知道自己的根柢差得多，羞愧得說不出話。回得家來，只有對老子仰慕讚歎。

〔註75〕

顧頡剛先生是我們非常尊敬的前輩學者。但是，我們認爲顧先生此段的觀點似乎有點偏激。當然，他道出了學派之爭之下可能發生的情形，但畢竟只是一種推測。而事實上，老子成爲孔子的老師，既不是謠言，也不是有計劃的宣傳，而是眾多先秦史料所記載的歷史事實。

〔註72〕參見張松輝《老子研究》，人民出版社2006年版，第345頁。
〔註73〕羅根澤編著：《古史辨》第六冊，上海古籍出版社1982年版，第100頁。
〔註74〕參見顧頡剛編著：《古史辨》第一冊，上海古籍出版社1982年版，第53頁。
〔註75〕顧頡剛：《秦漢的方士與儒生・黃老之言》，上海古籍出版社1998年版，第34頁。

　　錢穆先生也認爲孔子問禮的老子不是作《老子》的老子，而是老萊子，他認爲老萊子即荷蓧丈人。他在《中國古代傳說中之博大眞人——老聃》一文中談到：

> 其實今傳的《老子》五千言，決非孔子以前或同時人所著。即如上引老萊子著書十五篇，也同樣出於後人之僞託。大抵孔子同時的老聃，是並無著書的。而且這五千言，也並非太史聃所著……此五千言的成書年代，應該在《莊子》書之後。〔註76〕

同樣，錢穆先生認定與孔子同時的老聃並無著書，孔子問禮之人爲老萊子，這也沒有令人信服的證據。

　　馮友蘭先生認爲《老子》爲戰國時李耳所作，而李耳並非老聃。所以《老子》一書，當在《論語》《孟子》之後。我們可以看到，馮友蘭寫《中國哲學史》，是把老子放在孔子之後的。他強調了三條理由：一則孔子以前，無私人著述之事，故《老子》不能早於《論語》；二則《老子》之文體，非問答體，故應在《論語》《孟子》之後；三則《老子》之文，爲簡明之「經」體，可見其爲戰國時之作品。〔註77〕馮友蘭先生甚至懷疑與孔子同時的老子其人的存在，他說：「傳說中之『古之博大眞人』，乃老聃也。老聃之果爲歷史的人物與否不可知。」〔註78〕

　　馮友蘭先生還說：「從清朝的章學誠開始，歷史學界都逐漸承認了一個關於先秦的學術發展情況。那就是，在孔丘以前『無私人著作之事』。……《老子》書是一部正式的私人著作，他不是問答式的語錄，而是作者以簡練的文字直接表述自己的思想。如果說它出在孔丘以前，是不合於上面所說的情況的。」〔註79〕

　　對此，張松輝先生進行了反駁：

> 從沒有私人著做到出現私人著作，這是人類歷史發展的必然，而且私人著作出現的時間，也會受到經濟、文化條件的限制，會有一個大致的時代規定，但私人著作最早出現在哪一年，由哪一個人執筆寫出來，歷史是不可能有明確規定的。老子和孔子基本上屬於

〔註76〕錢穆：《莊老通辨》，生活‧讀書‧新知三聯書店2002年版，第16頁。
〔註77〕參見馮友蘭《中國哲學史》（上冊），華東師範大學出版社，2000年版，第130～131頁。
〔註78〕馮友蘭：《中國哲學史》（上冊），華東師範大學出版社，2000年版，第131頁。
〔註79〕馮友蘭：《中國哲學史新編》第2冊，人民出版社1964年版，第25～26頁。

同時代的人，爲什麼第一本私人著作就一定應由孔子寫出，而不能由老子寫出呢？說孔子是第一位私人著述者，這是後人自己劃定的一個標準，然後又用這個自定的標準去否定其前私人著作的存在，這顯然是不合適的。〔註80〕

另外，還有許多學者也都認爲關於孔子師從老子的說法是道家的胡謅，根本就是抑儒崇道的說法。

羅根澤稱：「至我自己也是相信老在孔後的，並且認爲老子就是太史聃，在孔子後百餘年。……對老子的成爲孔子之師，考知是道家的推崇本宗，排詆儒家。」〔註81〕「蓋道家推崇本宗，排詆儒家，造孔子師老聃之說，以謂儒家之祖，出於道家，亦如後世佛教盛行，造老子化胡經，謂釋迦爲老子之弟子者然。」〔註82〕

許地山認爲：「孔老會見底事情恐怕是出於老莊後學所捏造。」〔註83〕並進一步分析說：「至於孔子問禮於老子底事，若把《曾子問》與《史記·老子傳》比較起來，便知二者底思想不同。若依《老子》『失道而后德，失德而後仁，失仁而後義，失義而後禮。禮者忠信之薄而亂之首。……』也可以理會老子也是楚狂、長沮、桀溺一流的人物，豈是孔子所要請益底人？孔老相見底傳說想在道家成派以後。」〔註84〕

綜上可見，晚近以來眾多學者對於老子和孔子師生關係的懷疑雖然拿不出有力的證據，但是這種懷疑已經在近代以來的人們的腦海中留下了很深的印象，甚至一度成爲人們對於孔、老關係的基本認識。要重新確立古書的相關記載在人們心目中的眞實性地位似乎已經很不容易了。需要指出和強調的是，所有這些懷疑都只是一種大膽的臆測。而動輒斷言無老子其人則是一種不負責任的說法。從司馬遷的時代到現在，人們都只是對老子的身世知之不詳，並沒有任何史料能夠說明歷史上無老子其人。這是我們研究這個課題必須澄清的第一個認識。

張松輝先生在《老子研究》一書中說：

〔註80〕張松輝：《老子研究》，人民出版社 2006 年版，第 24 頁。
〔註81〕羅根澤編著：《古史辨》第六冊《自序》，上海古籍出版社，1982 年版，第 11 頁。
〔註82〕羅根澤編著：《古史辨》第四冊，上海古籍出版社，1982 年版，第 9 頁。
〔註83〕許地山：《道教史》，上海古籍出版社 1999 年版，第 14 頁。
〔註84〕許地山：《道教史》，上海古籍出版社 1999 年版，第 15 頁。

近現代否定老、孔師生關係的學者非常多，計有：康有爲、梁啓超、錢穆、張西堂、羅根澤、馮友蘭等等，雖然他們都是名家，而且還形成了「集團力量」，但要想用一些捕風捉影的所謂證據去否定這麼多的古籍記載，是十分困難的。特別是對馮友蘭的一段話，我非常不贊成。他說：「我曾說過中國現在之史學界有三種趨勢，即信古，疑古，及釋古。就中信古一派，與其說是一種趨勢，毋寧說是一種抱殘守缺的人的殘餘勢力，大概不久即要消滅；即不消滅，對於中國將來的史學也是沒有什麼影響的。」

看了馮先生的這段話，我認眞反省自己，自認自己是抱殘守缺一類的信古者。我不僅相信古書的記載，而且相信歷史傳說，因爲把傳說中的神話、雜質部分去掉，其顯露出來的往往是歷史的眞實。當然，我說的信古，是就大體而言，絕不是百分之百地完全相信，而是基本相信。就像疑古派一樣，他們也不可能百分之百地否認一切歷史記載。實際上，近數十年來的出土文物正在掃蕩著疑古派所提出的許多大膽假設。〔註85〕

一種學術風氣或者思潮的產生，往往帶有其歷史的必然。特定的時代，往往會有特定的學術風氣。而一旦形成了風氣和思潮，勢必會產生強大的學術慣性，這種學術慣性的不斷延伸，就會出現一些極端的觀點。在這些極端的觀點的「薰陶」下，人們的認識通常會被麻痹，思維會被定向。要走出這種麻痹和定向，是需要時間的，是需要不斷地澄清和反覆催醒的。疑古學派對先秦學術思想研究的深入功不可沒，他們的努力曾經使人們耳目爲之一新、精神爲之一振，但它帶來的學術慣性也是非常大的，至今仍有不少的學者還沒有擺脫這種慣性的思維。當然，我們重新審視歷史的時候，也不能矯枉過正，絕不可以一味地非其所是、是其所非，必須立足史料，冷靜、客觀地分析一切出現在我們研究視野的歷史可能。

3.3.1.7 小 結

從上面的梳理和分析可以看出，無論是唐、宋儒者的懷疑還是清、民儒者的考證，都無法給出足以使人完全信服的理由。甚至，我們還可以通過對上面諸多懷疑論的梳理中總結出兩個明顯的特點：

〔註85〕張松輝：《老子研究》，人民出版社，2006 年版，第 354～355 頁。

1、道統情緒

以上諸人，大多都是推崇儒家學說、以儒家正統傳人自居的學者，在他們的論說中，往往帶有很明顯的維護儒家道統的情緒，其中以韓愈、葉適尤爲明顯。儒家文化自從在漢代被定位一尊之後，歷代儒家傳人無不以繼承和弘揚儒家的基本精神爲使命，並且孔子逐漸被歷代尊儒的統治者和儒家的後學推向了神壇，孔子已經越來越脫離了春秋末期時代孔子的眞實，而被套上一道又一道的光環。許多以孔子儒學正統傳人自居的學者，在其精神信仰之上已經不能允許在孔子的頭上還擺上一位老師，而且還居然是作爲道家開山鼻祖的老子。所以，在很多時候，他們都試圖把歷史上關於孔子師從老子學禮的記載加以塗抹，儘管越塗抹越不能使人信服。

2、論之無據

通觀上面的懷疑論者，爲了維護自己的懷疑和猜測，往往附會、曲解有關史料。多是從推測到推測，從懷疑到懷疑，卻又拿不出足以服人的證據。唐宋以來，直至晚清和民國時期，不少學者懷疑和否定史書的相關記載，可自己卻又拿不出十足的證據來證明自己的懷疑。

但是，不少論者以自己的理解和分析提出了許多有啓發性的觀點，能啓發人們進一步去思考更多的孔老之間的思想關係和歷史可能。不管這些觀點正確與否，他們都曾經在很大程度上啓發了人們對孔老關係的重新思考，深入了人們對孔老關係這一問題的研究。前輩學者，特別是古史辨派的諸位前賢，他們的研究，無論從深度還是從廣度來看，都是十分令人欽佩的。但是，由於史料的局限等原因，他們的某些觀點確實已經需要重新審視了。

歷史發展到今天，我們應該以更加理性的態度來重新審視這段曾經被人們懷疑或塗抹的歷史。對於歷史，提出懷疑是很簡單的事情，但是要論證這些懷疑卻是很困難的。無論怎麼梳列和整理，都沒有充分的材料能夠證明這些懷疑，從而使這些懷疑變得如此蒼白。既如此，爲什麼我們置衆多能直接證明老孔師生關係的材料不顧，卻毫無根據地去相信這些懷疑呢？

可喜的是，隨著研究的不斷深入，以及地下文獻的不斷出土，特別是郭店楚簡的出土，使得許多爭論和懷疑塵埃落定。例如，郭店本《老子》成書年代的初步確定〔註86〕，就以鐵的事實終結了《老子》晚出之說。

〔註86〕李學勤先生指出：「竹簡《老子》的出現，證明《老子》成書甚早，不能如過去有些學者所說，遲到戰國中晚期，甚至晚於莊子。」見李學勤《先秦儒家

3.3.2 戰國兩漢典籍所見孔老關係考

從傳世的先秦兩漢典籍看，孔子師事老子確有其事，《文子》、《史記》、《禮記》、《莊子》、《呂氏春秋》、《孔子家語》、《韓詩外傳》等書中均有這方面的記載。下面擬對出現在先秦兩漢史書、儒家和道家典籍中的孔老交往記載逐一述評。

3.3.2.1 《史記》中的孔老關係

最詳細記載了孔子師老這一事件的，當屬司馬遷的《史記》，在《史記》的《老子韓非列傳》、《孔子世家》、《仲尼弟子列傳》等篇中均有清清楚楚的記載。

第一處：《史記·孔子世家》記載南宮敬叔與孔子一起去向老子學禮，老子臨別贈言孔子要「毋以有己」：

> 魯南宮敬叔言魯君曰：「請與孔子適周。」魯君與之一乘車，兩馬，一豎子俱。適周問禮，蓋見老子云。辭去，而老子送之曰：「吾聞富貴者送人以財，仁者送人以言。吾不能富貴，竊仁人之號，送子以言，曰：『聰明深察而近於死者，好議人者也。博辯廣大危其身者，發人之惡者也。為人子者毋以有己，為人臣者毋以有己。』」孔子自周返於魯，弟子稍益進焉。〔註87〕

第二處：《史記·老子韓非列傳》記載孔子適周問禮於老子，孔子被告知要去除無益於身心的驕氣與多欲，態色與淫志：

> 孔子適周，將問禮於老子。老子曰：「子所言者，其人與骨皆已朽矣，獨其言在耳。且君子得其時則駕，不得其時則蓬累而行。吾聞之，良賈深藏若虛，君子盛德，容貌若愚。去子之驕氣與多欲，態色與淫志，是皆無益於子之身。吾所以告子，若是而已。」孔子去，謂弟子曰：「鳥，吾知其能飛；魚，吾知其能遊；獸，吾知其能走。走者可以為罔，遊者可以為綸，飛者可以為矰。至於龍吾不能知，其乘風雲而上天。吾今日見老子，其猶龍邪！」〔註88〕

第三處：《史記·仲尼弟子列傳》直接提到孔子於周師事老子：

著作的重大發現》，《中國哲學》第二十輯《〈郭店楚簡研究〉》，遼寧教育出版社 2000 年版，第 14 頁。

〔註87〕《史記》卷四十七《孔子世家》，中華書局簡體字本，第 1540 頁。

〔註88〕《史記》卷六十三《老子韓非列傳》，中華書局簡體字本，第 1702 頁。

孔子之所嚴事：於周則老子；於衛，蘧伯玉；於齊，晏平仲；
於楚，老萊子；於鄭，子產；於魯，孟公綽。〔註89〕

司馬遷家族世代掌修國史。〔註90〕可以相信，在司馬遷的時代〔註91〕，關於孔老關係的各種史料的掌握，幾乎無人能和司馬遷相比。因此，《史記》的記載應該是當時最權威的。我們認爲《史記》中關於孔子向老子問禮的記載是可信的。《史記》的寫作毫無疑問是建立在當時「國家圖書館」權威、全面的史料的基礎上的。而其中老子傳的寫作也是一樣。司馬遷在當時確實可以看到了許多關於老子和孔子關係的史料，而這些史料可能駁雜不一，既有前代的史書記載，又有諸子百家各家之說，還包括當時的傳說、老子家譜資料等等。司馬遷在這些史料中，摘取了比較可信的部分，寫入《史記》中。這些駁雜的古史資料，在幾千年的歷史抄錄傳承中，大多沒能流傳下來。我們從《漢書‧藝文志》所載之書與傳世之書的數量對比來看，就可以大致瞭解到這種情形。

也許有人會問：既然司馬遷認爲老子即老聃、著道德之意五千言、孔子曾從之問禮，爲什麼還在老子傳中閃爍其辭，附言「或曰儋即老子，或曰非也，世莫知其然否」呢？

其實，我們認爲，這正是司馬遷秉筆直書的寫實風格的體現。他雖然自己通過甄別史料，已經認定孔子問禮於老子的事實，但是，他覺得當時既然有另外一些關於老子的傳說，就應該把這些傳說也順帶寫進去，讓後人能瞭解到當時真實的學術情形，這與司馬遷寫《史記》「不虛美，不隱惡」的實錄風格是吻合的。至於他自己對傳聞是並不相信的。也正因爲這樣，他才把自己的觀點放在前面，而將傳聞放在最後一筆帶過。司馬遷在老子傳中明言：「老子者，楚苦縣厲鄉曲仁里人也，姓李氏，名耳，字聃，周守藏室之史也。」〔註92〕不曾有半點含糊。而且在《史記‧太史公自序》裏面也說：「李耳無爲自化，清淨自正；韓非揣事情，循勢理，作《老子韓非列傳》第

〔註89〕《史記》卷六十七《仲尼弟子列傳》，中華書局簡體字本，第 1735 頁。

〔註90〕司馬家族世代爲史官。司馬談臨終之前對兒子司馬遷說：「余先周室之太史也，自上世嘗顯功名於虞夏，典天官事，後世中衰，絕於余乎？汝復爲太史，則續吾祖矣。」（見《史記‧太史公自序》）

〔註91〕司馬遷生於漢景帝中元五年（公元前 145 年），大約死於漢武帝徵和三年（公元前 90 年），活了 56 歲。據孔子去世時（公元前 479 年）僅三百餘年。

〔註92〕《史記》卷六十三《老子韓非列傳》，中華書局簡體字本，第 1701 頁。

三。」〔註93〕說明司馬遷認爲老子就是老聃、李耳。

我們應該注意到，司馬遷在《史記》老子傳中是說：「世莫知其然否」。而這個「世」字，似乎也能說明一點問題。普通的世人確實難以判斷這些傳說的眞偽，而司馬遷作爲國史專家，他可以看到世人無法看到的一些史料。更何況，司馬遷的祖先也曾是周朝的史官。「世莫知」並不能說明司馬遷也相信「或曰儋即老子，或曰非也」這些傳聞的。

當然，「或曰：老萊子亦楚人也，著書十五篇，言道家之用。與孔子同時云。……或曰儋即老子，或曰非也，世莫知其然否」這一段文字是否爲司馬遷原話也或未可知。呂思勉先生就對此存疑，他認爲：「此百餘言，乃後人記識之語，混入本文者。他不必論，『世莫知其然否』六字，即一望而知非西漢人文義矣。」〔註94〕呂先生斷言此百餘字爲後人混入，雖然缺乏更多的論證，但也不是全無道理。

另外，從這幾段文字的具體內容來看，有幾點值得特別指出：

第一，這些記載和細節雖不必字字當眞，但很符合老子與孔子的思想邏輯。老子主張順應自然，講求清靜無爲。所以老子見到汲汲於功名的年輕氣盛的孔子就告誡他：君子時機成熟才去從政輔佐君主，從事社會活動，不逢其時就應該隨遇而安，獨善其身，不要強爲。爲人處世要大智若愚、大巧若拙，要去掉過份的欲望和驕氣態色。這與《老子》一書的「大直若屈，大巧若拙，大辨若訥」〔註95〕、「見素抱樸，少私寡欲」〔註96〕的一貫主張是十分吻合的。同時，從《論語》我們也可以看出，孔子思想中也流露出了無爲、隱逸、處下、不爭等等老子式的思想傾向，我們將在後文的《孔子的「道家」思想》一章中詳細展開。

第二，孔子向老子學習禮制，而老子本身卻反對禮制，表面上這似乎不合邏輯，所以後世許多懷疑老孔師生關係的人據此立說，認爲孔子問禮於老聃一事純屬烏有，把老孔的師生關係否定得乾乾淨淨。其實，孔子問禮於老子和老子反對禮制的事實並不矛盾，我們在論文的下部分將另闢專節討論孔

〔註93〕《史記》卷一百三十《太史公自序》，中華書局簡體字本，第2502頁。
〔註94〕呂思勉：《先秦學術概論》，中國大百科全書出版社1985年版，第29頁。
〔註95〕《老子》第四十五章，《老子道德經注》上篇，《王弼集校釋》，中華書局1980年版，上冊，第123頁。
〔註96〕《老子》第十九章，《老子道德經注》上篇，《王弼集校釋》，中華書局1980年版，上冊，第45頁。

子問禮於老子的問題，並具體解釋爲什麼孔子問禮於老子和老子反對禮制的
事實並不矛盾。

　　第三，有人也許會問，爲什麼《論語》中沒有提到孔子的老師，而《史
記·仲尼弟子列傳》卻一下子提到老子、蘧伯玉、晏平仲、老萊子、子產、
孟公綽等等這麼多的老師輩人物。

　　其實，《論語》裏面已經間接透露了孔子有眾多老師這一信息。首先，《論
語》中很多地方都講到孔子十分好學的問題，既然好學，則必有求學之處，
特別是孔子年輕之時，必定有過許多問學的對象；其次，《論語》中多處流露
出孔子對蘧伯玉、晏平仲、子產、孟公綽等人的欽佩和讚賞。老子、蘧伯玉、
晏平仲、老萊子、子產、孟公綽都是孔子同時代的人，都很有可能曾經是孔
子學習過的對象。再者，《論語》中實際上也提到了孔子的老師問題。《論語·
子張》篇載：

　　　　衛公孫朝問於子貢曰：「仲尼焉學？」子貢曰：「文武之道，未
　　墜於地，在人。賢者識其大者，不賢者識其小者，莫不有文武之道
　　焉。夫子焉不學？而亦何常師之有？」〔註97〕

這裡，子貢的話也恰恰說明了孔子曾經向很多人學習過，只是強調了孔子無
「常師」。後來韓愈說「聖人無常師」恐怕就是出於此處。韓愈提到孔子的老
師時說：「聖人無常師，孔子師郯子、萇弘、師襄、老聃」〔註98〕、「古之學
者必有師，所以通其業，成就其道德者也。……孔子亦有師，問禮於老聃，
問樂於萇弘是也。」〔註99〕

　　第四，據《史記》的幾處記載，孔子向老子問禮的次數恐怕不止一次。
如有學者稱：「事實上，孔老相會，在時間上可能不止一次，在地點上也可能
不止一處。」〔註100〕孫以楷先生結合《禮記》、《莊子》等其他相關記載，進
一步考證出，孔子與老子見面至少有五次。而且「孔子五次會見老子，這五
次分別在老子思想發展的三個不同階段。」〔註101〕孫先生認爲「孔子與老子
之間的最後一次會見大約是在公元前 486 年前後。孔子在經歷衛、宋、晉、

〔註97〕《論語·子張》，程樹德：《論語集釋》第四冊，中華書局 1990 年版，第 1335 頁。
〔註98〕《韓愈全集》，上海古籍出版社，1997 年版，第 130 頁。
〔註99〕《韓愈全集》，上海古籍出版社，1997 年版，第 154 頁。
〔註100〕陳鼓應、白奚：《孔老相會及其歷史意義》，載《南京大學學報（哲學·人文·
　　　　社會科學）》1998 年第 4 期。
〔註101〕孫以楷：《老聃與孔丘交往新考》，載《學術月刊》1991 年第 8 期。

鄭、蔡、葉諸地長達十二年之久的遊說後，於公元前 486 年來到陳國，停留了大半年之久。此時老子已決定去秦國隱居，他回到相邑，準備料理一下即西去。孔子正是這個時候來到相邑拜會老子。」〔註102〕關於孔老這最後一次見面，孫先生得出結論的依據是《莊子‧天運》篇。〔註103〕其實根據《史記‧十二諸侯年表》的記載，也可以看出孔子晚年時，又到東周去過一次，但是否見到了老子就不一定了。《史記‧十二諸侯年表》裏面說：

是以孔子明王道，干七十餘君，莫能用，故西觀周室，論史記舊聞，興於魯而次《春秋》，上記隱，下至哀之獲麟，約其辭文，去其煩重，以制義法，王道備，人事浹。〔註104〕

可見孔子不但年輕時爲了學禮適周，晚年，爲了學史也去過周。從這裡我們發現，《莊子‧天運》篇裏的孔老此次見面的情形似乎可以和《史記‧十二諸侯年表》的這段記載互證。這從某種程度上也證明了《莊子》中的某些記載是可信的。

3.3.2.2 《禮記》中的孔老關係

《禮記》是儒家的重要經典。關於《禮記》的作者和成書，東漢鄭玄的《六藝論》、晉代陳邵的《周禮論敘》和後來的《隋書‧經籍志》都認爲是西漢禮學家戴聖編訂的。〔註105〕《禮記》一書有許多關於孔子言論的記載，如《坊記》《表記》《緇衣》《仲尼燕居》《哀公問》《儒行》等篇，而《曾子問》篇更是多次記載了孔子問禮於老子的事情。著名治禮大師沈鳳笙先生曾經說過：「二戴所記《禮記》是《儀禮》殘存十七篇以及已佚若干篇的傳記，即皮錫瑞所謂『弟子所釋謂之傳，亦謂之記』（《經學歷史》二）。非常明顯，它是依據《儀禮》書本來解經所未明、補經所未備的。……七十子後學者所撰之『記』，在當時單篇傳抄，未曾匯輯成書。因此，流傳到西漢初年，滲入了若干篇秦、漢間人的著作……二戴各自輯爲《禮記》。」〔註106〕可見，《禮記》

〔註102〕孫以楷：《老聃與孔丘交往新考》，載《學術月刊》1991年第8期。

〔註103〕《天運》篇載：「孔子謂老聃曰：『丘治《詩》、《書》、《禮》、《樂》、《易》、《春秋》六經，自以爲久矣，孰知其故矣；以奸者七十二君，論先王之道而明周、召之跡，一君無所鉤用。甚矣夫！人之難說也，道之難明邪？』」這表明了孔子周遊列國之後即將回魯時的失望心態，孫先生據此判斷此次會見於公元前486年（魯哀公九年）。

〔註104〕《史記》卷十四《十二諸侯年表》，中華書局簡體字本，第365頁。

〔註105〕參考王文錦《禮記譯解‧前言》，中華書局2001年版，第1頁。

〔註106〕轉引自陳成國先生《禮記校注》，嶽麓書社2004年版，《禮記校注序》第2頁。

雖然有秦漢間人的痕跡，但畢竟大體出於仲尼七十子後學所撰之記，所以《禮記》中關於孔子的言行記錄大多是本自先秦的。1993 年出土的湖北郭店戰國竹簡《緇衣》和上海博物館所藏戰國竹書的《緇衣》篇便是明證。李學勤先生也認爲《禮記》早出，他說：「郭店楚簡又影響到對《禮記》的看法。《緇衣》收入《禮記》，竹簡中還有不少地方與《禮記》若干篇章有關，說明《禮記》要比現代好多人所想的年代更早。」〔註107〕因此，《禮記》中體現的孔老關係很值得注意。

　　《禮記‧曾子問》一篇多被認爲出自曾子門人的記錄。本篇記錄了大量曾子與孔子關於禮的問答，其中孔子多處提到「老聃曰」或「吾聞諸老聃曰」。可見，《禮記‧曾子問》提供了一個確定的信息：孔子曾經不止一次地師從老子學習禮制，而且得到了許多具體的指導。

　　下面，我們把《禮記‧曾子問》中多次出現「老聃曰」或「吾聞諸老聃曰」梳列如下：

　　　　（一）曾子問曰：「古者師行，必以遷廟主行乎？」孔子曰：「天
　　　子巡守，以遷廟主行，載於齊車，言必有尊也。今也取七廟之主以
　　　行，則失之矣。當七廟五廟無虛主。虛主者，唯天子崩、諸侯薨，
　　　與去其國，與祫祭於祖，爲無主耳。吾聞諸老聃曰：『天子崩，國君
　　　薨，則祝取群廟之主而藏諸祖廟，禮也。卒哭成事，而後主各反其
　　　廟。君去其國，大宰取群廟之主以從，禮也。祫祭於祖，則祝迎四
　　　廟之主。主出廟、入廟，必蹕。』老聃云。」〔註108〕

從這段文字看來，孔子還向老子學習了關於天子出征、國君駕崩等時候怎樣安置各廟神主的禮制問題。老子向孔子傳授的這些具體的禮制內容，很合乎老子的職業和身份。老子曾經是周朝的史官，要直接參與祭祀、兵戎等與禮密切相關的朝廷大事。因爲周代的史官，無論「大史」還是「小史」，都要參與朝廷的禮事。這從《周禮‧春官宗伯第三》對「大史」、「小史」的贊禮職責的記載可以看出：「大史：掌建邦之六典，……大祭祀，與執書卜日。戒及宿之日，與群執事讀禮書而協事。祭之日，執書以次位常，……大會同、朝覲，以書協禮事。……凡射事，飾中，舍算，執其禮事。小史：掌邦國之志，……

〔註107〕李學勤：《郭店楚簡與儒家經籍》，載《中國哲學第二十輯‧郭店楚簡研究》，遼寧教育出版社，2000 年版，第 21 頁。
〔註108〕陳戌國：《禮記校注》，嶽麓書社 2004 年版，第 135 頁。

大祭祀，讀禮法，……大喪、大賓客、大會同、大軍旅，佐大史。凡國事之用禮法者，掌其小事。」〔註109〕所以，老子對於天子出征、國君駕崩等這些朝廷大事的相關禮制是再熟悉不過的了的。

（二）曾子問曰：「葬引（既）至於堩，日有食之，則有變乎？且不乎？」孔子曰：「昔者吾從老聃助葬於巷黨，及堩，日有食之。老聃曰：『丘！止柩就道右，止哭以聽變。』既明，反而後行。曰：『禮也』。反葬而丘問之曰：『夫柩不可以反者也。日有食之，不知其已之遲數，則豈如行哉？』老聃曰：『諸侯朝天子，見日而行，逮日而舍奠。大夫使，見日而行，逮日而舍。夫柩不蚤出，不莫宿。見星而行者，唯罪人與奔父母之喪者乎！日有食之，安知其不見星也？且君子行禮，不以人之親痁患。』吾聞諸老聃云。」〔註110〕

根據這一段文字，孔子似乎曾在巷黨協助老子舉行葬禮，靈柩抬出來走在路上，發生了日食。老子吩咐孔子讓葬禮立即停下來，把靈柩擺在道路的右邊，並要求送葬的人停止哭泣，待日食過去以後，再接著上路。老子還給孔子解釋了這樣做的道理。

《曾子問》上記載的這件事，據有學者考證，其時間是在孔子五十一歲這一年，就是魯定公十二年（公元前498），《春秋》記載了這一年「十有一月丙寅。朔。日有食之」。就是在當時的曆法十一月初一這一天發生日食，按現在的公曆推算，是公元前498年9月22日這一天，是個日環食。這個日食，天都黑了，太陽只露出一個圈，星星出來了，所以，這個記載值得注意。

（三）曾子問曰：「下殤，土周葬於園，遂輿機而往，途邇故也。今墓遠，則其葬也如之何？」孔子曰：「吾聞諸老聃曰：『昔者史佚有子而死，下殤也，墓遠。召公謂之曰：「何以不棺斂於宮中？」史佚曰：「吾敢乎哉？」召公言於周公，周公曰：「豈不可？」史佚行之。』下殤用棺衣棺，自史佚始也。」〔註111〕

這裡，曾子向孔子詢問關於小孩子死了（即下殤），下葬墓地很遠時的葬禮問題，〔註112〕孔子回答時援引了一個老子曾給他講授過的相關例子。這個例子

〔註109〕《周禮注疏》卷二十六，《十三經注疏》上冊，中華書局影印本，第817～818頁。

〔註110〕陳戊國：《禮記校注》，嶽麓書社2004年版，第141～142頁。

〔註111〕陳戊國：《禮記校注》，嶽麓書社2004年版，第142～143頁。

〔註112〕八歲至十一歲的小孩子死了為下殤，入葬一般不用棺材。參見王文錦《禮記

講的是西周時候的一位名叫史佚的史官的兒子死了，按年紀也屬於下殤，下葬墓地離家也很遠，召公要史佚在家裏先入殮裝棺再運往墓地。史佚不敢這樣做。周公知道此事後說可以這樣做，史佚方才依次行事。自此，下殤也可以用棺材了。

前面提到了葬禮遇日食的處理方式，這裡又講到下殤是否用棺的問題，由此可見，老子對於各種情況的葬禮都是非常熟悉的。孔子從老子那裏學到了很多具體的葬禮知識。

至此，關於孔子向老子問禮的事情應該不會有什麼可懷疑的了。但筆者不禁產生另外一個疑問：為什麼老子如此熟悉葬禮？為什麼孔子會從老子「助葬」？有學者認為最早的「儒」是替別人料理喪事的吹鼓手，難道老子真的如胡適先生所言，也曾經是一位「儒」嗎？﹝註 113﹞關於老子和孔子時代所謂「道家」和「儒家」的說法，我們將在論文的第六章專門討論。

> （四）子夏問曰：「三年之喪，卒哭，金革之事無辟也者，禮與？初有司與？」孔子曰：「夏后氏三年之喪，既殯而致事。殷人既葬而致事。（周人卒哭而致事。）《記》曰：『君子不奪人之親，亦不可奪親也。』此之謂乎！」
>
> 子夏曰：「金革之事無辟也者，非與？」孔子曰：「吾聞諸老聃曰：『昔者魯公伯禽有為為之也。』今以三年之喪從其利者，吾弗知也！」﹝註 114﹞

子夏問「卒哭金革之事無辟」這種做法是禮制的規定呢，還是當初官府的強制規定呢？孔子分別把夏朝、殷朝和周朝的做法講了，認為「君子不奪人之親，亦不可奪親」。孔子說，他當初聽老聃說過，魯公伯禽曾於卒哭之後出兵征討，是因為國家遭受外侵，面臨危亂。而現在有人當守父母之喪，卻心懷私欲，藉口「卒哭金革之事無辟」發動戰爭，這是不對的。

從這一段文字我們可以看出，孔子似乎曾經向老子討教過當守「三年之喪」之時遇到「金革之事」該如何做的問題。這進一步證明了老子對喪禮的精通，也說明了孔子問禮於老子確實是有具體內容的。這一段文字還見於《孔

譯解》第 266 頁，中華書局 2001 年版。

﹝註 113﹞ 胡適先生在《說儒》中提到老子是一個「殷商老派的儒」。參見《胡適全集》第 4 卷，安徽教育出版社 2003 年版，第 1 頁。

﹝註 114﹞ 陳戌國：《禮記校注》，嶽麓書社 2004 年版，第 143 頁。

子家語》，可見這段材料確有所本。〔註115〕

這幾段材料似乎可以說明，孔子不止一次地向老子學習過禮，而且孔子向老子所學之禮，是多方面的，既有朝廷大事、天子出征的禮制，又有人們日常生活中的各種禮制。我們認爲，《禮記・曾子問》所記載的關於孔子對於老子喪禮知識的稱引，恰恰證明了《史記・孔子世家》和《史記・老子韓非列傳》中關於孔子適周向老子問禮一事的記載是眞實可信的。

3.3.2.3 《孔子家語》中的孔老關係

《孔子家語》，或稱《孔氏家語》、《家語》，是記錄孔子及門弟子言行和諸國故事的書，今傳本爲十卷四十四篇，魏王肅注。《四庫全書總目提要》說：「特其流傳已久，且遺文軼事，往往多見其中，故自唐以來，知其僞而不能廢也。」〔註116〕其內容重要而豐富，但是因長期被視爲僞書而影響了它作爲思想史料的應有價值。

上個世紀七十年代相關的考古發現和八十年代以來的相關研究表明，《孔子家語》並非魏晉人所作的僞書。〔註117〕李學勤先生等學者紛紛撰文發表自己的看法，用大量的事實和分析比較一致地否定了《孔子家語》爲僞書的傳統觀點。〔註118〕

下面，我們將《孔子家語》中提到的關於孔老交往的材料一一摘引出來：

（一）子夏問：「三年之喪既卒哭，金革之事無辟，禮與？初有司爲之乎？」孔子曰：「夏后氏之喪三年，既殯而致事，殷人既葬而致事，周人既卒哭而致事。《記》曰：『君子不奪人之親，亦不奪故也。』」

子夏曰：「金革之事無辟，非與？」

〔註115〕《孔子家語・卷九・曲禮子夏問第四十》，相關內容與《曾子問》篇的基本相同，見後引。

〔註116〕《欽定四庫全書總目》（整理本），中華書局 1997 年版，第 1194 頁。

〔註117〕1973 年河北定縣八角廊漢墓出土了整理者定名爲《儒家者言》的竹簡，1977年安徽阜陽雙古堆漢墓又出土了章題木牘，這些材料均以孔子及其弟子言行爲主，與《孔子家語》性質相類。

〔註118〕相關的研究論文如：《孔子研究》1987 年第 2 期所刊李學勤先生的《竹簡〈家語〉與漢魏孔氏家學》；《煙臺大學學報》1988 年第 1 期所刊李學勤先生的《新發現簡帛與漢初學術史的若干問題》；《國學研究》2000 年第 7 卷所刊胡平生先生《阜陽雙古堆漢簡與〈孔子家語〉》；《煙臺師範學院學報》2001 年第 3期所刊王承略《論孔子家語的眞僞及其文獻價值》等文章。

孔子曰：「吾聞諸老聃曰：『魯公伯禽有爲爲之也。今以三年之
喪從利者，吾弗知也。』」〔註119〕

這一段文字，在《禮記‧曾子問》中也出現了。這種互現的情況，或許存在
《家語》抄自《禮記》的可能，也有可能《禮記》抄自《家語》，還有可能各
自不約而同地收錄自當時存世的某一部文獻。或者，如有學者所言：「孔子言
行『當時弟子各有所記』，自然難免互有重複，後來各派都有自己的傳承系統，
就理所當然地將這種重複的現象也保留下來了。所以，各種《論語》類文獻
彼此互現的情況，並不一定就是某書抄自某書。」〔註120〕不管怎麼樣，都反
映出了一個事實，就是當時關於孔子向老子學習禮制的事情已經廣爲流傳了。

　　（二）子夏問於孔子曰：「客至，無所舍，而夫子曰生於我乎
館；客死，無所殯矣，夫子曰於我乎殯。敢問禮與？仁者之心與？」

孔子曰：「吾聞諸老聃曰：『館人，使若有之，惡有之，惡有之
而不得殯乎？』夫仁者，制禮者也。故禮者，不可不省也。禮，不
同不異，不豐不殺，稱其義以爲之宜。故曰：『我戰則克，祭則受福。』
蓋得其道矣。」〔註121〕

《禮記‧檀弓上》也有「賓客至，無所館。夫子曰：『生於我乎館，死於我乎
殯』」的記載〔註122〕。賓客從遠方而來，沒有地方住，不能不管。孔子說「活
著在我這兒住，死了在我這停柩」，並且說老子就是這麼教導他的。從這裡可
以看出，在老子和孔子心目中，制定禮的人就是具有仁愛之心的人，仁和禮
是統一的。我們在後面會專門討論到老子仁的自發境界和對虛僞的禮的反
對，而孔子也說「人而不仁如禮何」〔註123〕，老子和孔子在對待仁與禮的態
度上，本質上其實是相通的。《家語》和《禮記》這裡所表現出來的思想痕跡
與孔老二人的實際思想是一致的，所以我們覺得這裡的記載是符合思想邏輯
的，並非後人所刻意僞造的。

〔註119〕《孔子家語‧卷九‧曲禮子夏問第四十》，《百子全書》上冊，浙江古籍出版
　　　　社，1998 年版，第 26～27 頁。
〔註120〕郭沂：《郭店竹簡與中國先秦學術思想》，上海教育出版社 2001 年版，第 361
　　　　頁。
〔註121〕《孔子家語‧卷九‧曲禮子夏問第四十》，《百子全書》上冊，浙江古籍出版
　　　　社，1998 年版，第 27 頁。
〔註122〕《禮記‧檀弓上》，陳戌國：《禮記校注》，嶽麓書社 2004 年版，第 57 頁。
〔註123〕《論語‧八佾》，程樹德：《論語集釋》第 1 冊，中華書局 1990 年版，第 142
　　　　頁。

（三）孔子謂南宮敬叔曰：「吾聞老聃博古知今，通禮樂之原，明道德之歸，則吾師也，今將往矣。」……敬叔與俱至周，問禮於老聃，訪樂於萇弘，歷郊社之所，考明堂之則，察廟朝之度。於是喟然曰：「吾乃今知周公之聖，與周之所以王也。」

及去周，老子送之，曰：「吾聞富貴者送人以財，仁者送人以言。吾雖不能富貴，而竊仁者之號，請送子以言乎：凡當今之士，聰明深察而近於死者，好議議人者也；博辯閎達而危其身，好發人之惡者也；無以有己爲人子者，無以惡己爲人臣者。」孔子曰：「敬奉教。」自周反魯，道彌尊矣。遠方弟子之進，蓋三千焉。
〔註124〕

這一段文字和《史記・孔子世家》裏面關於孔老會見的記載大致相同。雖然材料中老子所講的話不必與原話完全一致，但這段文字所反映出來的基本史實和思想應該是沒有多大問題的。一是孔子適周問禮於老聃確有其事，二是老子話語所流露出來的思想與老子的基本思想是一致的。我們有理由相信《史記》和《家語》這兩段相似材料的眞實性。

（四）孔子見老聃而問焉，曰：「甚矣，道之於今難行也。吾比執道，而今委質以求當世之君，而弗受也。道於今難行也。」

老子曰：「夫說者流於辯，聽者亂於辭。如此二者，則道不可以忘也。」〔註125〕

孔子見到老子，感歎大道之難行。《論語》中處處流露出孔子的這一感歎。而老子對此自然是瞭解的，而且老子比孔子更加清楚地認識到，在當時的情形之下，「道」不是「難行」，而是根本行不通，所以晚年的老子對實現大道已經徹底失望，乾脆歸隱起來。孔子在倍受挫折之後，也不由得流露出「道不行，乘桴浮於海」〔註126〕的隱退情懷。劉向《說苑》卷二十《反質》也有相同的記載：「仲尼問老聃曰：『甚矣，道之於今難行也。吾比執道委質，以當世之君，而不我受，道之於今難行也！』老子曰：『夫說者流於聽，言者亂

〔註124〕《孔子家語・卷三・觀周第十一》，《百子全書》上冊，浙江古籍出版社，1998年版，第7頁。

〔註125〕《孔子家語・卷三・觀周第十一》，《百子全書》上冊，浙江古籍出版社，1998年版，第7頁。

〔註126〕《論語・公冶長》，程樹德：《論語集釋》第1冊，中華書局1990年版，第299頁。

於辭。如此二者，則道不可委矣。』」〔註127〕

（五）子夏問於孔子曰：「商聞易之生人，及萬物鳥獸昆蟲，各有奇偶，氣分不同。而凡人莫知其情，唯達德者能原其本焉。天一，地二，人三，三三如九，九九八十一。一主日，日數十，故人十月而生。八九七十二，偶以從奇，奇主辰，辰爲月，月主馬，故馬十二月而生。七九六十三，三主斗，斗主狗，故狗三月而生。六九五十四，四主時，時主豕，故豕四月而生。四九三十六，六爲律，律主鹿，故鹿六月而生。三九二十七，七主星，星主虎，故虎七月而生。二九一十八，八主風，風爲蟲，故蟲八月而生。其餘各從其類矣。鳥魚生陰，而屬於陽，故皆卵生。魚游於水，鳥游於雲，故立冬則燕雀入海化爲蛤。蠶食而不飲，蟬飲而不食，蜉蝣不飲不食，萬物之所以不同。介鱗夏食而冬蟄，齕吞者八竅而卵生，咀嚼者九竅而胎生，四足者無羽翼，戴角者無上齒，無角無前齒者膏，無角無後齒者脂。晝生者類父，夜生者似母。是以至陰主牝，至陽主牡。敢問其然乎？」

孔子曰：「然。吾昔聞老聃亦如汝之言。」〔註128〕

（六）季康子問於孔子曰：「舊聞五帝之名，而不知其實，請問何謂五帝？」

孔子曰：「昔丘也聞諸老聃曰：『天有五行，水、火、金、木、土，分時化育，以成萬物，其神謂之五帝。』古之王者，易代而改號，取法五行。五行更王，終始相生，亦象其義。故其爲明王者，而死配五行。是以太皞配木，炎帝配火，黃帝配土，少皞配金，顓頊配水。〔註129〕

如果這兩段文字可信的話，孔子從老子那裏不僅學習過各種禮制知識，還學習過老子的萬物生成論和陰陽五行之學。老子作爲周之史官，天文地理都必需有所精通，而且對萬物之生成，宇宙之來源，必有所思考，我們從《老子》

〔註127〕《説苑・反質》，《四庫全書》，第 696 冊，上海古籍出版社 1987 年影印本，第 186 頁。
〔註128〕《孔子家語・卷六・執轡第二十五》，《百子全書》上冊，浙江古籍出版社》，1998 年版，第 17 頁。
〔註129〕《孔子家語・卷六・五帝第二十四》，《百子全書》上冊，浙江古籍出版社》，1998 年版，第 16 頁。

一書也足以看出這一點。所以,《家語》此段文字的內容,完全有可能從老子口中說出。而孔子又嘗從老聃處聞之,也不是沒有可能的事情。

《孔子家語》中出現了眾多的關於孔老交往的材料,我們將主要的材料述評如上。雖然這些材料未必全部是原貌,但是其中最基本的一點——孔子曾經學於老子,應該是沒有問題的。

《孔子家語》的真偽問題或許還不能完全解決,但是其中史料的來源,應該大部分來自先秦時期,絕非後人所完全偽造得了的。誠如有學者所言:「從資料的來源來看,現存《孔子家語》的材料基本上來自於以《說苑》、《禮記》、《韓詩外傳》為主的已有文獻,而劉向所著的《說苑》,其材料也另有所本,即大多來自於記載孔子及其後學言論、行事的《儒家者言》類作品。」〔註130〕也就是說,《孔子家語》中關於孔子的材料是有所依據的,並非憑空杜撰,因而是具有重要參考意義的,我們可以將它作為研究孔子及其思想的史料依據。楊朝明先生說:「《孔子家語》是研究孔子和早期儒學的寶貴材料,……該書與包括《禮記》、《大戴禮記》在內的傳世文獻以及新出土文獻都有相同或相通之處,細心將《家語》與之比較,不難發現它的確應該是孔子弟子記錄的彙編,其基本的、主要的內容還應當是原始面貌的保留。」〔註131〕所以,我們對於《孔子家語》中的相關史料,還可以作進一步的研究。

3.3.2.4 《韓詩外傳》中的孔老關係

西漢前期的《韓詩外傳》也記載了孔老的師生關係,並且談到了這種關係對孔子的重要影響:

> 哀公問於子夏曰:「必學然後可以安國保民乎?」子夏曰:「不學而能安國保民者,未之有也。」哀公曰:「然則五帝有師乎?」子夏曰:「臣聞黃帝學於大墳,……武王學於太公,周公學於虢叔,仲尼學乎老聃。此十一聖人,未遭此師,則功業不能著乎天下,名號不能傳乎後世者也。」〔註132〕

《韓詩外傳》裏面的材料大部分來自先秦,其記載也必然有更早的史料依據,我們不必擔心是漢人的杜撰。不管怎樣,它至少代表了漢初及以前的儒者對孔老關係的看法。從引文看,在子夏的眼中,從黃帝到孔子等十一位聖人功

〔註130〕 李傳軍:《孔子家語辨疑》,載《孔子研究》2004 年第 2 期,第 83 頁。

〔註131〕 楊朝明:《讀〈孔子家語〉札記》,載《文史哲》2006 年第 4 期,第 43 頁。

〔註132〕 《韓詩外傳集釋》卷五第二十八章,中華書局 1980 年版,第 195～196 頁。

業千秋，名垂萬世，都得益於良師的教導和點撥。對於老子對孔子的影響，子夏的評價可謂是最高的了。

3.3.2.5 關於《論語》不提老子

通觀《論語》一書，並沒有直接提及老子。

於是，有人懷疑，既然孔子對老子如此仰慕，且有所師事。那麼爲什麼《論語》沒有提及老子呢？崔述《洙泗考信錄》就稱：「孔子稱述古之賢人，及當時卿大夫，《論語》所載詳矣。籍令孔子果常稱美老聃至於如是，度其與門弟子必當再三言之，何以《論語》反不載一言？」〔註133〕不少懷疑老、孔師生關係的人都會產生類似崔述的這種疑問。

我們認爲對這個問題可以提出三點思考：

第一，傳世《論語》沒有記載，不能說明古本《論語》就沒有記載。

今本《論語》共計二十篇。《漢書‧藝文志》稱：「《論語》者，孔子應答弟子時人及弟子相與言而接聞於夫子之語也。當時弟子各有所記。夫子既卒，門人相與輯而論纂，故謂之『論語』。」〔註134〕《藝文志》又說：「《論語》古二十一篇。出孔子壁中，兩《子張》。齊二十二篇。多《問王》、《知道》。魯二十篇，傳十九篇。」〔註135〕可見當時的《論語》至少有《古論語》、《齊論語》和《魯論語》三種版本。

更重要的是，《論語》最初是不止這二十篇左右的，據王充《論衡‧正說篇》載：「夫《論語》者，弟子共紀孔子之言行，敕記之時甚多，數十百篇，漢行失亡。」〔註136〕可見，最初的《論語》類篇章多達數十百篇，到漢代已經只有這二十篇左右了。那麼，散軼的部分裏面是否會有關於老子的記載呢？我們認爲是極有可能的。

如果有，孔門弟子在編輯《論語》時，是否又會加以收錄呢？《論語》的編纂並非孔子本人，而是孔子後學。孔子後學後來發展成爲一個具有一定影響的儒家學派，學派形成之後，學派意識也是會的。孔子後學在編纂《論語》之時，是以當時的孔子文集爲底本，經過了選擇、分類、校勘、加工、整理的，在這個過程中，作爲孔子學派的傳人，不能排除有類似後來韓愈的

〔註133〕轉引自羅根澤編著：《古史辨》第四冊，上海古籍出版社1982年版，第322頁。
〔註134〕班固：《漢書‧藝文志第十》，中華書局簡體字本，2005年版，第1361頁。
〔註135〕班固：《漢書‧藝文志第十》，中華書局簡體字本，2005年版，第1360頁。
〔註136〕王充：《論衡‧正說》，黃暉：《論衡校釋》第4冊，中華書局1990年版，第1136頁。

那種道統意識，而把關於老子的部分不予收錄。

當然，這只是一種推測。李零先生有段話說得很好：「歷史如大浪淘沙，有些東西沖走了，有些東西留下來（我們研究的都是歷史碎片）。我們用剩下的東西研究丟掉的東西，很難，有如憑蛛絲馬蹟破無頭公案，故事層出不窮。」〔註137〕

第二，《論語》成書至今，已有二千餘年，即使最原始的《論語》收錄了關於老子的部分，誰能保證這些似乎有損儒家道統的部分在兩千多年的流傳過程中不被儒家和《論語》的傳承者們給刪掉呢？

漢代的《論語》就至少有《古論語》、《齊論語》和《魯論語》三種版本。而《論語》肯定不是編自漢代，那麼在此之前，最原始的《論語》即便收錄了關於孔子師從老子的記載，在傳抄到漢代三種版本之前的時間裏，誰有能保證裏面關於孔子師從老子的記載不會刪掉呢？

第三、《論語》中「竊比我於老彭」中的「老彭」是否如有學者所言，就是指老子和彭祖呢？

彭祖史有其人。據《史記·楚世家》記載：

> 楚之先祖出自帝顓頊高陽。高陽者，黃帝之孫，昌意之子也。高陽生稱，稱生卷章，卷章生重黎。重黎爲帝嚳高辛居火正，甚有功，能光融天下，帝嚳命曰祝融。共工氏作亂，帝嚳使重黎誅之不盡。帝嚳乃以庚寅日誅重黎，而以其弟吳回爲重黎後。

> 吳回生陸終。陸終生子六人，坼剖而產焉。其長一曰昆吾；二曰參胡；三曰彭祖；四曰會人；五曰曹姓；六曰季連，芈姓，楚其後也。……彭祖氏，殷之時尚爲侯伯，殷之末世滅彭祖氏。〔註138〕

《史記索隱》引《世本》：「三曰籛鏗，是爲彭祖。彭祖者，彭城是。」《正義》引《括地志》說：「彭城，古彭祖國也。」〔註139〕《大戴禮記·五帝德》還明確說：「（堯）舉舜、彭祖而任之。」〔註140〕綜合這些記載，彭祖的生平事蹟基本有了一個大概輪廓：他是陸終的第三子，爲黃帝孫顓頊的後裔，堯時被封在彭城，至商朝末年被滅。傳說彭祖是長壽之人，活了七八百歲。

〔註137〕李零：《簡帛古書與學術源流》，生活·讀書·新知三聯書店 2004 年版，第 9 頁。
〔註138〕《史記》卷四十《楚世家》，中華書局簡體字本，第 1387 頁。
〔註139〕《史記》卷四十《楚世家》，中華書局簡體字本，第 1387 頁。
〔註140〕《大戴禮記·五帝德》，《四庫全書》，第 128 冊，上海古籍出版社 1987 年影印本，第 472 頁。

〔註 141〕

　　既然彭祖在歷史上確有其人，而且又有「彭祖姓籛名鏗，在商爲守藏史，在周爲柱下史，年八百歲」〔註 142〕的記載，那麼司馬遷在《老子韓非列傳》中提到有種說法認爲「蓋老子百有六十餘歲，或言二百餘歲」〔註 143〕就不難理解了。因爲老子和傳說活了七八百歲的彭祖有好幾點相類似：都是長壽，都做過周朝的柱下史。

　　也有不少的人認爲彭祖即老子，如程樹德《論語集釋》就引了不少視老子與彭祖爲一人的觀點：「邢昺《疏》：『（老彭）一云即老子也。』此其說蓋據《世本》、《史記》。《世本》云：『彭祖姓籛名鏗，在商爲守藏史，在周爲柱下史。』而《史記・老子傳》曰：『周守藏室之史也。』又《張湯傳》：『老子爲柱下史。』以此參證，知其爲一人也。」〔註 144〕錢謙益在《述古堂記》和《與族弟君鴻論求免慶壽詩文書》〔註 145〕中用了極大的篇幅來考證彭祖即老子，他先從《論語》中的「老彭」說起，認爲老彭就是彭祖，而彭祖就是老子。馬敘倫《老子校詁》說：「老子之字耼，而《論語》書多作彭者。弟子以其方言記之耳。」〔註 146〕

　　但是，我們並不相信一個人能活八百歲，所以彭祖即老子的說法不可信。《世本》說：「彭祖姓籛名鏗，在商爲守藏史，在周爲柱下史，年八百歲。」〔註 147〕古代史官多位世襲，這裡講的彭祖有可能就是老子的祖先。

　　還有一種說法認爲《論語》中的「老彭」不是指彭祖其人，而是「老子旁側」的意思，言孔子欲自比於老子之側，似也有幾分道理，現摘錄如下：

　　　　「竊比於我老彭」，按《大有》卦「非其彭」，陸音步郎反，子
　　　　夏作「旁」。「老彭」當讀如「非其彭」之「彭」，音旁。旁，側也，
　　　　欲自比於老子之側，蓋歉詞也。考《曾子問》，記孔子問諸老耼者屢
　　　　矣，《家語》亦云「孔子問《禮》於老耼」，此孔子欲自附於老耼之

〔註 141〕參見張松輝先生《老子研究》，人民出版社 2006 年版，第 11～12 頁。
〔註 142〕《世本》卷四，《續修四庫全書》，第 301 冊，上海古籍出版社影印，第 84 頁。
〔註 143〕《史記》卷六十三《老子韓非列傳》，中華書局簡體字本 2005 年版，第 1702 頁。
〔註 144〕見程樹德《論語集釋》卷十三《述而上》，中華書局 1990 年版，第 2 冊，第 432 頁。
〔註 145〕這兩篇文章分別見於《有學集》卷二十六和卷三十九，上海古籍出版社《牧齋有學集》1996 年版中冊 992～994 頁和下冊 1339～1342 頁。
〔註 146〕馬敘倫：《老子校詁》，中華書局 1974 年版。
〔註 147〕《世本》卷四，《續修四庫全書》，第 301 冊，上海古籍出版社影印，第 84 頁。

側之驗也。舊說以爲彭祖，彭祖，六經所不載，聖人所不道，豈孔
子之願比者哉！〔註148〕

不管是哪種推測，都只能是一種可能而已，畢竟現存《論語》中確實沒
有明確地提到老子其人。

《論語》中沒有提到老子，難道就能說明老子和孔子沒有關係嗎？難道
就能因此而懷疑老子其人不存在嗎？孔老是同時代的人，互不提及本也正
常。如孟子和莊子同時，而《孟子》、《莊子》互不提及，難道就能以其中一
人的存在來否定另一人的不存在嗎？

3.3.2.6 《文子》中的孔老關係

《文子》一書，《漢書·藝文志》著錄九篇，班固注：「老子弟子，與孔
子並時，而稱周平王問，似依託者也。」〔註149〕長期以來，《文子》被很多
人認爲是抄襲《淮南子》而成的僞書〔註150〕，但現在看來，恐怕不能簡單
將《文子》視作僞書了。1973 年 5 至 12 月，河北省定縣八角廊 40 號漢墓（可
能是宣帝五鳳三年逝世的中山懷王劉修墓）中出土了一批已因焚燒而炭化的
竹書，有《論語》、《文子》、《太公》和內容大都見於《說苑》、《孔子家語》
的《儒家者言》（整理者定名）等書，殘損十分嚴重。其中有 277 枚《文子》
殘簡，共 2790 餘字，其中記載平王與文子問答的次數達 52 次之多。〔註151〕
關於這一批竹簡的年代，陳東先生根據簡文用字的避諱，判斷該竹簡當抄寫
於高祖時期：「定州漢墓竹簡《論語》只諱『邦』字，惠帝以下諸帝皆不諱，
我們推斷其抄寫年代當在漢高祖在位的十餘年間，與長沙馬王堆漢墓出土
《老子》甲本、山東臨沂銀雀山漢墓出土屬同一時期的抄本。」〔註152〕

由此可見，《文子》一書在漢初以前即已流傳於世了，其成書年代就更早
了，毫無疑問在《淮南子》之前。既然《文子》在前，而《淮南子》在後，
那麼說《文子》抄襲《淮南子》就似乎說不過去了，倒是《淮南子》抄自《文

〔註148〕《古夫于亭雜錄》卷四，中華書局 1988 年版，第 94 頁。
〔註149〕《漢書·藝文志第十》，中華書局簡體字本，2005 年版，第 1368 頁。另《隋
　　　　書·經籍志》亦載：「《文子》十二卷。文子，老子弟子。」（中華書局 1973
　　　　年版，第 1001 頁。）
〔註150〕如錢熙祚先生《文子校勘記》說：「《文子》出《淮南子》十之九，取它書十
　　　　之一也。」章太炎等人亦持此說。
〔註151〕見裘錫圭：《中國出土古文獻十講》，復旦大學出版社，2004 年版，第 80 頁。
〔註152〕陳東：《關於定州漢墓竹簡〈論語〉的幾個問題》，載《孔子研究》2003 年第
　　　　2 期。

子》的可能性更大。清人孫星衍《問學堂集·文子序》中就曾經說過：「淮南王受詔著書，成於食時，多引《文子》，增損其詞，謬誤迭出，則知《文子》勝於《淮南》，此十二篇必是漢人依據之本。」今人李定生先生說：「今漢墓《文子》殘簡出，則僞託剽竊之說，不攻自破」，「《文子》是先於《淮南子》的先秦古籍，是《淮南子》抄襲《文子》」。〔註153〕至此，《文子》爲先秦古籍已無問題。

　　我們費如此筆墨討論《文子》不僞，是因爲《文子·道原》篇最早出現了孔子問道於老子的記載。〔註154〕

　　《文子·道原》載：

　　　　孔子問道，老子曰：「正汝形，一汝視，天和將至。攝汝知，
　　正汝度，神將來舍。德將爲汝容，道將爲汝居」。〔註155〕

根據《漢書·藝文志》的說法，文子是老子的弟子，與孔子是同時代的人。〔註156〕那麼，《文子》的記載應該是可信的。

3.3.2.7　《莊子》中的孔老關係

　　《莊子》一書多次提到孔子和老子的交往，但人們一直認爲《莊子》多寓言，而不太重視它的史料價值。我們認爲《莊子》中的關於孔老交往的史料雖不可全信，但應該充分關注，特別應該注意《莊子》一書中與其他先秦典籍互見的孔老關係有關材料，以及相關材料所能透視的當時人對孔老關係的認識態度。我們在第二章《關於研究老子和孔子的史料問題》曾經談到過對於《莊子》中的相關史料的態度。

　　我們分別從《莊子·內篇》和《莊子·外雜篇》中的有關材料來梳理其中體現的孔老關係。

　　第一，《莊子》內篇所記載的孔老關係

　　學術界有一種說法，認爲《莊子》內篇不曾提到老孔的師生關係，只有到了《莊子》外雜篇才出現老孔師生關係的記載。而一般認爲《莊子·內篇》是莊子本人所作，而《莊子·外雜篇》係莊子後學所作。

〔註153〕李定生、徐慧君《文子校釋》，上海古籍出版社 2004 年版，第 4〜6 頁。

〔註154〕張松輝先生認爲最早記載老孔師生關係的先秦典籍是《文子》，而不是《莊子》。參見張著《老子研究》第 349 頁，人民出版社 2006 年版。

〔註155〕《文子》卷一《道原》，中華書局《文子疏義》2000 年版，第 23 頁。

〔註156〕《漢書·藝文志》載：「《文子》九篇。老子弟子，與孔子並時。」（見《漢書·藝文志第十》，中華書局簡體字本，2005 年版，第 1368 頁。）

張季同先生在《關於老子年代的一假定》中說：

第一個說孔子師老子的是《莊子・外雜篇》，連《莊子・內篇》都不是，《莊子・內篇》都不曾說老在孔前，這是一件極重要的事實。……《莊子》七篇也不是不說到老子，也不是不提到老子的關係人（如秦佚、楊子居），爲什麼偏不提老孔的關係呢？〔註157〕

張季同先生是說，關於孔子師從老子的事情連爲莊子本人所作的《內篇》都不曾講到，至於非莊子所著的《外雜篇》的相關記載就更不可信了。我們暫且不討論莊子本人與《內篇》、《外雜篇》諸篇的著作權問題，先來看看《莊子・內篇》是否眞如張季同先生所言，不曾提到孔子師老一事。

事實上，如同張松輝先生所指出，《莊子・內篇》已經提到老、孔的師生關係，而張季同先生把這一點忽略了。〔註158〕《莊子・德充符》中記載：

無趾語老聃曰：「孔丘之於至人，其未邪？彼何賓賓以學子爲？彼且蘄以諔詭幻怪之名聞，不知至人之以是爲己桎梏邪？」老聃曰：「胡不直使彼以生死爲一條，以可不可爲一貫者，解其桎梏，其可乎？」無趾曰：「天刑之，安可解。」〔註159〕

可見，《莊子・內篇》明明白白地講到了孔子不斷向老子學習的事情。

無趾和老子的對話不必完全當眞，但是，這段記載或許能說明，孔子向老子學習這一事件在《德充符》篇的作者那裏已經作爲一種常識或典故而引用於寫作當中了。那麼，在《德充符》篇作者的年代，人們對於孔子師從老子這一事件是沒有疑問的。如果《莊子・內篇》的作者確係莊子本人的話，那麼我們可以推知，在大約公元前369年至公元前286年的莊子年代，人們對老孔的師生關係是確定的，這時候離孔子去世的時間僅百餘年。

第二，《莊子》外雜篇所見孔老關係考察

《莊子》外雜篇關於老、孔二人師生關係的記載頗多，未可全當作可信的資料。但是，這些記載一則必有所來源，絕非完全杜撰之辭，二則反映了《莊子》外雜篇作者（莊子抑或其後學）所處時代的人們心目中對老孔師生關係的熟悉和認可。所以，我們將外、雜各篇中所提到的孔老交往之記載摘引出來，並加以考察甄別。

〔註157〕 羅根澤編著：《古史辨》第4冊，上海古籍出版社1982年版，第436～437頁。
〔註158〕 參見張松輝先生《老子研究》，人民出版社2006年版，第348～350頁。
〔註159〕 《莊子・德充符》，郭慶藩：《莊子集釋》第一冊，中華書局1961年版，第204～205頁。

　　除《內篇》的《德充符》有孔老交往記載之外，《外篇》裏面的《天地》《天道》《天運》《田子方》《知北遊》諸篇均有記載。而《雜篇》的《盜跖》、《漁夫》諸篇有關孔子「道家弟子」形象之描述也值得深究。

　　《莊子·天運》四次提到了孔子向老子問道的事，其中一件是：

　　　　孔子行年五十有一而不聞道，乃南之沛見老聃。老聃曰：「子來乎！吾聞子，北方之賢者也，子亦得道乎？」孔子曰：「未得也。」老子曰：「子惡乎求之哉？」曰：「吾求之於度數，五年而未得也。」老子曰：「子又惡乎求之哉？」曰：「吾求之於陰陽，十有二年而未得。」老子曰：「然。使道而可獻，則人莫不獻之於其君；使道而可進，則人莫不進之於其親；使道而可以告人，則人莫不告其兄弟；使道而可以與人，則人莫不與其子孫。然而不可者，無佗也，中無主而不止，外無正而不行。由中出者，不受於外，聖人不出；由外入者，無主於中，聖人不隱。名，公器也，不可多取。仁義，先王之蘧廬也，止可以一宿，而不可久處，覯而多責。」〔註160〕

按照這一段材料所述，孔子是來自北方的賢者，但五十一歲時還沒有領悟到大道的眞諦。而我們從《論語》可以看出，孔子悟道確實是循序漸進的。五十歲左右的孔子已經在當時的諸侯各國中有了賢能的名聲，這在《論語》中多有體現。至於孔子五十有一而不聞道之眞諦，也是符合事實的。《論語·述而》篇載「子曰：『加我數年，五十以學易，可以無大過矣。』」〔註161〕可見，孔子在晚年還感歎，如果從五十歲開始學習《周易》，就不會有大的過錯了。那麼，五十一歲的孔子有感於對大道的困惑而「南之沛見老聃」以求解答，未嘗不是情理之中的事情。孔子自言嘗「求之於度數」，嘗「求之於陰陽」，但均未能掌握天道。老子告訴他，道不可以獻，亦不可進，不可告，不可與，只能通過自己內心的體悟，才能到達大道的境界，把握天道。接著，老子提醒孔子，仁義就好比是先王的臨時旅館，不可久居。告誡孔子只有從仁義的執著中解脫出來，順應自然，清靜無爲，才能打開領悟大道之門。所有上面這些思想軌跡，都完全符合《老子》和《論語》中所體現出來的老子和孔子的主體思想，絲毫沒有牽強附會的感覺。

〔註160〕《莊子·天運》，郭慶藩：《莊子集釋》第二冊，中華書局1961年版，第522頁。
〔註161〕《論語·述而》，程樹德：《論語集釋》，第二冊，中華書局1990年版，第469頁。

關於孔子問道於老子的時間和地點的記載，也能找到合理的邏輯。老子大孔子二十餘歲，孔子五十一時，老子當是七十多歲的老人了。老子晚年辭官後，首先是回到了自己的故鄉陳國授徒講學，後來可能由於楚國的北侵，老子又曾經移居到沛地，沛地在今江蘇徐州一帶，離老子的出生地不遠。〔註162〕孔子從北方南下沛地問道，所以老子說他是「北方之賢者」。

《天運》篇關於孔子和老子交往的另外三次記載是：

（1）孔子見老聃而語仁義。老聃曰：「夫播糠眯目，則天地四方易位矣；蚊虻噆膚，則通昔不寐矣。夫仁義憯然，乃憤吾心，亂莫大焉。吾子使天下無失其樸，吾子亦放風而動，總德而立矣，又奚傑然若負建鼓而求亡子者邪？夫鵠不日浴而白，烏不日黔而黑。黑白之樸，不足以為辨；名譽之觀，不足以為廣。泉涸，魚相與處於陸，相呴以濕，相濡以沫，不若相忘於江湖。」〔註163〕

（2）孔子見老聃歸，三日不談。弟子問曰：「夫子見老聃，亦將何規哉？」孔子曰：「吾乃今於是乎見龍！龍，合而成體，散而成章，乘雲氣而養乎陰陽。予口張而不能嗋，予又何規老聃哉！」子貢曰：「然則人固有尸居而龍見，雷聲而淵默，發動如天地者乎？賜亦可得而觀乎？」遂以孔子聲見老聃。老聃方將倨堂而應，微曰：「予年運而往矣，子將何以戒我乎？」子貢曰：「夫三皇五帝之治天下不同，其係聲名一也。而先生獨以為非聖人，如何哉？」老聃曰：「小子少進！子何以謂不同？」對曰：「堯授舜，舜授禹，禹用力而湯用兵，文王順紂而不敢逆，武王逆紂而不肯順，故曰不同。」老聃曰：「小子少進！余語汝三皇五帝之治天下。黃帝之治天下，使民心一，民有其親死不哭，而民不非也。堯之治天下，使民心親。民有為其親殺其殺，而民不非也。舜之治天下，使民心競。民孕婦十月生子，子生五月而能言，不至乎孩而始誰，則人始有夭矣。禹之治天下，使民心變，人有心而兵有順，殺盜非殺，人自為種而天下耳。是以天下大駭，儒墨皆起。其作始有倫，而今乎婦女，何言哉？余語汝，三皇五帝之治天下，名曰治之，而亂莫甚焉。三皇之知，上悖日月之明，下睽山川之精，中墮四時之施。其知憯於蠣蠆之尾，鮮規之

〔註162〕參見張松輝《老子研究》，人民出版社2006年版，第64～66頁。
〔註163〕《莊子·天運》，郭慶藩：《莊子集釋》第二冊，中華書局1961年版，第522頁。

獸，莫得安其性命之情者，而猶自以爲聖人，不可恥乎？其無恥也！」子貢蹴蹴然立不安。〔註164〕

　　（3）孔子謂老聃曰：「丘治《詩》、《書》、《禮》、《樂》、《易》、《春秋》六經，自以爲久矣，孰知其故矣；以奸者七十二君，論先王之道，而明周、召之迹，一君無所鉤用。甚矣夫！人之難說也，道之難明邪？」老子曰：「幸矣，子之不遇治世之君也！夫六經，先王之陳迹也，豈其所以迹哉！今子之所言，猶迹也。夫迹，履之所出，而迹豈履哉？夫白鶂之相視，眸子不運而風化；蟲，雄鳴於上風，雌應於下風而鳳化。類自爲雌雄，故風化。性不可易，命不可變，時不可止，道不可壅。苟得於道，無自而不可；失焉者，無自而可。」孔子不出三月，復見，曰：「丘得之矣。鳥雀孺，魚傅沫，細要者化，有弟而兄啼。久矣，夫丘不與化爲人！不與化爲人，安能化人。」老子曰：「可，丘得之矣！」〔註165〕

《天地》篇載：

　　夫子問於老聃曰：「有人治道若相放，可不可，然不然。辨者有言曰：『離堅白，若懸宇。』若是則可謂聖人乎？」老聃曰：「是胥易技係勞形怵心者也。執留之狗成思，猿狙之便自山林來。丘，予告若，而所不能聞與而所不能言。凡有首有趾、無心無耳者眾；有形者與無形無狀而皆存者盡無。其動，止也；其死，生也；其廢，起也，此又非其所以也。有治在人，忘乎物，忘乎天，其名爲忘己，忘己之人，是之謂入於天。」〔註166〕

《田子方》也記載了孔子會見老子的事情。老子和孔子談到了陰陽、大道的問題。孔子回去後向他的最得意的弟子顏回說：「我對於大道的瞭解，就好像一隻酒缸裏的小飛蟲，如果不是先生（老子）爲我揭開了酒缸上的蓋子，我根本無法看到如此全面、如此廣大的天地！」

　　孔子見老聃，老聃新沐，方將被髮而乾，蟄然似非人。孔子便

〔註164〕《莊子・天運》，郭慶藩：《莊子集釋》第二冊，中華書局1961年版，第524～531頁。

〔註165〕《莊子・天運》，郭慶藩：《莊子集釋》第二冊，中華書局1961年版，第531～534頁。

〔註166〕《莊子・天地》，郭慶藩：《莊子集釋》第二冊，中華書局1961年版，第427～428頁。

而待之。少焉見，曰：「丘也眩與，其信然與？向者先生形體掘若槁木，似遺物離人而立於獨也。」老聃曰：「吾游心於物之初。」孔子曰：「何謂邪？」曰：「心困焉而不能知，口辟焉而不能言。嘗為汝議乎其將。至陰肅肅，至陽赫赫。肅肅出乎天，赫赫發乎地。兩者交通成和而物生焉，或為之紀而莫見其形。消息滿虛，一晦一明，日改月化，日有所為，而莫見其功。生有所乎萌，死有所乎歸，始終相反乎無端，而莫知其所窮。非是也，且孰為之宗！」孔子曰：「請問遊是。」老聃曰：「夫得是，至美至樂也。得至美而遊乎至樂，謂之至人。」孔子曰：「願聞其方。」曰：「草食之獸不疾易藪；水生之蟲不疾易水。行小變而不失其大常也，喜怒哀樂不入於胸次。夫天下也者，萬物之所一也。得其所一而同焉，則四支百體將為塵垢，而死生終始將為晝夜而莫之能滑，而況得喪禍福之所介乎！棄隸者若棄泥塗，知身貴於隸也。貴在於我而不失於變。且萬化而未始有極也，夫孰足以患心！已為道者解乎此。」孔子曰：「夫子德配天地，而猶假至言以修心。古之君子，孰能脫焉？」老聃曰：「不然。夫水之於汋也，無為而才自然矣。至人之於德也，不修而物不能離焉。若天之自高，地之自厚，日月之自明，夫何脩焉！」孔子出，以告顏回曰：「丘之於道也，其猶醯雞與！微夫子之發吾覆也，吾不知天地之大全也。」〔註167〕

《知北遊》篇載，孔子向老子請教什麼是「至道」，老子告訴孔子，大道深奧玄妙而難以言說，大道並不是可以通過言談而能獲得的：

　　　孔子問於老聃曰：「今日晏閒，敢問至道。」老聃曰：「汝齋戒，疏瀹而心，澡雪而精神，掊擊而知！夫道，窅然難言哉！將為汝言其崖略。夫昭昭生於冥冥，有倫生於無形，精神生於道，形本生於精，而萬物以形相生。故九竅者胎生，八竅者卵生。其來無迹，其往無崖，無門無房，四達之皇皇也。邀於此者，四肢強，思慮恂達，耳目聰明，其用心不勞，其應物無方。天不得不高，地不得不廣，日月不得不行，萬物不得不昌，此其道與！且夫博之不必知，辯之不必慧，聖人以斷之矣。若夫益之而不加益，損之而不加損者，聖

〔註167〕《莊子·田子方》，郭慶藩：《莊子集釋》第三冊，中華書局 1961 年版，第 711～717 頁。

人之所保也。淵淵乎其若海，巍巍乎其終則復始也，運量萬物而不
匱。則君子之道，彼其外與！萬物皆往資焉而不匱。此其道與！中
國有人焉，非陰非陽，處於天地之間，直且爲人，將反於宗。自本
觀之，生者，喑醷物也。雖有壽夭，相去幾何？須臾之說也。奚足
以爲堯、桀之是非！果蓏有理，人倫雖難，所以相齒。聖人遭之而
不違，過之而不守。調而應之，德也；偶而應之，道也。帝之所興，
王之所起也。人生天地之間，若白駒之過郤，忽然而已。注然勃然，
莫不出焉；油然漻然，莫不入焉。已化而生，又化而死。生物哀之，
人類悲之。解其天弢，墮其天（上失下衣）。紛乎宛乎，魂魄將往，
乃身縱之。乃大歸乎！不形之形，形之不形，是人之所同知也，非
將至之所務也，此眾人之所同論也。彼至則不論，論則不至。明見
無值，辯不若默；道不可聞，聞不若塞：此之謂大得。」〔註168〕

《莊子·天道》也記載孔子與老子的交往。孔子想把自己整理的圖書獻給周
王室收藏，找老子幫忙。老子於是和孔子談到了「仁義」的問題，老子認爲
孔子努力去提倡、標榜仁義實際上搞亂了人的天性。

孔子西藏書於周室。子路謀曰：「由聞周之徵藏史有老聃者，
免而歸居，夫子欲藏書，則試往因焉。」孔子曰：「善。」往見老聃，
而老聃不許，於是繙十二經以說。老聃中其說，曰：「大謾，願聞其
要。」孔子曰：「要在仁義。」老聃曰：「請問仁義，人之性邪？」
孔子曰：「然。君子不仁則不成，不義則不生。仁義，眞人之性也，
又將奚爲矣？」老聃曰：「請問何爲仁義？」孔子曰：「中心物愷，
兼愛無私，此仁義之情也。」老聃曰：「幾乎後言。夫兼愛，不亦迂
乎？無私焉，乃私也。夫子若欲使天下無失其牧乎？則天地固有常
矣，日月固有明矣，星辰固有列矣，禽獸固有群矣，樹木固有立矣。
夫子亦放德而行，循道而趨，已至矣，又何偈偈乎揭仁義、若擊鼓
而求亡子焉？意！夫子亂人之性也！」〔註169〕

老子和孔子都承認人性中本來就包含著仁義。不同的是，孔子要用十二
經繼續教育人們，而老子認爲不必進行教育，因爲人性本來就是好的，如果

〔註168〕《莊子·知北遊》，郭慶藩：《莊子集釋》第二冊，中華書局 1961 年版，第
　　　　741～747 頁。

〔註169〕《莊子·天道》，郭慶藩：《莊子集釋》第二冊，中華書局 1961 年版，第 477
　　　　～479 頁。

再去進行所謂的教育，反而會「亂人之性」。

　　以上以較大篇幅引述《莊子》中有關孔子問學於老聃的事情，是因為我們認為《莊子》書所載之事可以從很大的程度上來證明孔子師老的眞實性。以往有很多論者動輒以《莊子》爲寓言而全盤否定其所載事情的眞實性。我們認爲這樣做是缺乏深入的分析而過於武斷。誠然，《莊子》一書多寓言，但這些寓言絕非空穴來風，很多都是有所依據的。我們認爲《莊子》所載孔老交往的細節和原話未必全部屬實，但至少有一點可以肯定，那就是，老子確實對孔子有過教導。老子和孔子都有許多學生，尤其是孔子有三千弟子，依他們在當時的重大影響來看，《莊子》對老子與孔子基本關係是不太可能會搞錯的。在這個基本事實的基礎上，莊子做了適當的發揮是有可能的，但決不能據此連最基本的事實都否定了。況且，從上述孔老對話中我們得出的孔、老的基本主張和《老子》、《論語》的主張在主體上是完全吻合的。一些細節和對話與《史記》等典籍的記載也能找到對應的地方，都能夠邏輯性很強地聯繫在一起。另外，深入分析莊子的思想，他雖然反對儒家的許多主張，但他對孔子是相當崇拜的。決不是像有些人所認爲的那樣：莊子是在故意地誹謗和攻擊孔子。

3.3.2.8《呂氏春秋》中的孔老關係

　　《呂氏春秋·當染》載：「非獨國有染也，孔子學於老聃、孟蘇夔、靖叔。」〔註170〕明確提到了老子和孔子的師生關係。《呂氏春秋》是公元前239年左右編訂成書的，其材料來源就更早了。可見秦以前，關於老、孔師生關係的記載是很普遍的。

　　《呂氏春秋》一書爲秦相呂不韋召集眾門客所撰。其著作時代和主持者是確定的。關於《呂氏春秋》的成書時間，書中《序意》篇云：「維秦八年，歲在涒灘。秋，甲子朔，朔之日，良人請問十二紀。」高誘注：「八年，秦始皇即位八年也。」據此，《呂氏春秋》成書於秦始皇八年，即公元前239年，這似乎是不成問題的。孫星衍在《問字堂集·太陰考》中說：「考莊襄王滅國後二年癸丑歲至始皇六年，共八年，適得庚申歲，申爲涒灘，呂不韋指謂是年。高誘注誤以秦始皇即位八年，則當云『大淵獻』也。」近年來許多學者也贊成孫氏之說。如牟鍾鑒先生認爲：「秦八年是從秦莊襄滅周的第一年算

〔註170〕《呂氏春秋·當染》，上海古籍出版社《四庫全書》，第848冊，第291頁。

起，到秦始皇六年，而不是秦始皇八年，因爲秦始皇八年是壬戌，不是申年，而『捃灘』是申年，恰當秦始皇六年。據此，《呂氏春秋》應成書於公元前 241 年。」〔註 171〕

　　不管如何，《呂氏春秋》最遲也在公元前 239 年，離孔子去世的時間（公元前 479 年）僅二百四十年。呂不韋編撰《呂氏春秋》的門客不乏飽學之士，被他們收入書中的事情無疑是他們從當時的傳世書籍中所看來的，而當時的傳世書籍的成書時間毫無疑問又要遠遠早於呂不韋的年代，因此，孔子師從老子的材料的來源時間也就更早了。這說明，在孔子之後的二百餘年之中，人們對孔子師從老子學習的典故是頗爲熟悉而且不曾懷疑的。漢人注《呂氏春秋》也認爲此事不假，如《呂氏春秋・重言》篇高誘注曰：「老聃學於無爲而貴道德，周史伯陽也。三川竭，知周將亡，孔子師之也。」〔註 172〕

3.3.2.9 其他典籍中關於孔老關係的痕跡

　　除此以外，記載孔子向老子學習的還有《列仙傳》、《白虎通義・辟廱》、《理惑論》等書。劉向《列仙傳》卷上有「仲尼至周，見老子，知其聖人，乃師之」〔註 173〕的記載；班固《白虎通義・辟廱》有「周公師虢叔，孔子師老聃」〔註 174〕的記載；牟子《理惑論》有「堯事尹春，舜事務成，且學呂望，丘學老聃」〔註 175〕的記載。

　　《後漢書》記載的一則故事更是體現出了孔子後裔對孔子師老一事的認可。據《後漢書・孔融列傳》記載，孔子的二十世孫孔融從小就對老子與孔子的師生關係有所瞭解，並藉此見上了當時大名士李膺：

　　　　（孔融）年十歲，隨父詣京師。時河南尹李膺以簡重自居，不
　　　妄接士賓客，敕外自非當世名人及與通家，皆不得白。融欲觀其人，
　　　故造膺門。語門者曰：「我是李君通家子弟。」門者言之。膺請融，
　　　問曰：「高明祖父嘗與僕有恩舊乎？」融曰：「然。先君孔子與君先
　　　人李老君同德比義，而相師友，則融與君累世通家。」眾坐莫不歎

〔註 171〕牟鍾鑒：《〈呂氏春秋〉與〈淮南子〉思想研究》，齊魯書社 1987 年版，第 2
　　　　頁。
〔註 172〕《呂氏春秋》注，上海古籍出版社《四庫全書》，第 848 冊，第 426 頁。
〔註 173〕張金嶺：《新譯列仙傳》，三民書局 1997 年版，第 28 頁。
〔註 174〕《白虎通義・辟廱》，《四庫全書》第 850 冊，上海古籍出版社 1987 年影印本，
　　　　第 33 頁。
〔註 175〕《弘明集》卷一，上海古籍出版社 1991 年影印本，第 2 頁。

息。〔註176〕

年僅十歲的孔融緣何能知道孔子師老這些事情？這極有可能是得於族中前輩之口。這就說明一個問題，孔氏家族一直是承認老、孔之間這層關係的。

在另外一些儒家典籍中，雖然找不到孔老交往的直接記錄，但也可以捕捉到一些孔、老交往的痕跡，或者說是孔子對於老子學說的反應。

例如《荀子·法行》篇有一段話：「孔子曰：『夫玉者，君子比德焉。……廉而不劌。』」〔註177〕而《老子》五十八章也有很接近的表達：「是以聖人方而不割，廉而不劌」。〔註178〕

再如：《荀子·宥坐》篇載：「孔子曰：『夫水，遍與諸生而無爲也，似德。其流也埤下，裾拘必循其理，似義。」〔註179〕而《老子》八章有「上善若水。水善利萬物而不爭，處眾人之所惡，故幾於道」。〔註180〕

另外，《周易·繫辭上》記載：「子曰：『勞而不伐，有功而不德，厚之至也，語以其功下人者也』」〔註181〕這與老子「功成而不處」〔註182〕的思想境界是何等的相似。

《荀子》等書中所記的孔子之言，應該是比較可信的。而這些話的意思和精神實質都明顯和《老子》中的一些話如出一轍，這種思想與語言都十分接近的現象，或許也能說明孔子和老子的確有過師承關係。

3.3.3 出土文物與孔老關係

在今山東省的一些地方，多次發現老子會見孔子的石畫像。如山東嘉祥縣紙坊鎮武翟山北麓的武氏祠就出土了一件距今一千八百餘年的孔老相會畫像。據資料記載：該畫像長 285 釐米，寬 56 釐米。畫面上層一列 30 人中，左起第八人，手扶木杖以禮迎賓者爲老子，其右與之相向而立、雙手捧雁滿

〔註176〕《後漢書》卷七十《孔融列傳》，中華書局簡體字本，第 1527～1528 頁。

〔註177〕《荀子·法行》，梁啟雄：《荀子簡釋》，中華書局 1983 年版，第 396 頁。

〔註178〕《老子》第五十八章，《老子道德經注》上篇，《王弼集校釋》，中華書局 1980 年版，上冊，第 152 頁。

〔註179〕《荀子·宥坐》，梁啟雄：《荀子簡釋》，中華書局 1983 年版，第 390 頁。

〔註180〕《老子》第八章，《老子道德經注》上篇，《王弼集校釋》，中華書局 1980 年版，上冊，第 20 頁。

〔註181〕《周易正義》卷七，中華書局《十三經注疏》影印本，上冊，第 79 頁。

〔註182〕《老子》第七十七章，《老子道德經注》上篇，《王弼集校釋》，中華書局 1980 年版，上冊，第 187 頁。

臉虔誠者為孔子。兩邊分別是孔、老各自的學生。〔註183〕

　　這種石畫像的出土，證明在漢以前的人們的歷史知識中，孔子是虛心向老子學習過的。更重要的是，從圖畫中還可以看出，不但孔子廣授弟子，老子也有不少的從遊者。正因為老子也有大量的弟子，老子的思想才會在當時得以廣泛傳播並影響到同時期的孔子。同時，我們也可以據此認為，當時老子的聲名是非常顯揚的，如果不是這樣，就不會有那麼多學生，孔子更不可能從千里之外仰慕到老子的學識。

　　耐人尋味的是：這種石畫像竟多出於孔孟等大儒的老家——今山東濟寧一帶〔註184〕。況且東漢時期，道家勢弱並以宗教的形式開始從政治走向民間了，而儒家的地位卻早在西漢就已經定於一尊了。為什麼在儒術獨尊的時代，孔、孟等大儒的故鄉的石畫還會記載宋儒所謂有「借孔子以重其師」之嫌的事情呢？這可是要千古流傳於世的呀。所以我認為，這些石畫像恰恰從另一個角度證明了孔子問禮於老子的事情是真實可信的，並且在當時這個故事就已家喻戶曉了。

　　孔子通過與老子的交往，吸收了老子的一些思想，並且成為孔子構建其儒學系統的重要思想來源和理論依據。孔子問禮於老子，這只是一個簡單的歷史事實而已。學術上相互吸收和取長補短是非常正常的事情。既不能因為孔子去問禮了，就說明孔子不如老子，也不能因為老子指點過孔子，就說明道家文化優於儒家文化。可問題是，有些人出於自己的學術傾向，為了維護自己的學術道統，一定要從孔老相會這一簡單的歷史事件中去找出一些儒道相爭的蛛絲馬蹟來。於是就有人懷疑孔子問禮於老子是後人「借孔子以重其師」或是「有計劃的宣傳」。僅僅因為懷疑就對大量確鑿的史料熟視無睹。現在看來，這至少是很不嚴謹的治學態度。漢代的人們雖然處在一個儒道互絀的時代，但他們卻還能以一種比較平和、客觀的心態去接受這一個歷史真實，不將孔老相會與儒道相爭扯在一起。所以他們不管是「喜儒」者，還是「好老」者，都能正視這一事實；不管是官府修史，還是民間刻碑，都不忌諱這一事實。從孔子問禮於老子這一事情中，我們只能推斷出他們當時確實就一些問題有過思想上的交流。帶任何學術偏的分析都不能得出符合歷史真相

〔註183〕見蔣英炬、吳文棋、關天相《山東漢畫像石選集》，圖 179，齊魯書社 1982
　　　　　年版。另：畫中孔子雙手捧雁，證明是合符禮的。《儀禮・士相見禮第三》：「下
　　　　　大夫相見以雁，飾之以布，維之以索，如執雉。」
〔註184〕李衛星：《漢畫像石所見周禮遺俗》，載《中原文物》2001 年第 1 期。

的認識。

孔子和老子的交往，是我們研究儒、道關係的基本問題。孔子師事老子這件事本身是不帶任何褒貶、揚抑意味的學術交往。儒、道文化同源而異流，相同的文化淵源，必然會使兩家文化有著千絲萬縷的聯繫和共通之處；不同的文化主張，必然開出兩條風格各異的文化道路。而正是這種相同與不同，才爲儒、道文化在後來不同歷史階段的互補提供了可能性。我們應該更多地關注儒道文化在不同層面上的相互影響和吸收，從而做到揚長避短，綜合他們的優勢，來指導社會和人生，而不是糾纏於主幹地位的爭論。

第 4 章　老子的「儒家」思想

　　我們在本章討論老子的「儒家」思想。之所以在「儒家」上面加以引號，是因為我們要討論的這些內容其實並非儒家所獨有，只是在一般人的心目中，像「禮」、「仁」、「中庸」等這些思想元素僅僅是儒家所獨有，而事實上，「禮」、「仁」、「中庸」等這些思想元素本來就是老子思想的重要組成部分。我們認為，在儒道文化的源頭上，很多東西都是共同的，除了我們本章所要討論的這些內容之外，包括「道」、「無為」、「隱逸」等等通常被視為「道家」特徵的思想要素，也都是儒道所共同具有的。我們在論文的第四章和第五章分別討論老子的「儒家」思想和孔子的「道家」思想，旨在揭示儒道文化在源頭上的共通，說明老子與孔子的思想都是對這些共同的文化源頭的繼承和發展。當然，孔子作為老子的學生和晚輩，其思想會出現對老子學說的某些反應，並受到老子思想的某些影響，也是情理之中的事情，我們將在文章後面具體分析。

4.1 老子與禮

　　「禮」是儒家思想體系的一個核心內容之一。而作為道家的老子，在其思想發展和成熟的過程中，禮也始終是一個非常重要的內容。老子諳熟周代禮制，史載老子曾經向孔子傳授禮制知識，老子可以說是一位禮學大師。但是，根據通行本《老子》的內容可以看出，老子又是反對禮的。我們認為，歷史上關於老子懂禮授禮的記載與《老子》反映出的老子反禮主張並不矛盾。〔註1〕

〔註1〕 此節部分內容曾以《關於孔子問禮於老子的幾點認識》為題發表於《湖南大

4.1.1 老子是個禮學大師

《史記》載老子為「周守藏室之史」〔註2〕。周代的史官，無論大史小史，都要參與朝廷的禮事。《周禮‧春官宗伯第三》就很清楚地記載了「大史」、「小史」的贊禮職責：

> 大史：掌建邦之六典，……大祭祀，與執書卜日。戒及宿之日，與群執事讀禮書而協事。祭之日，執書以次位常，……大會同、朝覲，以書協禮事。……凡射事，飾中，舍算，執其禮事。

> 小史：掌邦國之志，……大祭祀，讀禮法，……大喪、大賓客、大會同、大軍旅，佐大史。凡國事之用禮法者，掌其小事。〔註3〕

既為周朝的史官，則老子無疑是一位禮學大師，如朱熹所說：「他（老子）曾為柱下史，故禮自是理會得。」〔註4〕而且，我們在第三章《孔老交往考》中已經談到，在《文子》、《莊子》、《史記》、《禮記》、《呂氏春秋》、《孔子家語》、《韓詩外傳》等先秦兩漢書中，均有孔子問禮於老子的記載。無論是儒家典籍，還是道家文獻；無論是官修史書，還是民間碑刻，都完全認可孔子問禮於老子這一事實。這說明，老子在先秦兩漢的史料記載中，首先就是一位禮學大師。也正因為他是一位禮學大師，才會使孔子千里迢迢從魯國到周朝去向他學禮。老子不但懂禮，而且應該還是周朝最懂禮制最負盛名的史官之一，要不是這樣，孔子就不會選他為師了。

4.1.2 老子是反對禮的

關於老子反對禮制，最直接而可靠的材料是《老子》三十八章所言：「失道而后德，失德而後仁，失仁而後義，失義而後禮。夫禮者，忠信之薄，而亂之首也」。〔註5〕在老子的思想世界裏，道、德、仁、義、禮是從高到低的幾個層次。萬事萬物合乎「道」、遵循事物的本來面目和規律，這是老子的最高社會理想。君主若能遵循「道」，就會實行清靜無為的政治統治，這便是有「德」。老子將「德」分為「上德」和「下德」，他說：「上德無為而無以為，

　　　學學報》（社科版），2005 年第 4 期。

〔註2〕《史記》卷六十三《老子韓非列傳》，中華書局簡體字本，第 1701 頁。

〔註3〕《周禮注疏》卷二十六，中華書局影印本《十三經注疏》上冊，第 817～818 頁。

〔註4〕《朱子語類》（第八冊）卷一百二十五，中華書局 1986 年版，第 2997 頁。

〔註5〕《老子》第三十八章，《老子道德經注》上篇，《王弼集校釋》，中華書局 1980 年版，上冊，第 93 頁。

下德爲之而有以爲。」〔註6〕可見，老子認爲，能做到「無爲」，而且這種「無爲」是無意識的「無爲」，那麼就是「上德」的境界，這是符合「道」的；能做到「無爲」，但這種「無爲」是有意這麼做的，那還只算「下德」。比「德」低一等的境界是「仁」，比「仁」又低一等的是「義」。所以老子接著說：「上仁爲之而無以爲，上義爲之而有以爲。」〔註7〕可見，有所作爲，但不是出於有心，這種境界便是老子講的「上仁」；而有心作爲，並且是出於有心，這便是老子所講的「上義」。比「義」還低的境界才是「禮」。老子接著又說：「上禮爲之而莫之應，則攘臂而仍之。」〔註8〕最講「禮」的人向別人施了禮，如果得不到響應則會捋袖伸臂揮動拳頭了。當然，老子在這裡並非說熱衷於「禮」的人會用拳頭逼人就範，他是講，到了「禮」這一層，就帶有世俗的強制意味了。所以我們認爲「禮」在老子的道德標竿中是比「道」、「德」、「仁」、「義」都低的一個層次。正是在這樣一個道德梯度下，老子才說：「失道而后德，失德而後仁，失仁而後義，失義而後禮。」〔註9〕失「德」，就只好去講「仁」，失「仁」，才會有「義」，連「義」都不講了，就只好用「禮」來規範世間的一切。講「禮」就近乎禍亂的開端了。所以老子接著又說「夫禮者忠信之薄，而亂之首也。」〔註10〕按照老子的思路，正是因爲天下「無道」，才會出現所謂的「仁」、「義」和「禮」。所以老子又說：「大道廢，有仁義；智慧出，有大僞；六親不和，有孝慈；國家昏亂，有忠臣。」〔註11〕

　　老、莊對於禮樂的態度是一致的。莊子還將老子反禮的思想做了進一步的闡述：「純樸不殘，孰爲犧尊？白玉不毀，孰爲圭璋？道德不廢，安取仁義？性情不離，安用禮樂？五色不亂，孰爲文采？五聲不亂，孰應六律？夫殘樸

〔註6〕　《老子》第三十八章，《老子道德經注》上篇，《王弼集校釋》，中華書局 1980
　　　　年版，上冊，第 93 頁。

〔註7〕　《老子》第三十八章，《老子道德經注》上篇，《王弼集校釋》，中華書局 1980
　　　　年版，上冊，第 93 頁。

〔註8〕　《老子》第三十八章，《老子道德經注》上篇，《王弼集校釋》，中華書局 1980
　　　　年版，上冊，第 93 頁。

〔註9〕　《老子》第三十八章，《老子道德經注》上篇，《王弼集校釋》，中華書局 1980
　　　　年版，上冊，第 93 頁。

〔註10〕　《老子》第三十八章，《老子道德經注》上篇，《王弼集校釋》，中華書局 1980
　　　　年版，上冊，第 93 頁。

〔註11〕　《老子》第十八章，《老子道德經注》上篇，《王弼集校釋》，中華書局 1980
　　　　年版，上冊，第 43 頁。

以爲器，工匠之罪也；毀道德以爲仁義，聖人之過也。」〔註12〕莊子認爲，大道和天性被破壞了，才不得不提倡仁義，人類自然純樸的本性喪失了才不得不提倡禮樂，毀掉大道和人的本性而去提倡仁義禮樂，這是「聖人」的過錯。

4.1.3 老子反對禮與老子精通禮且授禮是不矛盾的

葉適和清代及晚近眾多學者之所以懷疑作《老子》的老子不是教孔子以禮的老子，很重要的一條理由是：老子既然反對禮，就不可能教孔子以禮。進而認爲教孔子者必非著書之老子。孔子問禮於老子的關鍵詞是「禮」。既然孔子大老遠從魯國跑到周朝去向老子學習禮，那麼老子無疑是當時聲名顯赫的禮學大師。〔註13〕而老子又認爲：「夫禮者，忠信之薄而亂之首。」〔註14〕這就出現問題了：一方面，老子知禮行禮，另一方面他又視禮爲忠信的不足和禍亂的開端。乍一看來，確實很不好理解。朱熹的學生郭德元對此就很不理解。於是他就向朱熹請教：

老子云：「夫禮，忠信之薄而亂之首。」孔子又卻問禮於他，不知何故？〔註15〕朱熹、張栻一開始也懷疑有兩個老子。我們來看朱熹的解釋：

> 他曉得禮之曲折。只是他說這是個無關緊要底物事，不將爲事。某初間疑有兩個老聃，橫渠亦意其如此，今看來不是如此。他曾爲柱下史，故禮自是理會得，所以與孔子說得如此好。只是他又說這個物事不用得亦可，一似聖人用禮時反若多事，所以如此說。〔註16〕

在朱熹看來，老子雖然精通禮制，但認爲禮屬於無關緊要的事情，也就是說，諳熟周禮的老子是主張薄禮的。而且也可以看出，朱熹對於孔子問禮於老子之事是認可的。朱熹的理解是對的，但對於弟子的疑問，朱熹並沒有解釋得

〔註12〕《莊子·馬蹄》，郭慶藩：《莊子集釋》第二冊，中華書局，1961 年版，第 336頁。

〔註13〕有人據此認爲：老聃是一位精通並恪守周禮的人，與《老子》反周禮不一致，從而認爲《老子》晚出，老聃非著《老子》的作者老子。

〔註14〕《老子》第三十八章，《老子道德經注》上篇，《王弼集校釋》，中華書局 1980年版，上冊，第 93 頁。

〔註15〕《朱子語類》（第八冊）卷一百二十五，中華書局 1986 年版，第 2997 頁。

〔註16〕《朱子語類》（第八冊）卷一百二十五，中華書局 1986 年版，第 2997 頁。

十分清楚。老子精通禮制，卻又反對禮制，甚至還向孔子傳授禮制知識，這到底是否矛盾呢？我們認為是不矛盾的。

「禮」是周代社會政治思想中的核心問題。在老子的時代，國家的一切內政外交、社會人倫，無不與禮有著十分密切的關係。《左傳》說：「禮，所以守其國，行其政令，無失其民者也。」〔註17〕又說：「禮，上下之紀、天地之經緯也，民之所以生也。」〔註18〕認為「禮之可以為國也久矣，與天地並。君令、臣共，父慈、子孝，兄愛、弟敬，夫和、妻柔，姑慈、婦聽，禮也。」〔註19〕老子就生活在這樣一個凡事都用「禮」來作為準則的社會中。

老子身為朝廷的史官和負有盛名的禮學大師，對於禮制是再熟悉不過的了。可老子所看到的用「禮」的天下卻是那樣的四分五裂，民不聊生。連禮制最完備的周王室也喪失其「天下共主」的地位，領土只剩下洛陽周圍一、二百公里的彈丸之地了。關注社會民生的老子對「禮」進行了深刻的反思，最終認定，不少的弊端和禍亂都來源於「禮」。「禮」是對社會行為的一種規範和約束。「禮」的大力提倡，恰恰說明了這個社會接近於無序和動亂。基於這種認識，老子提出薄禮，進而反禮，提出清靜無為、順應自然的治國主張。而在現實的社會中，老子發現自己的社會主張無法與「禮」抗衡，而且根本就實現不了，於是，老子對「禮」的政治和社會就徹底失望了，最後決定歸隱山林，離開塵俗，並且「莫知其所終」了〔註20〕。一個人對於某種東西越瞭解，就有可能越反對或者厭惡這種東西，因為瞭解得越多，認識和體會也就越深刻。老子之於禮，恐怕也是這麼一種情況。所以說，老子精通禮制同時又反對禮，是並不矛盾的事情。

任何人最終都只能生活在一個現實世界中，只要是生活在現實中，就難免要生活在矛盾和無奈中。理想和現實是永遠無法完全一致的。老子生活在一個「禮」的現實世界裏，生活中處處會碰到「禮」。特別是老子作為一個朝廷的史官，他又怎麼能與「禮」脫得了干係呢？所以說，老子行禮也是身不

〔註17〕　《左傳·昭公五年》，楊伯峻：《春秋左傳注》第 4 冊（修訂本），中華書局 1990 年版，第 1266 頁。

〔註18〕　《左傳·昭公二十五年》，楊伯峻：《春秋左傳注》第 4 冊（修訂本），中華書局 1990 年版，第 1459 頁。

〔註19〕　《左傳·昭公二十六年》，楊伯峻：《春秋左傳注》第 4 冊（修訂本），中華書局 1990 年版，第 1480 頁。

〔註20〕　《史記》卷六十三《老子韓非列傳》，中華書局簡體字本，第 1703 頁。

由己的事情。畢竟，老子既非聖人又非神仙，還得食人間煙火。莊子也反對禮，但《莊子‧人間世》載：「外曲者，與人之爲徒也。擎跽曲拳，人臣之禮也。人皆爲之，吾敢不爲邪？爲人之所爲者，人亦無疵焉，是之謂與人爲徒」〔註21〕。可見，對於「人皆爲之」的人臣之禮，即便自己不願意做，也是不敢違背的。和莊子一樣，老子對於生活中的禮事，雖心裏不以爲然，卻只能違心地去實行。不喜歡做某種事情，但是迫於現實的壓力又不得不去做這件事情，這在現實生活中也是常有的事情。老子之於禮，也會有此種無奈。所以說，老子反對禮，卻又在生活中處處行禮、講禮，甚至成爲講禮行禮的專家，這也並不矛盾。老子向孔子傳授禮的知識就是一個很好的例子。孔子大老遠從魯國來到周朝向他學禮，其誠心和求知欲自不待言，依常情，老子無論如何也不好拒絕。而現實社會又是一個崇尙禮制的社會，老子還不忍將一個執著於社會主流思想（禮）、追求上進的熱血青年陷於「異端」之列。更何況，說不定當時的老子對「禮」尙未徹底失望，還寄望於像孔子這樣的青年才俊能用「禮」來拯救亂世呢。〔註22〕

對於孔子問禮於老子和老子反禮這一看似矛盾的事情，呂思勉先生也曾經作過解釋：「老子行事，不甚可考，惟孔子問禮於老子，古書多載之。《禮記‧曾子問》載老聃之言數條，皆涉禮事，足爲孔子問禮之一證。或以《老子》書上道德而賤仁義，尤薄禮，因疑此老聃與作五千言者非一人，亦非。知禮乃其學識，薄禮是其宗旨，二者各不相干。」〔註23〕呂思勉先生認爲知禮乃老子的學識，而薄禮是老子的宗旨，二者並不矛盾。老子與禮，其關係的實際情況大體如此。

老子對周文化的瞭解，或許就是從學習周代的禮制開始的，而老子對於周文化的批判繼承，或許也就是從認識和瞭解周禮的弊端開始的。對於孔子而言，孔子從小就喜好周禮，成年後又追隨老子學習禮制。對周禮的復興和

〔註21〕《莊子‧人間世》，郭慶藩：《莊子集釋》第一冊，中華書局，1961年版，第143頁。

〔註22〕有學者也認爲老子對周禮的態度是隨著其思想發展變化而不斷改變的。「實際上，老子在罷官以前曾是一位精通並崇信周禮的史官；罷官後他才從現實生活中認識到周禮的虛僞、剝削制度的不合天道，從而形成了無爲而治的社會政治觀，最後進而探討自然天道，把無爲而治的政治觀植基於天道自然無爲的基礎之上。」見孫以楷：《老聃與孔丘交往新考》，載《學術月刊》1991年第8期。

〔註23〕呂思勉：《先秦學術概論》，中國大百科全書出版社1985年版，第28頁。

提倡，甚至成爲了孔子畢生的追求。隨著孔子及其思想影響的日益擴大，禮似乎從孔子開始更多地成爲儒家的思想範疇，而禮與老子和道家的關係似乎越來越淡出人們的視野，以至於現在許多人一提到禮樂文化，就好像覺得僅僅是儒家的思想文化系統，其實這是一個認識上的誤區。

我們想強調和傳遞的一點思考是，包括「禮」在內的許多思想元素，它們在最初不僅僅是「儒家」所關注的內容，同時也是「道家」所關注的內容。或者說，在早期的儒道思想中，他們所關注的社會問題和思想要素都是共同的，諸如禮、仁等問題，不僅是孔子和早期儒家所關注的對象，同時也是老子和早期道家所關注的對象，儘管他們在這些問題上的解決方式會有所不同，但是他們在問題的思維起點上都是相通的。

4.2　老子仁的境界〔註 24〕

4.2.1　在老子和孔子以前已經有了仁的概念

關於「仁」字的最早出現，尚無很確定的說法。郭沫若先生在二十世紀四十年代曾經提出過：「仁字是春秋時代的新名詞，我們在春秋以前的眞正古書裏面找不出這個字，在金文和甲骨文裏也找不出這個字。」〔註 25〕關於甲骨文中是否已經有了「仁」字，至今還有爭議。有學者根據羅振玉《殷墟書契前編》2 卷 19 頁的第 1 片卜辭中收有一個很像「仁」的字，認爲甲骨文中有了「仁」字，然而也有許多古文字專家持否定態度。隨著考古的新發現，金文中發現有「仁」字。白奚先生認爲 1974 年在河北平山縣發掘的戰國時期中山國墓葬群中 M1 號墓中出土的「中山王鼎」的銘文中的「仁」字是金文中迄今所見唯一的一個「仁」字。〔註 26〕

我們再來看在老孔時代及之前的傳世典籍中關於「仁」字的記載。《尚書·金縢》有「予仁若考，能多材多藝，能事鬼神」，〔註 27〕《詩經·鄭風·叔于田》有「洵美且仁」，〔註 28〕《齊風·盧令》有「其人美且仁」。〔註 29〕可見，

〔註 24〕　本節內容已發表，見拙文《仁而不以爲仁——論老子仁的境界》，載《求索》
　　　　　2007 年第 6 期。
〔註 25〕　郭沫若：《十批判書·孔墨的批判》，東方出版社，1996 年版，第 87 頁。
〔註 26〕　參見白奚《「仁」字古文考辨》，載《中國哲學史》2000 年第 3 期。
〔註 27〕　《尚書·金縢》：《十三經注疏》上冊，浙江古籍出版社 1998 年版，第 196 頁。
〔註 28〕　《詩經·鄭風·叔于田》，方玉潤：《詩經原始》上冊，中華書局 1986 年版，

大致在商周之時，「仁」道已成。而且從涵義上看，都與孔子《論語》中提倡的「仁」大致相吻合。

這說明一個問題，「仁」作爲一種美德的概念並非老子和孔子時代才有的，在他們之前就已經出現了表示美德的「仁」的說法了。

《左傳・昭公十二年》記孔子之言：「仲尼曰：『古也有志，克己復禮，仁也。信善哉。』」《論語》也說：「克己復禮爲仁」。孔子自己都說「古也有志」，可見孔子「克己復禮爲仁」的思想確實有所繼承。那麼，孔子講的「古也有志」具體是指什麼書的記載，我們不得而知，但我們得出一條重要的線索，孔子之前肯定是有仁的思想的提倡，並且在當時人們所能看到的典籍中已經有了明確的記載，可見，仁並非孔子和儒家的發明專利。

4.2.2 仁是老孔時代的最強音

爲什麼在老子和孔子的時代「仁」的觀念會特別地流行？我們認爲這是一個十分值得注意的問題。我們認爲這與老子和孔子關於「仁」的理解和態度都有直接的關聯。

老子和孔子都處在春秋末期。春秋時期，戰亂頻仍，災荒不斷，周天子失其天下共主的地位，天下無道，陪臣執國命，禮樂征伐不再出自天子而出自諸侯。在這樣一個禮崩樂壞的時代，仁義忠孝已經淪喪得很嚴重了。「仁」作爲一種美德，在當時的社會已經很缺乏了。一個時代缺乏什麼，人們就會呼喚什麼；同樣，一個時代，人們需要什麼，就證明缺乏什麼。正是在這樣一個時代背景下，人們對「仁」的呼喚，成了時代的最高音。所以，在老子和孔子的時代，「仁」的觀念會特別地流行。而事實上，在老子和孔子的時代，「仁」的觀念確實已經十分流行了。例如，據有學者統計，僅《左傳》中「仁」字就出現了四十餘次。

老子和孔子面臨著幾乎相同的社會現實，他們對於「仁」，必然會有深刻的思考。老子一方面看到了現實社會中仁的缺乏，也看到了人們提倡仁的過程中不可避免而出現的虛僞和狡詐，所以他嚮往一種發自本性的自然之仁，追求一種仁而不覺、仁而不以爲仁的自然道德狀態。但畢竟老子所嚮往的這

第 205 頁。

〔註29〕《詩經・齊風・盧令》，方玉潤：《詩經原始》上冊，中華書局 1986 年版，第236 頁。

種仁的境界太高了，在現實社會中是根本無法實現的。孔子雖然也強調仁的自發性，但是他看到了老子的仁過於理想化，所以孔子在繼承中發展和改造了老子的仁，將仁落實爲一種世俗人們可以接受、可以修爲的道德標準。

　　老子和孔子對仁都是有著毫不含糊的肯定的。這一點，於孔子而言是很明顯的。但是對於老子來說，人們有著認識上的誤區，因爲傳統的觀點都認爲老子「絕仁棄義」，強烈反對仁義的。我們在本節中，將重點討論老子仁的思想及其境界，以及老子和孔子在仁的問題上的相通和差異，思考產生這些相通和差異的深層原因。

4.2.3　老子仁的思想及其境界

　　傳統的主流觀念認爲：老子是強烈地反對仁義的。我們認爲老子的思想在實質上並不排斥仁義。相反，老子提倡一種超世俗的、符合自然之道的仁。老子所主張的仁發自本眞，是一種天性的自然流露，不具有任何強迫或虛僞的成分。這與老子思想體系中的「道法自然」的核心原則是相一致的。我們認爲可以把老子仁的思想境界描述爲：仁而不覺，仁而不以爲仁。相比儒家提倡的仁，老子的仁層次更高，標準更高。

　　有學者認爲，根據湖北郭店出土的簡本《老子》可以「發現」，老子原來並不反對仁義〔註30〕。我們認爲，根據通行本《老子》就可以得出老子不反對仁的結論。簡本《老子》的情況或許只是進一步證明了這一觀點而已。更何況，最原始的《老子》關於仁義的說法是否就和簡本《老子》完全一樣？簡本《老子》是否就是完整的原始的《老子》版本？這些都還有待進一步研究。所以我們主要依據通行本《老子》來談老子關於仁的思想境界。

　　人們認爲老子反對仁義，一般是根據《老子》〔註31〕第五章的「天地不仁，以萬物爲芻狗。聖人不仁，以百姓爲芻狗」和第十九章的「絕仁棄義，民復孝慈」之類的文字。

〔註30〕一九九三年湖北郭店楚簡《老子》出土以來，引起了學界的廣泛關注，有學者認爲「簡本《老子》不但優於今本，而且是一個原始的、完整的傳本。」並認爲「從簡本《老子》看，老聃不但沒有批評儒家思想，而且對儒家所尊奉的觀念如聖、仁、義、孝、慈、禮等持積極、肯定的態度。」（郭沂《楚簡〈老子〉與老子公案——兼及先秦哲學若干問題》，載《中國哲學》第二十輯，遼寧教育出版社，2000 年版，分別見於第 119 頁和 144 頁。）

〔註31〕此指王弼本《老子》，即今本《老子》，亦指通行本《老子》，有別於帛書本《老子》和郭店簡本《老子》。如非特別注明，本文所引《老子》皆指通行本。

　　那麼我們就先來分析「天地不仁，以萬物爲芻狗。聖人不仁，以百姓爲芻狗」和「絕仁棄義，民復孝慈」這兩段文字背後所蘊藏的精神實質。

　　關於「天地不仁，以萬物爲芻狗。聖人不仁，以百姓爲芻狗」這一段文字，馬王堆帛書本與通行本《老子》都是一致的，簡本《老子》沒發現有這一句。如果我們聯繫老子一貫的主張，認眞去玩味這句話，我們就會發現，老子在這裡只是強調應該理性、客觀地去理解天地的所作所爲，而不是在闡明對仁的態度。天地是沒有自己的意志的，它的一切作爲，都只是遵循自然之道而自然發生的，所以天地是無所謂仁義的。老子並沒有在這裡對仁進行是非判斷。而常人則往往將自然的、客觀的天地用人心去主觀地加以附會，把天地當作有意識的人一樣。如久旱逢甘露，就會認爲這是上天在賜福人類；雷電偶而劈死惡人，就會認爲這是上天在懲罰罪惡。而事實上，這一切都只是無意識的自然現象。老子明顯已經懂得了這個道理，並且已經超越了常人對天地行爲的這種主觀上的認識和理解。他認識到，天地萬物的一切作爲，無非是它本來就有的自然現象而已，並沒有主觀上善惡是非等意識的。正是基於這樣一種認識，老子才提出「天地不仁」的，他並非在表達自己對待仁的態度，只是在揭示天地萬物的自然性和無意識性。蘇轍《老子解》說：「天地無私而聽萬物之自然，故萬物自生自死。死非吾虐之，生非吾仁之也。譬如結芻爲狗，設之於祭祀，盡飾以奉之，夫豈愛之？時適然也。既事而棄之，行者踐之，夫豈惡之？亦適然也。聖人之於民亦然。特無以害之，則民全其性，死生得喪，吾無與焉。雖未仁之而仁亦大矣。」〔註32〕我們認爲蘇轍的理解是非常正確的，天地以萬物爲「芻狗」，本無所謂「愛」或「惡」，自然而已。聖人任百姓之自然，以無爲而治之，這種「不仁」實則大仁。這與老子天道自然的思想是一致的。吳澄《道德眞經注》說：「芻狗，縛草爲狗之形，祈雨所用也。既祈則棄之，無復有顧惜之意。天地無心於愛物，而任其自生自成，聖人無心於愛民，而任其自作自息，故以芻狗爲喻。」〔註33〕可謂深得老聃之意。老子所要揭示的，無非是天地無心於愛物，順應萬物之自然而已。老子心目中的聖人應該是深諳天地之道的，那麼聖人的所爲所想，一切都要做到順應自然天道。所以，聖人對待百姓就應該像天地對於萬物一樣，

〔註32〕蘇轍：《老子解》，曾棗莊、舒大剛主編《三蘇全書·子部》第五冊，語文出版社2001年版，第406頁。
〔註33〕吳澄：《道德眞經注》，《中華道藏》，華夏出版社2004年版，第12冊，第580頁。

天地以萬物爲芻狗，聖人就應該以百姓爲芻狗。把百姓視同爲芻狗一樣的自然之物，對他們不強加干擾，順其自然，這已經就是聖人之至仁了。按照老子「上德不德，是以有德」〔註34〕的邏輯，我們甚至可以把他的仁描述爲「至仁不仁，是以有仁。不仁而至仁」。

所以，《老子》第五章的「天地不仁」、「聖人不仁」，並不能說明老子對「仁」持反對態度。如童書業先生所說：「『不仁』就是沒有『人心』，這裡面含有自然的天地是沒有人格的意味。──這種『不仁』是自然主義的『不仁』，與一般人所說的『不仁』不同。」〔註35〕

我們再來看「絕仁棄義，民復孝慈」這一句。

通行本《老子》第十九章說：「絕聖棄智，民利百倍；絕仁棄義，民復孝慈；絕巧棄利，盜賊無有。」〔註36〕關於「絕仁棄義」，今本和帛書本都是一樣的。簡本是「絕僞棄慮」，〔註37〕文章後面將對此進行討論，這裡先分析通行本的「絕仁棄義」。

老子不反對仁，那爲什麼又提到「絕仁棄義」呢？

我們知道，老子認爲萬事萬物都是相對而存在的。《老子》第二章說：「天下皆知美之爲美，斯惡已；皆知善之爲善，斯不善已。故有無相生，難易相成，長短相較，高下相傾，音聲相和，前後相隨。」〔註38〕在老子看來，有所謂美的說法，才會有所謂醜的概念；有所謂善的說法，才會出現所謂惡的概念；有無、難易、長短、高下、前後等概念都是相對應出現的，沒有其中一方的存在，就不會有另一方的出現。《老子》第十八章還說：「大道廢，有仁義；智慧出，有大僞；六親不和，有孝慈；國家昏亂，有忠臣。」〔註39〕如前所述，天地是遵循自然規律的，它們的一切行爲，包括生養萬物，都只

〔註34〕《老子》第三十八章，《老子道德經注》下篇，《王弼集校釋》，中華書局1980年版，上冊，第93頁。

〔註35〕童書業：《先秦七子思想研究》，齊魯書社1982年版，第117頁。

〔註36〕《老子》第十九章，《老子道德經注》上篇，《王弼集校釋》，中華書局1980年版，上冊，第45頁。

〔註37〕參見郭沂《簡本與甲本、乙本、王本文字主要差異對照表》，載《郭店楚簡與先秦學術思想》，上海教育出版社，2001年，第524～533頁。

〔註38〕《老子》第二章，《老子道德經注》上篇，《王弼集校釋》，中華書局1980年版，上冊，第6頁。

〔註39〕《老子》第十八章，《老子道德經注》上篇，《王弼集校釋》，中華書局1980年版，上冊，第43頁。

是一種自然而然的現象，天地是不會認爲自己在施仁行義的，這就是天地之大道。人道應該符合天道，人世間如果缺乏像天地這種「生而不有，爲而不恃，長而不宰」〔註40〕、仁而不以爲仁的大道，才會有所謂的仁義的說法出現。如果人們眞正按照大道去行事處世，則用不著高喊仁義而實際上其所作所爲已經符合仁義的標準了。缺乏這種符合大道的、發自本性的、眞實的仁義，就只好去人爲地提倡仁義，而只要是人爲地去提倡仁義，就會有聰明狡詐的人假借仁義之名而行不仁不義之事，人類孝慈忠信的本性也就會被湮沒了。剩下的就只有假仁假義下面的「六親不和」了。那麼，只有放棄提倡仁義，老百姓就自然會回覆到孝慈的本性，這就是老子所講的「絕仁棄義，民復孝慈」。

同樣的道理，只要機巧私利作祟，就會使人起盜賊之心。只有絕棄巧利的誘惑，盜賊就失去行竊的動機。這就是「絕巧棄利，盜賊無有」。

所以，我們認爲《老子》第十九章「絕仁棄義，民復孝慈；絕巧棄利，盜賊無有」的說法，其落腳點在於揭示萬事萬物相反相成的辯證規律，並不能夠因此就說明老子反對眞正的仁義。侯外廬先生指出老子哲學往往以「無」的範疇消解「有」的範疇：「老子認爲消解了聖智、仁義、法令、捐稅等等的『有爲』，也就消解了它們的對立物——大僞、奇物、盜賊、民之饑、民之難治等等。這種消解，總的說來，或者提高到哲學理論原則上來考察，則是以『無』的範疇消解『有』的範疇。」〔註41〕這恰恰也說明老子提倡「絕仁棄義」，爲的是消解仁義的對立面，即爲了消解這種自然仁義背後的虛仁假義，而不說明老子在實質上反對仁義。

我們判斷一個人的思想主張，不能僅憑其隻言片語，必須全面考察他的言論，注意聯繫他一貫的思想主張和基本的態度，從而得出比較接近眞實的結論。研究老子的思想也是一樣，不能因爲出現了某一處表面上反對仁義的字眼，就斷定老子否定仁義，也不能因爲某個新的版本好像沒有出現排斥仁義的字眼，就據此斷言老子贊成仁義。如果不對原著進行全面考察，不認眞去挖掘這些文字下面隱藏的眞正的思想主旨和話語的落腳點，得出的結論就

〔註40〕《老子》第五十一章，《老子道德經注》下篇，《王弼集校釋》，中華書局 1980 年版，上冊，第 137 頁。

〔註41〕侯外廬、趙紀彬、杜國庠：《中國思想通史》第一卷，人民出版社 1957 年版，第 260 頁。

會有悖於老子思想的本來面目。

　　下面我們舉例談談老子仁的思想在《老子》一書中的具體體現。

　　仁作爲一種美德，在老子以前就廣爲稱道了〔註 42〕，老子作爲一個生活在社會中的正常的人，是不可能排斥這種美德的。雖然老子在其思想的最高處對仁有著自己獨到的理解和世人難以達到的標準，但這並不妨礙他對日常生活行爲中的世俗標準的仁持肯定的態度。老子對仁的肯定，表現爲他對老百姓的仁愛、寬厚與關心。這在《老子》一書中多有流露。

　　例如，老子認爲統治者應該以仁德對待百姓。《老子》第七十九章說：「和大怨，必有餘怨，安可以爲善？是以聖人執左契，而不責於人。有德司契，無德司徹。天道無親，常與善人。」〔註 43〕古代「凡貸人者執左契，貸於人者執右契。貸人者可執左契以責貸於人者令其償還。聖人執左契而不責於人，即施而不求報也。」〔註 44〕在老子看來，有道的「聖人」是對老百姓具有仁德之心的，雖然執有老百姓貸欠錢糧的契約，也不向他們去索要。他希望統治者向「執左契，而不責於人」的聖人學習，胸懷仁愛，以仁德治天下，不要去逼迫人民。這樣才能和怨行善，做有德之君，從而讓老百姓「甘其食，美其服，安其居，樂其俗」〔註 45〕。

　　再例如：出於對百姓的仁愛，老子抨擊當時社會「損不足以奉有餘」〔註 46〕的不公平現象，明確提出「愛民治國」〔註 47〕的主張，認爲人之道要像天之道一樣——「損有餘而補不足」〔註 48〕。告誡人們不要厚積財物，鼓勵多幫助別人，多給予別人。認爲越是盡力幫助別人，自己反而會越富有，盡力給

〔註 42〕例如，《詩經・鄭風・叔于田》「不如叔也，洵美且仁」；《齊風・盧令》「盧令令，其人美且仁」；《左傳・僖公十四年》「幸災不仁」；《左傳・定公四年》「乘人之約，非仁也」等等。見前引。

〔註 43〕《老子道德經注》上篇，《王弼集校釋》，中華書局 1980 年版，上冊，第 188～199 頁。

〔註 44〕高亨：《老子正詁》，古籍出版社 1956 年版，第 149 頁。

〔註 45〕《老子》第八十章，《老子道德經注》下篇，《王弼集校釋》，中華書局 1980 年版，上冊，第 190 頁。

〔註 46〕《老子》第七十七章，《老子道德經注》下篇，《王弼集校釋》，中華書局 1980 年版，上冊，第 189 頁。

〔註 47〕《老子》第十章，《老子道德經注》上篇，《王弼集校釋》，中華書局 1980 年版，上冊，第 23 頁。

〔註 48〕《老子》第七十七章，《老子道德經注》下篇，《王弼集校釋》，中華書局 1980 年版，上冊，第 188 頁。

予別人，自己反而越充足：「聖人不積，既以爲人，己愈有；既以與人，己愈多。」〔註49〕

老子還提出「與善仁，言善信」〔註50〕，明確說與人相處要真誠仁愛，與人言談要講求信用。另外，史載孔子向老子學習後，「老子送之曰：『吾聞富貴者送人以財，仁者送人以言。吾不能富貴，竊仁人之號，送子以言。』」〔註51〕從這裡，我們也可以看出老子對「仁者」、「仁人」是充滿敬意的。凡此種種，都反映出老子對仁這種美德的肯定。

全面考察《老子》，我們發現老子不但不反對仁，而且對仁有更高、更理想化的追求。那麼，老子所追求的理想化的仁的思想境界到底是一種怎樣的道德狀態呢？

同道法自然的思想一致，老子強調仁的自然性。自然，就是指事物本來的樣子。他認爲，仁的品德是一種天性的自然流露，不應該具有任何強迫或虛僞的成分。我們認爲可以描述爲：仁而不自覺，仁而不以爲仁。而這種境界的仁是一種理想化的道德標準〔註52〕。

老子仁的標準很多時候體現在他對道和德的表述當中。老子認爲：「人法地，地法天，天法道，道法自然。」〔註53〕既然他認爲天地萬物都要法自然，那麼仁也就應該法自然。仁，只能是出於自然之流露，而不能帶有強迫性，或者勉強爲之，更不能具有虛僞性。道生養萬物而不佔有，不居功，不讓人感覺到它的恩惠，這其實就是一種高境界的大仁。所以老子說：「故道生之，德畜之。長之、育之、亭之、毒之、養之、覆之。生而不有，爲而不恃，長而不宰，是謂玄德。」〔註54〕這種「生而不有，爲而不恃，長而不宰」的「玄

〔註49〕　《老子》第八十一章，《老子道德經注》下篇，《王弼集校釋》，中華書局1980年版，上冊，第192頁。

〔註50〕　《老子》第八章，《老子道德經注》上篇，《王弼集校釋》，中華書局1980年版，上冊，第20頁。

〔註51〕　《史記》卷四十七《孔子世家》，中華書局簡體字本2005年版，第1540頁。

〔註52〕　我們認爲老子所追求的這種仁而不覺、仁而不以爲仁的境界過於理想化，在現實生活中也許存在，但是常人無法企及，也無法加以引導。孔子的仁有接近於老子的自發性的追求，但孔子已經開始對仁進行了實用性的改造，所以孔子提倡的仁義標準反而比較適合社會的需要，只是後儒的仁義虛假成分越來越多了。

〔註53〕　《老子》第二十五章，《老子道德經注》上篇，《王弼集校釋》，中華書局1980年版，上冊，第65頁。

〔註54〕　《老子》第五十一章，《老子道德經注》下篇，《王弼集校釋》，中華書局1980

德」其實就是老子所追求的仁的道德狀態。老子所追求的仁是一種「萬物恃之而生而不辭，功成不名有。衣養萬物而不爲主」〔註 55〕的境界。這種仁是沒有任何目的和企圖的自然流露，道生養萬物是一種自然的愛。老子把這種符合大道的大仁推及至社會人生，所以他心目中的仁者是不圖回報的、不居功自大的——「是以聖人爲而不恃，功成而不處，其不欲見賢」〔註 56〕；是心懷百姓、眞誠待人的——「聖人常無心，以百姓心爲心」〔註 57〕；是不計恩怨，無所偏袒的——「善者吾善之，不善者吾亦善之」〔註 58〕，甚至能做到「報怨以德」〔註 59〕。

在現實生活中，許多人總喜歡高喊仁義道德，追求仁義的名聲。老子對此是很反感的。他覺得這些掛在嘴邊的仁都不是眞實的，而是一種帶有目的性的虛仁假義。老子認爲眞正有仁德的人既不會刻意表現出仁德，也不會想著爲什麼去施行仁德。《老子》第三十八章說：「上德不德，是以有德；……上仁爲之而無以爲。」〔註 60〕意思是說，品德高尚的人，不以爲自己有德，因此是眞正的有德；最仁愛的人，在事實上已經做了仁義的事情，但是他這樣去做是沒有帶任何個人目的的，僅僅是出於本性，自然而然就這樣做了。

古往今來，高喊道德的人往往沒有道德，高喊仁義的人往往不講仁義，而眞正仁愛忠義的人是不會以仁義聒噪於世的。在我們的周圍，也可以看到很多這樣的人，他們甜言蜜語、油嘴滑舌，以熱情仁愛自居，而這些人實際上往往卻是不忠不厚、不仁不義之徒。對這一點，孔子與老子的認識是極爲相似的，孔子也說「巧言令色，鮮矣仁」。〔註 61〕小孩子之所以可愛，是因

　　　年版，上冊，第 137 頁。

〔註 55〕《老子》第三十四章，《老子道德經注》上篇，《王弼集校釋》，中華書局 1980年版，上冊，第 86 頁。

〔註 56〕《老子》第七十七章，《老子道德經注》下篇，《王弼集校釋》，中華書局 1980年版，上冊，第 187 頁。

〔註 57〕《老子》第四十九章，《老子道德經注》下篇，《王弼集校釋》，中華書局 1980年版，上冊，第 129 頁。

〔註 58〕《老子》第四十九章，《老子道德經注》下篇，《王弼集校釋》，中華書局 1980年版，上冊，第 129 頁。

〔註 59〕《老子》第六十三章，《老子道德經注》下篇，《王弼集校釋》，中華書局 1980年版，上冊，第 164 頁。

〔註 60〕《老子》第三十八章，《老子道德經注》下篇，《王弼集校釋》，中華書局 1980年版，上冊，第 93 頁。

〔註 61〕《論語・學而》，程樹德《論語集釋》第一冊，中華書局 1990 年版，第 16 頁。

爲他們不虛僞，沒有沾染太多人類後天的不良品德。老子談到道德問題時，就多次提到嬰兒狀態，他推崇嬰兒這種沒有受到社會中任何污染的純眞狀態。例如，他說：「常德不離，復歸於嬰兒」〔註62〕、「含德之厚，比於赤子」〔註63〕。我們知道，大人的世界是一個非常複雜的世界，虛僞、狡詐、機巧、邪惡充斥其中，而小孩子的世界是一個眞正讓人覺得純眞、自然樸實的世界。小孩有很多美德，他們天眞無邪、純潔善良，但他們自己不會以爲這是一種美德，也不會到處宣揚自己的美德，一切行爲都只是本性的自然流露罷了。這正是老子所憧憬的一種道德狀態。

老子自然之仁的思想境界還體現出了對人性眞正的關懷和尊重。但是，這種「生而不有，爲而不恃，長而不宰」的「玄德」〔註64〕、至仁在現實社會中是無法眞正實現的。人世間不帶任何個人功利的仁義是很少存在的。需要指出的是，孔子對老子這種仁的境界是認同的，但孔子也看到了老子這種仁的不可操作性，所以孔子對老子之仁進行了符合現實的改造，這就出現了儒家的仁義主張。老子仁的境界雖高，但畢竟只能是一種理想化的道德追求，孔孟提倡的仁境界雖然低了一些，卻落到了實處，能爲大多數人所認同和接受。

4.2.4 孔子仁與老子仁的會通以及對老子仁的現實改造

我們認爲孔子對老子的仁是有所繼承的。爲什麼這樣說呢？認眞分析《論語》，我們發現：孔子所主張的「仁」其實也有一種明顯的對「仁」的自發性、內在性的追求。老子主張自然而然的不知不覺的「仁」，而孔子也嚮往仁由己出，所以孔子說：「我欲仁，斯仁至矣。」〔註65〕在孔子思想中，本身也包含了自然、不勉強的原則，這與老子的思想是相通的。

《論語·述而》「天生德於予。」〔註66〕仁德在孔子這裡是與天性合一的，孔子明確講到仁德是天生的，也就是自然而然的。這和老子的仁德觀是相通

〔註62〕 《老子》第二十八章，《老子道德經注》上篇，《王弼集校釋》，中華書局 1980 年版，上冊，第 74 頁。

〔註63〕 《老子》第五十五章，《老子道德經注》下篇，《王弼集校釋》，中華書局 1980 年版，上冊，第 145 頁。

〔註64〕 《老子》第五十一章，《老子道德經注》下篇，《王弼集校釋》，中華書局 1980 年版，上冊，第 137 頁。

〔註65〕 《論語·述而》，程樹德：《論語集釋》第二冊，中華書局 1990 年版，第 495 頁。

〔註66〕 《論語·述而》，程樹德：《論語集釋》第二冊，中華書局 1990 年版，第 484 頁。

的。

　　《禮記・表記》記載：「子曰：『仁有三，與仁同功而異情。……仁者安仁，知者利仁，畏罪者強仁。』」〔註67〕可見，在孔子看來，世間之仁，有三種境界，最高境界是「安仁」，安仁的人可以叫做仁者，這與老子講的「仁」的境界是頗爲接近的。其次，是「利仁」，這種人如朱熹所言：「利仁者是見仁爲一物，就之則利，去之則害。」〔註68〕這種「利仁」者不能稱爲眞正的仁者，只能算是「知者」，即智者。最低一級的是「強仁」，這種人迫於壓力，勉強自己爲「仁」。

　　孔子說：「里仁爲美。擇不處仁，焉得知？」〔註69〕「里仁」的「里」應該理解爲動詞，解釋爲「居住」，就是說以仁爲自己安身之所，孔子認爲人應該以安於仁德爲美。所以後面他又說：「不仁者不可以久處約，不可以長處樂。仁者安仁，知者利仁。」〔註70〕意思是說，不仁的人不能夠長期處在貧窮中，也不能長期處在安樂中。眞正的仁者，「仁」對於他，已經帶有一種自覺或者主觀需要的意味了。所以仁者「里仁」並「安仁」，而世俗中的聰明人不能算是仁者，他們不是安於仁，而是要用仁德來謀取利益，所以孔子說「知者利仁」〔註71〕。可見，從孔子那個時候起，眞正的仁德之士是很難見到的，人們往往只是在利用「仁」，以求獲取利益，並不是自發爲仁，安心於仁。孔子感歎到：「我未見好仁者，惡不仁者。好仁者，無以尚之；惡不仁者，其爲仁矣，不使不仁者加乎其身。有能一日用其力於仁矣乎？我未見力不足者。蓋有之矣，我未之見也。」〔註72〕孔子明確說，他未曾見到過眞正喜愛仁的人，也沒有見到過眞正厭惡不仁的人。我們從這裡可以看出，孔子所主張的仁是一個很高的精神境界，絕不是一般人能夠做到的。孔子主張的仁是發自內心的，是一種無意識的，是一種自然流露的東西。孔子認爲，只有「安仁」，才能算是仁者。安仁，則不會有任何外在的目的，而是將「仁」作爲一種內在的精神狀態了。我們常說「安居」「安神」，這裡的「安」都表現出一種穩定而自然的狀態。孔子還說過：「知之者不如好之者，

〔註67〕　《禮記・表記》，陳戌國：《禮記校注》，嶽麓書社2004年版，第425頁。
〔註68〕　《朱子語類》（第二冊），中華書局1986年版，第643頁。
〔註69〕　《論語・里仁》，程樹德：《論語集釋》第一冊，中華書局1990年版，第226頁。
〔註70〕　《論語・里仁》，程樹德：《論語集釋》第一冊，中華書局1990年版，第228頁。
〔註71〕　《論語・里仁》，程樹德：《論語集釋》第一冊，中華書局1990年版，第228頁。
〔註72〕　《論語・里仁》，程樹德：《論語集釋》第一冊，中華書局1990年版，第237～239頁。

好之者不如樂之者。」〔註73〕我們覺得孔子的「安仁」接近「樂之」的狀態，知仁不如好仁，好仁不如樂仁。這種樂仁的狀態，就接近老子「仁」的自發狀態了。朱熹對「仁者安仁」的解釋是很準確的：

> 劉潛夫問「安仁」、「利仁」之別。曰：安仁者不知有仁，如帶之忘腰，履之忘足。利仁者是見仁爲一物，就之則利，去之則害。
> 〔註74〕

朱熹對「安仁」的解釋出自《莊子·達生》篇：「忘足，履之適也；忘要，帶之適也；知忘是非，心之適也；不內變，不外從，事會之適也；始乎適而未嘗不適者，忘適之適也。」〔註75〕莊子形容的是巧匠工倕一種手隨心至、自然而然的創作境界。朱熹用「帶之忘腰，履之忘足」來形容「安仁」的狀態，是說仁者安仁達到了自然而然的境界，不需主觀意識去支配其行爲。朱熹的解釋是很合孔子原意的。《老子》三十八章說：「上仁爲之而無以爲。」〔註76〕在老子看來，眞正的仁者，其仁的行爲是出於無意的。從這裡看，孔子嚮往的「仁者安仁」的狀態與老子「上仁爲之而無以爲」自然質樸的境界是完全相吻合的。

老子的「仁」是一種本性的自然流露，符合道法自然的原則。表現爲對事物本來規律的遵循，任由事物自我發展。既然要遵循事物本來的規律，就必須做到無爲。老子的「仁」也屬於這種無爲的狀態，所以老子說：「上仁爲之而無以爲。」既無以爲，則不會輕易去干涉人家。可見，老子雖然內心認同仁，但絕不會將仁強加於人。

而在這一點上，孔子也是一樣的。孔子強調「己所不欲，勿施於人」〔註77〕，孔子不會將自己所厭棄的東西強加於人。那麼，孔子之「仁」會不會出於自己的主張，在推行仁政時，以我所欲而強加之於人呢？我們認爲，按照孔子仁的思想，「我所欲」也不應強施於人。爲什麼這樣說呢？《論語·公冶長》載：「子貢曰：『我不欲人之加諸我也，吾亦欲無加諸人。』子曰：

〔註73〕《論語·雍也》，程樹德：《論語集釋》第二冊，中華書局 1990 年版，第 404 頁。

〔註74〕《朱子語類》，第二冊，中華書局 1986 年版，第 643 頁。

〔註75〕《莊子·達生》，郭慶藩：《莊子集釋》第三冊，中華書局，1961 年版，第 662 頁。

〔註76〕《老子》第三十八章，《老子道德經注》上篇，《王弼集校釋》，中華書局 1980 年版，上冊，第 93 頁。

〔註77〕《論語·顏淵》，程樹德：《論語集釋》第三冊，中華書局 1990 年版，第 824 頁。

『賜也，非爾所及也。』」〔註78〕可見，孔子認爲「欲無加諸人」是一個很高的境界，非子貢之輩可以達到，所以他才會對子貢說「非爾所及也」。自己不願意被人勉強，也不應該去勉強別人，這才是符合人性自然的道德準則，這也符合老子仁的境界。正如前面所論述的，孔子之仁有著明顯的自然性和自發性，而不具有強迫性。

　　孔子嚮往老子提倡的那種「上仁」，但孔子知道，老子的「仁」，境界雖高，但不現實。所以，孔子在繼承的基礎上對之加以改造，使之更具現實意義。並用「禮」對人的行爲加以約束，借用「禮」的外殼使「仁」得以推行天下。從《論語》的許多地方，我們可以覺察到，孔子對那種最高層次的仁是非常嚮往的，但又不敢奢望。《雍也》篇載：

　　　　子貢曰：「如有博施於民而能濟眾，何如？可謂仁乎？」子曰：
　　「何事於仁，必也聖乎！堯舜其猶病諸！夫仁者，己欲立而立人，
　　己欲達而達人。能近取譬，可謂仁之方也已。」〔註79〕

表面上看來，孔子似乎認爲，只要能做到博施、濟眾，就已經遠不止是仁了，甚至是聖人了，連堯舜都難以做到。其實，這裡反映的是孔子對當時世風日下的無奈。孔子明知不可爲而爲之，汲汲於亂世，到處呼籲推行仁政而得不到實行。他已經不再奢求那種發自自然的「仁」了，只要能做到博施於民，就已是「聖」了。不管是出於自然流露的「安仁」，還是出於功利的「利仁」，或是出於壓力的「強仁」，只要是在自己想要「立」與「達」的時候能替他人想想，就算是「仁者」了。

　　《八佾》篇載子夏與孔子的對話：

　　　　子夏問曰：「『巧笑倩兮，美目盼兮，素以爲絢兮。』何謂也？」
　　子曰：「繪事後素。」曰：「禮後乎？」子曰：「起予者商也！始可與
　　言詩已矣。」〔註80〕

這裡，孔子通過對「素以爲絢」的討論，認爲本色才是最美的，進而指出發自內心的仁才是最重要的，而禮次之。所以當子夏由「繪事後素」而悟到「禮

〔註78〕　《論語‧公冶長》，程樹德：《論語集釋》第一冊，中華書局1990年版，第316
　　　　　頁。
〔註79〕　《論語‧雍也》，程樹德：《論語集釋》第二冊，中華書局1990年版，第427
　　　　　～428頁。
〔註80〕　《論語‧八佾》，程樹德：《論語集釋》第一冊，中華書局1990年版，第157
　　　　　～159頁。

後」時，孔子對他贊賞有加：「起予者商也！始可與言詩已矣。」覺得憑子夏的悟性，可以跟他討論《詩經》了。可見孔子也認為必須具有仁的真實性情，才可以討論禮的問題，否則只是虛偽的禮的表象。這與《老子》三十八章「故失道而后德。失德而後仁。失仁而後義。失義而後禮」〔註81〕關於仁義禮的層次差別認同是相通的。孔子重視仁義和禮樂的本質，而非形式，這與老子反對虛偽的禮是相通的。在《論語》中，孔子有多處表述仁義禮樂的言論，揭示了仁義禮樂的形式與內容，告誡人們不能只注重仁義禮樂的形式而忽視了仁義禮樂的內容和本質意義。如《八佾》篇說：「人而不仁如禮何！人而不仁如樂何！」〔註82〕實際上，孔子一直在探索禮樂和仁義的根本所在。前面我們談過，孔子主張仁義，但他也是反對形式的、虛假的仁義，他主張仁義出自內心，仁由己出，強調仁義的自發性和內在性。這不由得使我們想到老子對仁義禮樂的觀點，其實老子並不反對仁義禮樂的本質內容，老子也讚同發自本心的仁義，老子自己還是深諳禮學的大師。老子對仁義禮樂的自然本質的深度讚同，和對世俗形式的、虛偽的仁義禮樂的鄙薄是完全不相矛盾的。而孔子對仁義禮樂的態度，與老子對待仁義禮樂的態度在本質和方向上是一致的，只是老子似乎更超越，或者說是絕望，所以對仁義禮樂提出比較極端或過激的言辭，使人們往往誤解老子是根本就反對這些東西的。孔子對仁義禮樂是樂觀一些的，是抱有希望的，所以孔子孜孜不倦，勉強為之，雖然也反對世俗人們對仁義禮樂的利用，對徒有其表的情況而深感不安，但他還是沒有失去信心，努力推行仁義於世間，所以孔子給我們的印象是積極有為的入世形象。從《論語》的記載來看，孔子對當時的禮崩樂壞的現實深感不安，認為禮樂不行於世，是因為徒具形式而無實質內容，甚至使人們產生失望感，所以他希望能建立一種理想的禮樂制度。

發自自然本真的仁義禮樂固然是理想的，但在現實世界裏卻往往是行不通的。為了建立可行的道德標準，孔子將仁落實到了對老百姓日常生活的關心。孔子主張「敬事而信，節用而愛人，使民以時」。〔註83〕孔子認為國君治理國家，應該嚴肅認真地對待各項工作，恪守信用，節省開支，愛護老百姓，

〔註81〕 《老子》第三十八章，《老子道德經注》上篇，《王弼集校釋》，中華書局 1980 年版，上冊，第 93 頁。
〔註82〕 《論語·八佾》，程樹德：《論語集釋》第一冊，中華書局 1990 年版，第 142 頁。
〔註83〕 《論語·學而》，程樹德：《論語集釋》第一冊，中華書局 1990 年版，第 21 頁。

即使役使百姓，也要做到不誤農時。這是一種實在的仁的關懷。同時，孔子認爲憑藉刑罰和政令來管理百姓不是最好的辦法。而應該用仁義道德來引導他們，用禮教來規範他們。不應該「道之以政，齊之以刑」〔註 84〕，而應該「道之以德，齊之以禮」〔註 85〕，因爲用政治手段來治理百姓，用刑罰來整頓百姓的話，他們就只知道想方設法來免於刑戮，而不會有廉恥之心。只有通過仁德感化，並齊之以禮教，老百姓才會懂得什麼是廉恥，才會從內心歸順。

　　綜上觀之，孔子在面對現實時，已經迫不得已把「仁」的標準放得比較低了。從這裡我們可以看出，孔子遠比老子現實。老子仁的境界雖高，但畢竟只能是一種理想化的道德追求，而孔子提倡的仁境界雖然低了一些，卻落到了實處，能爲大多數人所認同和接受。

4.3　老子與中庸思想〔註 86〕

4.3.1　中庸本義

　　中庸思想是中國古代儒、道思想體系中共有的成分。鄭玄注《禮記·中庸》「君子中庸」句說：「庸，常也，用中爲常道也。」鄭玄又說：「名曰中庸者，以記其中和之爲用。庸，用也。」〔註 87〕程頤釋「中庸」說：「不偏之謂中，不易之謂庸。中者，天下之正道，庸者，天下之定理。」〔註 88〕朱熹說：「中者，不偏不倚，無過、不及之名。庸，平常也。」〔註 89〕又說：「中庸者，不偏不倚，無過不及，而平常之理，乃天命所當然，精微之極致也。」〔註 90〕可以看出：鄭玄、程頤、朱熹等人對中庸所下的定義大致相同，在他們看來，中庸即「天命所當然」的「天下之正道」和「常道」、「定理」。《中庸》開篇就說：「天命之謂性，率性之謂道，修道之謂教。道也者，不可須臾離也，可

〔註 84〕　《論語·爲政》，程樹德：《論語集釋》第一冊，中華書局 1990 年版，第 68 頁。
〔註 85〕　《論語·爲政》，程樹德：《論語集釋》第一冊，中華書局 1990 年版，第 68 頁。
〔註 86〕　本節內容已發表，見拙文《老子與中庸思想論述》，載《新視野》2007 年第 7 期，人大複印資料《中國哲學》全文轉載，2007 年第 10 期。
〔註 87〕　《禮記正義》，《十三經注疏》下冊，浙江古籍出版社 1998 年版，第 1625 頁。
〔註 88〕　朱熹：《四書章句集注·中庸章句》，中華書局，1983 年，第 17 頁。
〔註 89〕　朱熹：《四書章句集注·中庸章句》，中華書局，1983 年，第 17 頁。
〔註 90〕　朱熹：《四書章句集注·中庸章句》，中華書局，1983 年，第 17 頁。

離非道也。」〔註91〕開篇即屢屢言「道」，這使我們想起老子的「道」。老子的「道」有幾種含義，其中最主要的意思就是指客觀存在於天地之間的萬事萬物都必須遵守的宇宙總規律。作爲「天下之正道」、「常道」的中庸之道與老子這種宇宙規律之道如出一轍，本質上並無多大差異。

「中」道，即天下之正道，而「庸」則含有「平常」之意，合在一起，那就是「最平常的天下之正道」。莊子繼承老子「自然之道」的中庸原則，解「庸」爲「用」，準確地說是「永恆的平常之用」，在某種程度上，莊子就認爲，掌握了這種永恆的平常之用，就差不多達到了「道」的境界。《齊物論》說：「爲是不用而寓諸庸。庸也者，用也，用也者，通也；通也者，得也；適得而幾矣，因是已，已而不知其然謂之道。」〔註92〕意思是說，萬事萬物的不同之「用」其實都齊同在永恆的大道當中，而這種永恆的大道就是平常之用，而掌握了平常之用，就會因順自然。掌握了這種「庸」道，就找到了事物的本然。所以中庸在老莊的思想系統中，其實就是最恒常中正的自然之「道」。

中庸除了作爲一種規律性的「常道」以外，還表現爲事物一種中正的狀態。這種狀態是「中」的狀態，也是「庸」的狀態，具體的說，就是一種平常普通的、不偏不倚的中正狀態。而且這種中正狀態是多維立體的，也就是說，無論是在具體的空間位置上，還是在事物發展的時間過程上，還是在抽象的譬如人的感情的狀態上，都有一種最適度的、最能體現事物本性的狀態，這就是中庸的狀態。這是一種最能代表事物最一般的、最恰當的、最和諧、最穩定的中正狀態。只有這種狀態能代表事物的本來面目和一般特徵。老子主張「道法自然」〔註93〕，自然本眞是老子「道」的最本質的特徵，那麼自然無爲的狀態就是天地萬物的中庸狀態。

掌握了中庸的本義，作爲方法層面的中庸之道就很好理解了。在實踐層面，中庸表現爲一種不偏不倚、尊重事物本來規律的處事方法。天下萬事萬物的發展瞬息萬變，難以把握，但萬變不離其宗，這個「宗」就是該事物的中庸狀態，抓住了它，就掌握了該事物最一般的、最平常的規律。如果瞭解

〔註91〕 朱熹：《四書章句集注·中庸章句》，中華書局，1983 年，第 17 頁。

〔註92〕 《莊子·齊物論》，郭慶藩：《莊子集釋》第一冊，中華書局，1961 年版，第70 頁。

〔註93〕 《老子》第二十五章，《老子道德經注》上篇，《王弼集校釋》，中華書局 1980 年版，上冊，第 65 頁。

了事物最中正、庸常的狀態，我們在對待和處理任何事情的時候，就應該儘量順應事物的中庸狀態，這樣才符合事物的本來規律，事物才會出現和諧穩定的發展局面。所以中庸又是在瞭解和掌握了事物基本規律的基礎之上的一種中正的處事方法。人類在社會歷史發展的長河中，發現中庸的方法是處理事情最恰當和有效的方法。同樣，這種方法的適應範圍也是立體多維的，無論在空間上，還是在時間上，還是在情感等方面，中庸的方法和狀態往往都是最恰當的。所以，古往今來，中國的讀書人，都自覺不自覺地把中庸作爲自己人生處世的原則和方式，主張順應自然，反對偏激和極端的行爲。

4.3.2 中庸並非孔子和儒家的首創

中庸後來確實成爲孔子和儒家哲學中的重要概念，但準確地說，中庸並不是孔子的發明和儒家的首創。在孔子和老子以前就出現了尚中的觀念和中和的道德追求。

史料表明，早在孔子以前，中庸的觀念已經深入人心了。《論語·堯曰》載堯、舜、禹以「允執其中」的中庸做法口耳相傳：「堯曰：『咨！爾舜！天之曆數在爾躬，允執其中，四海困窮，天祿永終。』舜亦以命禹。」〔註94〕《中庸》引孔子之言稱舜：「舜其大知也與！舜好問而好察邇言，隱惡而揚善，執其兩端，用其中於民，其斯以爲舜乎！」〔註95〕說明中庸的思想觀念和方法從傳說中的堯舜禹時代就開始作爲一種美德和行爲準則而代代相傳了。孔安國《尚書序》說：「蓋《尚書》以述聖言，以明王道，以備政制，以戒後世，其一言以蔽之則曰『人心惟危，道心惟微，惟精惟一，允執厥中。』」其中「人心惟危，道心惟微，惟精惟一，允執厥中」一句出自《虞書·大禹謨》〔註96〕，即人心危險，道心隱微，必須精專於王道，執受中庸之道；「允執厥中」，就是指把握中庸這個基本的規律，使事物能正常和諧地發展與變化，對待自然是這樣，對待人也是這樣。《尚書·盤庚》也說：「各設中於乃心。」〔註97〕

〔註94〕　《論語·堯曰》，程樹德：《論語集釋》第四冊，中華書局1990年版，第1345頁。
〔註95〕　朱熹：《四書章句集注·中庸章句》，中華書局，1983年版，第20頁。
〔註96〕　《虞書·大禹謨》雖被證明爲「僞書」。但以確證今本《古文尚書》爲「剿剟」著稱的閻若璩，亦謂《大禹謨》等篇「凡晚出之古文所爲精諧之語，皆無一字無來處」（閻若璩《尚書古文疏證》卷一第八），郭店戰國楚簡中的一篇佚書（《郭簡》定名爲《成之聞之》），引用了《尚書》的《大禹謨》的一句話「余才宅天心」。那麼，《大禹謨》篇或許早在孔子和老子之前就已經有了。
〔註97〕　《尚書·盤庚》，《十三經注疏》上冊，浙江古籍出版社1998年版，第171頁。

即各自建立適中之道在心中。《尙書・酒誥》有「作稽中德」〔註98〕等。這些說法，都是從調和矛盾的意義上講的中和之德。這說明，早於孔、老之時，人們就開始遵守中道，殷商之時，統治者已經開始用這種思想來教化民眾了。作爲周朝史官的老子，對傳統史書中這種中道思想是最有體會的。

在《論語・雍也》篇，孔子自己也說：「中庸之爲德也，其至矣乎！民鮮久矣。」〔註99〕孔子感歎「民鮮久矣」，是因爲到孔子的年代，已經禮崩樂壞，君臣失位，政出諸侯，陪臣執國命，無所不用其極，社會已經遠離了和諧適度的中庸狀態，人們的所作所爲已經背離了中庸的方式，所以，孔子才會感到當時的社會已經久違了中庸之「德」。既然是「久矣」，那麼它在很久以前就開始有了。並且，從這裡也可以看出，中庸並非如有些人所理解的那樣，僅僅指一種不偏不倚的折中辦法。中庸思想有著諸如道德等層面的更深、更廣的涵義。

4.3.3 老子之道與中庸

我們認爲，孔子和儒家中庸之道的深層涵義，在很大程度上與老子的自然之道相通。甚至是有所繼承和借鑒。老子吸收了自古以來的中道思想，提倡「聖人去甚，去奢，去泰」〔註100〕；主張「高者抑之，下者舉之，有餘者損之，不足者補之」〔註101〕；主張效法天之道「損有餘而補不足」，反對「損不足以奉有餘」〔註102〕；主張「持而盈之，不如其己」〔註103〕；主張「不如守中」〔註104〕。孔子受前人（包括老子在內）中道思想的啓發，發現中庸是一種值得挖掘和提升的概念，試圖在哲學的層面對中庸進行重新的詮釋和建構，但孔子並未完成中庸的哲學建構。

〔註98〕《尙書・酒誥》，《十三經注疏》上册，浙江古籍出版社1998年版，第206頁。
〔註99〕《論語・雍也》，程樹德：《論語集釋》第二册，中華書局1990年版，第425頁。
〔註100〕《老子》第二十九章，《老子道德經注》上篇，《王弼集校釋》，中華書局1980年版，上册，第77頁。
〔註101〕《老子》第七十七章，《老子道德經注》下篇，《王弼集校釋》，中華書局1980年版，上册，第186頁。
〔註102〕《老子》第七十七章，《老子道德經注》上篇，《王弼集校釋》，中華書局1980年版，上册，第187頁。
〔註103〕《老子》第九章，《老子道德經注》上篇，《王弼集校釋》，中華書局1980年版，上册，第21頁。
〔註104〕《老子》第五章，《老子道德經注》上篇，《王弼集校釋》，中華書局1980年版，上册，第14頁。

　　前面講了，在鄭玄、程頤、朱熹等人看來，孔子所講的中庸即「天命所當然」的「天下之正道」和「常道」、「定理」。而老子「道」最主要的意思就是指客觀存在於天地之間的萬事萬物都必須遵守的宇宙總規律。作為「天下之正道」、「常道」的中庸之道與老子這種宇宙規律之道在本質上是完全相通的。

　　老子認為：「道」標誌著宇宙變化的有序性，即規律。這個世界並不是雜亂無章的，事物的運動變化遵循著各自的規律。規律的最大特徵就是具有普遍性的意義。那麼什麼狀態是事物最普遍的狀態呢？事物的中正之道就是最能代表事物本來面目的一種狀態。老子提出的作為宇宙總規律的「道」，可以理解為程頤所講的「天下之正道」；而老子的「德」是指萬物的本性，即每個事物自己的那部分規律，其實是具體事物自身的「道」。那麼，宇宙的「道」生養萬物之後，萬物又各有其自己的「道」，所以說萬事萬物的發生、發展、變化、消亡，各有自己恆定的規律，即「常道」。事物的任何運動變化遵循著這些代表普遍規律的「常道」。老子深感這種規律的不可言說，借「道路」的「道」對這種規律和運動做了大致的描述：「吾不知其名，字之曰道，強為之名曰大。大曰逝，逝曰遠，遠曰返」〔註 105〕。說到萬事萬物最一般的狀態，老子說：「夫物芸芸，各復歸其根。歸根曰靜，靜曰覆命。覆命曰常。」〔註 106〕在老子看來，「道」有兩個突出的特點，一曰「反」、二曰「常」。「反」即「返」，也就是說，「道」生萬物，然後萬物消亡之後又都復歸於「道」，這個「道」就是事物最本性的「中」的狀態。所謂「常」，是指規律這種「獨立不改，周行而不殆」〔註 107〕的自然本性，萬事萬物最終都將回到這種最本性的虛靜狀態。所以老子說：「歸根曰靜，靜曰覆命。覆命曰常。」〔註 108〕回覆到事物的本性，這才叫做「常」。萬事萬物不管如何變化，總歸脫離不了它們自身的規律，而這種規律就是一種中正、恆常的「中道」、「正道」。朱熹解釋「中庸」時說「平常之理，乃天命所當然，精

〔註 105〕《老子》第二十五章，《老子道德經注》上篇，《王弼集校釋》，中華書局 1980
　　　　年版，上冊，第 63～64 頁。
〔註 106〕《老子》第十六章，《老子道德經注》上篇，《王弼集校釋》，中華書局 1980
　　　　年版，上冊，第 36 頁。
〔註 107〕《老子》第二十五章，《老子道德經注》上篇，《王弼集校釋》，中華書局 1980
　　　　年版，上冊，第 65 頁。
〔註 108〕《老子》第十六章，《老子道德經注》上篇，《王弼集校釋》，中華書局 1980
　　　　年版，上冊，第 36 頁。

微之極致也」〔註 109〕，就是說中庸之道乃天命所成的宇宙萬物自身精微極致的規律之道。

《老子》第五章說：「天地之間，其猶橐籥乎？虛而不屈，動而愈出。多言數窮，不若守中。」〔註 110〕對其中「不若守中」一句的解釋，歷來頗具爭議。有兩種解釋比較普遍，〔註 111〕第一種觀點認爲「中」乃「沖」的闕壞，「不如守中」本應爲「不如守沖」。如陳鼓應先生引嚴靈峰「『中』字疑係『沖』字之闕壞，失去『水』旁，校者不察，遂改爲『中』」一說，把「守中」解釋爲「守沖」，表示持守虛靜的意思。〔註 112〕第二種觀點認爲「守中」即恪守中正之道，即「無爲」之道。如蔣錫昌說：「此『中』乃老子自謂其中正之道，即『無爲』之道也。三十七章『道常無爲而無不爲，侯王若能守之，萬物將自化。』『守之』即『守道』，亦即此文『守中』。『多言數窮，不如守中』言人君『有爲』則速窮，不如守清靜之道爲愈也。」〔註 113〕

我們認爲老子的「不如守中」的「中」實質上是指虛靜無爲的「中正之道」。兩者把「中」都最終解釋爲「虛靜」或者「清靜」「無爲」的狀態，有一定的道理，基本意思都一致，都符合老子的思想主旨。但把「中」解釋爲「沖」實屬臆測，不足以服人。

我們前面已經分析了，中庸的本義是指「天下之正道」和「常道」。萬事萬物的「正道」就是事物的本性，萬事萬物的「常道」就是不爲而自然的運動規律，這就是老子的「中正之道」。保持了萬事萬物的本性，恪守了萬事萬物自然的發展規律，就能夠使萬事萬物處於一種最原始本眞的、順「天命所當然」〔註 114〕的中庸狀態。那麼，老子的「不如守中」的「中」正是萬事萬物發展過程中這種最原始本眞的中庸狀態。守住了這個本性的「中」，就等於

〔註 109〕 朱熹：《四書章句集注·中庸章句》，中華書局，1983 年，第 18～19 頁。

〔註 110〕 《老子》第五章，《老子道德經注》上篇，《王弼集校釋》，中華書局 1980 年版，上冊，第 14 頁。

〔註 111〕 還有第三種解釋，將「中」釋爲「圖書」。如高亨說：「中者，簿書也……《論語·堯曰》篇：堯曰：『諮爾舜，天之曆數在爾躬，允執厥中』諸『中』字皆簿書也。國必有圖籍，圖籍者即《論語》『執中』之中，亦即《老子》『守中』之中也。老子蓋謂有國者守其圖籍而已，不必多教命也。故曰『不如守中』。」（《重訂老子正詁》，古籍出版社 1957 年版，第 15 頁。）

〔註 112〕 陳鼓應：《老子譯注及評介》，中華書局 1984 年版，第 81～82 頁。

〔註 113〕 蔣錫昌：《老子校詁》，成都古籍書店，1988 年版，據商務印書館 1937 版影印。第 37 頁。

〔註 114〕 朱熹：《四書章句集注·中庸章句》，中華書局，1983 年，第 18 頁。

掌握了事物最普遍的發展規律和狀態。所以，各注家把「守中」最後都解釋為「持守清靜」和「無為」，這是符合老子的基本思想的。

我們理解老子「不如守中」的意思時，往往容易陷入字面意義的考證而忽視了中庸思想在老子「道」中的體現。再加上人們習慣性地把中庸思想貼上儒家和孔子的標籤，從而不會把它和老子的思想聯繫在一起。如張默生，他甚至悟出：「老子則不然，他說的『中』字，是有『中空』的意思，好比橐籥沒有被人鼓動時的情狀，正是象徵著一個虛靜無為的道體。」〔註115〕但是，他沒有把這種「虛靜無為的道體」和中庸的實質聯繫起來，原因就在於他認為中庸思想只是儒家獨有。所以他在這段話的前面說：「『不如守中』的『中』字，和儒家的說法不同，儒家的『中』字是不走極端，要合乎『中庸』的道理。」〔註116〕其實，儒家的「中庸」本身就脫胎於老子普遍規律意義上的「道」，既代表了事物最普遍的狀態，也表示最能反映事物一般特徵的原初狀態。

《中庸》說：「喜怒哀樂之未發，謂之中；發而皆中節，謂之和。中也者，天下之大本也；和也者，天下之達道也。致中和，天地位焉，萬物育焉。」〔註117〕儒家把「中」視為「天下之大本」，把「和」視為「天下之達道」。其實，儒家講的「天下之大本」，無非就是老子哲學中的萬物之本——道。「中」的狀態實質上也就是老子「道」的狀態。而「天下之達道」，無非就是指天下萬物自生自息之規律，老子統稱之為「天道」。把握了這個「道」，就是「致中和」了，那麼天地就起到它們的作用了，萬物得以自然養育。從《中庸》的解釋來看，儒家之「中」與「和」的理論實質與老子的「道」並無二致。董仲舒曰：「德莫大於和而道莫大於中。」又曰：「陽之行始於北方之中而止於南方之中。陰之行始於南方之中而止於北方之中。陰陽之道不同，至於盛而皆止於中。其所始起，皆必於中。中者，天地之大極也。」〔註118〕這種「天地之大極」就相當於老子所講的先天地而生的「道」。《中庸》中提到：「誠者，天之道也；誠之者，人之道也。誠者不勉而中，不思而得，從容中

〔註115〕張默生：《老子章句新釋》，成都古籍書店，1988 年版，據東方書社 1946 年初版本影印，第 7 頁。

〔註116〕張默生：《老子章句新釋》，成都古籍書店，1988 年版，據東方書社 1946 年初版本影印，第 7 頁。

〔註117〕朱熹：《四書章句集注・中庸章句》，中華書局 1983 年版，第 18 頁。

〔註118〕《春秋繁露・循天之道》，鍾肇鵬主編：《春秋繁露校釋》下，河北人民出版社 2005 年版，1023 頁。

道，聖人也。」〔註119〕我們仔細分析這裡的「誠」的狀態，就會發現：儒家的「誠」，是遵從天道的，是本性的東西，能持有這種「不勉而中」、「不思而得」的本性的中道，就已經是聖人了。我們發現，老子心目的聖人也是這種「不思而得」、「從容中道」的「誠者」。老子思想裏面，「中」的思想已經蘊涵在他對道的闡述當中了，天道是不偏不倚的、天地萬物自身的和諧狀態，本身就是一種自然的「中」，萬物處在「中」的狀態的時候，就是最和諧穩定的時候。「中庸」的狀態是一種和諧的狀態。指的是一件事物內部存在著相互對立、相互依賴的矛盾著的兩個方面對立統一的平衡性，是事物存在、發展、變化的最平常之規律。這些，老子均以「道」統稱之。

莊子和老子一樣，也是主張持守事物「中」的標準和狀態的。要進一步理解老子的「守中」思想，我們不妨聯繫《莊子》所提到的「環中」來進行說明。《齊物論》篇說：「是亦彼也，彼亦是也。彼亦一是非，此亦一是非，果且有彼是乎哉？果且無彼是乎哉？彼是莫得其偶，謂之道樞。樞始得其環中，以應無窮。」〔註120〕莊子認為道的核心在於消解是非彼此，萬物一齊，而這個核心始終能處在是與非、彼與此無限往復循環的圓環中央，可以應付萬事萬物無窮無盡的變化。老子要守的「中」，在一定意義上可以與始終處於「環中」的「道樞」相類比，老子「道」自然無為的核心規律也蘊藏在於萬事萬物這種「中」，或者也可以稱之為「中庸」的狀態中。能始終守住「中」，就掌握了道，就可以從容應對萬事萬物無窮無盡的變化。

老子深知「物極則反」〔註121〕的道理。任何事物發展到極端，就會走向其反面。明白了這個道理，就應該持守中道。如果已經出現了極端的情況，就要用對立面來調和這種極端狀態，所以要以柔克剛，以靜制動，要知白守黑，知雄守雌，知榮守辱。所以我們認為中庸之道還可以看作是老子「物極則反」思想的延伸。只有知道了「物極則反」的道理，然後才會注意在處理事情的時候，必須把握事物的「中」，執中才不至於走到事物的反面。所以老子強調「高者抑之，下者舉之，有餘者損之，不足者補之」。〔註122〕老子認為

〔註119〕朱熹：《四書章句集注·中庸章句》，中華書局1983年版，第31頁。

〔註120〕《莊子·齊物論》，郭慶藩：《莊子集釋》上冊，中華書局1961年版，第66頁。

〔註121〕關於「物極則反」，《老子》第二十五章說：「有物混成先天地生。寂兮寥兮獨立不改，周行而不殆，可以為天下母。吾不知其名，強字之曰道。強為之名曰大。大曰逝，逝曰遠，遠曰反。」第四十章說「反者道之動」。

〔註122〕《老子》第七十七章，《老子道德經注》下篇，《王弼集校釋》，中華書局1980

「天之道損有餘而補不足」〔註 123〕，所以他認為「人之道」也應該遵循「天之道」。而當時的人之道卻根本不像「天之道」那樣去「損有餘而補不足」，相反卻是一種「損不足以奉有餘」〔註 124〕的情形。所以老子發出感歎：「孰能損有餘以奉天下？唯有道者。」〔註 125〕這裡講的「有道者」無疑指的是能夠遵循「損有餘而補不足」的「天之道」的人，能夠懂得「物極則反」的道理而能夠執守中庸之道的人。

孔子和老子一樣，都主張遵循符合萬物自然本性的中正之道，把恪守中道當作一種最佳的處事方法，所不同的是，孔子把老子這種符合天道的「守中」原則獨立為一種道德標準，從而成為孔子思想和儒家理論中的一個重要概念。《中庸》說：「仲尼曰：『君子中庸，小人反中庸。君子之中庸者，君子而時中，小人之中庸也，小人而無忌憚也。」〔註 126〕朱熹解釋說：「君子之所以為中庸者，以其有君子之德，而又能隨時以處中也。小人之所以反中庸者，以其有小人之心，而又無所忌憚也。蓋中無定體，隨時而在，是乃平常之理也。君子知其在我，故能戒謹不睹，恐懼不聞，而無時不中。小人不知有此，則肆欲妄行，而無所忌憚矣。」〔註 127〕為什麼朱熹說「中無定體，隨時而在」呢？因為「中」作為一種「常道」，它是無處不在的，也是無形無跡的。而只有具有君子之德，才可以執守中庸之道，而小人之心是無從把握中庸精義的。此外，雖然孔子和老子都講中庸之道，但是對於中庸具體的尺度還是有所區別的。老子主張順應自然而清淨無為，孔子追求克己復禮而歸仁，那麼在具體的社會行為上，判斷其是否符合中庸的原則，老子和孔子的標準肯定是會有所不同的。這種不同也許會加深人們對老子和孔子思想對立的誤解。但這絲毫不影響他們達到對中庸本義的共識和中庸原則的認同。

最後，我們覺得特別要指出，如果我們腦子裏面已經把某某思想，如中庸、仁義，如無為、隱逸，事先就規定為儒家的或者是道家的思想，那麼就

　　　　年版，上冊，第 186 頁。

〔註 123〕《老子》第七十七章，《老子道德經注》下篇，《王弼集校釋》，中華書局 1980
　　　　年版，上冊，第 186 頁。

〔註 124〕《老子》第七十七章，《老子道德經注》下篇，《王弼集校釋》，中華書局 1980
　　　　年版，上冊，第 187 頁。

〔註 125〕《老子》第七十七章，《老子道德經注》下篇，《王弼集校釋》，中華書局 1980
　　　　年版，上冊，第 187 頁。

〔註 126〕朱熹：《四書章句集注・中庸章句》，中華書局 1983 年版，第 18～19 頁。

〔註 127〕朱熹：《四書章句集注・中庸章句》，中華書局 1983 年版，第 19 頁。

會影響我們對老子和孔子思想原貌的理解。因爲事實遠遠沒有這麼簡單，任何一種思想，都不可以簡單地歸之爲儒家的或道家的東西。無論是在抽象的理論層面，還是在具體的實踐層面，老子都講求恪守中道。老子的思想體系和中庸的內在意蘊是具有同構性的。老子「道」的思想體系中已經包含了儒家中庸理論體系的全部元素，這說明，中庸的思想不但不是孔子和儒家的專利，更有可能是部分脫胎於老子的思想體系。而這種吸收和借鑒，與孔子與老子的交往是有關係的。孔子對於老子中庸的思想和原則，的確已經有了一定程度的認識和發展，但是還不夠成熟和系統化。《中庸》的成書和儒家中庸思想整個理論體系建構的最後完成，是孔子以後的事情。

　　孫以楷《道家與中國哲學》（先秦卷）一書甚至認爲，《中庸》的作者之所以能夠賦予「中庸」以清晰的本體含義，全得力於道家：

> 　　「中庸」的本體含義在孔子那裏還是很模糊的。給予「中庸」以清楚明白的本體解釋的是《中庸》：「中也者，天下之大本也；和也者，天下之達道也。」中，對立統一，是萬物之本；把握陰陽和諧，是達到大道的途徑。「中庸」合用，既指萬物之本體，亦指達到萬物本體之道的途徑。《中庸》的作者之所以能夠賦予「中庸」以毫不含糊的本體含義，全得力於道家。〔註128〕

接著，該書從五個方面分析了《中庸》所受道家之影響，主要是指老子。分析得很有道理，現摘錄如下：

> 　　（1）「中庸」概念源於道家。《老子》認爲萬物都由陰陽兩方面構成：「萬物負陰而抱陽。」陰陽雙方和諧的存在：「沖氣以爲和」，這就是中和。陰陽的和諧統一構成天地萬物之本質。此即《中庸》之「大本」、「達道」。故「中庸」源於老子的「中和」。明於此，就不難理解爲什麼《中庸》不解釋「中庸」，卻直接解釋了「中和」。

> 　　（2）《中庸》開篇第一句就是：「天命之謂性，率性之謂道。」性指人的本性，得之於天道故曰「天命」；道，指自然本性，人因順所得於天道之本性去做，即可達於天道。此種觀點全是老莊道家的觀點。順性即因順人之自然本性，不違拗、不造作，這正是《老子》所說的「法自然」，《莊子》所說的「任其性命之情」。把這麼一段綱

〔註128〕孫以楷、陸建華、劉慕方：《道家與中國哲學》（先秦卷），人民出版社，2004年版，第364頁。

領式的經典文字作爲全篇的開頭，一下子就把中庸從至高的道德標準提到天地萬物的根本，表明《中庸》作者是從道法自然的本體論高度去闡釋中庸的，也是從天道本體論的高度去闡釋人性和人的道德修養的。

（3）實現中和——「致中和」——即可以「天地位焉，萬物育焉」，守道可以使天地萬物有序生長、并育不悖，這完全是老子的觀點。《老子》強調「守中」，「守中」即「致中和」，也即「致虛極，守靜篤」，其結果是「萬物並作」。在《論語》中，孔子除了「天何言哉，萬物生焉」一句外，言及天地萬物生長並育之道的内容，再也見不到。而在《老子》中，此類内容則很多。

（4）《中庸》認爲道的存在狀態是「莫見乎隱，莫顯乎微」，《老子》說「道隱無名」，道在隱晦中存在，卻是最光明的。《中庸》把老子的這一意思表述爲「君子之道費而隱。」道既廣大（費）又精微（隱）。《老子》說過「衣養萬物而不爲主，可名爲小；萬物歸焉而不爲主，可名爲大。」《管子·心術》中也說道「其大無外，其小無内。」《中庸》體會道家的這一意思，指出「君子語大，天下莫能察；語小，天下莫能破焉。」

（5）《中庸》認爲道是普遍的存在。道是天道，但也存在於人之中，所以「道不遠人」。而且從時間上說：「道也者，不可須臾離也。可離，非道也。」因此，道又是永恆的存在。道是永恆的，這也是老子的基本觀點而孔孟基本上沒有論及。《老子》說：「道乃久，沒身不殆」、「自古及今，其名不去」、「獨立而不改，周行而不殆」、「常德不離」。《中庸》特別強調「道不遠人」，似含有從老子偏重天道轉向偏重人道之意，這也是《中庸》從引述道家之道轉向儒家人道、人性及人的道德修養及行爲規範的轉折點。所以從第二章至第十九章，《中庸》即大量引述孔子對「中庸」作爲人的道德理想的論述，置於第一章關於「中庸」本體論總綱的提挈之下，並作爲對天地萬物之大本達道的中庸之道的展開和支撐。天下合一的宇宙觀和引天道以明人事的道家思維方式在《中庸》結構安排上表現得十分清楚。〔註 129〕

〔註 129〕孫以楷、陸建華、劉慕方：《道家與中國哲學》（先秦卷），人民出版社，2004

綜合起來，孫先生等人認爲「中庸」在基本概念、本體論、實現途徑、存在狀態和運動方式等方面都直接脫胎於老子的思想。可見，老子的思想體系和中庸的內在意蘊是具有同構性的。從這裡我們可以看出，老子思想體系中已經包含了儒家中庸理論體系的全部元素，這說明，中庸的思想體系不但不是儒家的專利，更有可能是脫胎於老子的思想體系。而這種吸收和借鑒，從孔子與老子的交往之時就已經開始了。當然，我們也並不否認孔子從當時的文化典籍中直接吸收這些思想的可能，但是既然孔老之間有著這種交往關係，那麼，我們說孔子關於中庸的思想部分來源於老子，也是情理之中的事情。孫以楷先生上面關於《中庸》與道家思想關係的分析更加證明，孔子中庸思想部分源於老子這一點是有所依據的。

按照孫先生的觀點，《中庸》的作者顯然是孔子的後學，孔子當時對中庸思想的理論建構還未有《中庸》作者成熟。我們可以這樣設想，孔子見老子之時，可能還尚未見到《老子》之書，只是與老子的言談交往中對中庸的思想有所感悟和啓發，而《中庸》作者就很有可能見到《老子》一書了。如果可以確定是子思作《中庸》的話，我們可以認爲是子思借用了《老子》的理論框架完成了儒家自己關於中庸的本體論構建。所以才會出現如此多的相通之處。關於這種可能，孫以楷先生有一段論述：

> 孔子行年五十有一未聞天道，於是南之沛向老子請教天道，此後發憤學《易》至韋編三絕。晚年的孔子可能對天道有一定悟解，但很少談論，是否形成系統的天道觀，就無從探知了。給予經驗的感性的儒學以內在的人之心性依據，給予人之心性以超驗的形而上的本體依據，這是孔子晚年的追求，卻是由《易傳》、《孟子》、《中庸》、《大學》來實現的。孔子已經提出了中庸至德，只要再把推己及人的中庸推己及物，就可以達道。至德已經近道，天道在孔子那裏似乎已經呼之欲出了，可惜他功虧一簣。《中庸》在前半部深化發展孔子的中庸至德說，在後半部深化發展孟子的「誠者天之道」，分別把中庸、誠都提到本體的高度。道、誠、中庸、都成了本體範疇，這是說不通的。爲什麼會造成這種理論上的混亂呢？這是因爲《中庸》作者一方面雖以開放心態吸收異己學說精華，從道家那裏接受了道的至上性、絕對性的影響，另一方面依然固守門戶不甘心以道

年版，第364～366頁。

家之道作爲自己學派學說的最高範疇。於是孟子與《中庸》相繼高唱「誠者天之道」，直接揭示天道的實在性眞實無僞性並以之作爲儒學自己的最高本體論範疇。《中庸》又進而努力溝通誠與中庸的關係。它説：「唯天下至誠，爲能經綸天下之大經，立天下之大本，知天地之化育。」天下之大經大本即中，天地萬物之化育即和（和實生物）。可見，誠是中庸的内質，因爲至誠之人可以「不勉而中」、「從容中道」。從孔子的至德中庸，到孟子的誠，再到《中庸》的天道中庸，儒家算是構造了自己的本體論。但這一過程，始終浸染著道家的道本體論影響。〔註130〕

道家對儒家中庸的影響，我們認爲確實是存在的。但是，我們並不認爲儒家的中庸思想就僅僅來自老子和道家。我們強調儒道文化的同源性，共同的文化和思想源頭，當然也包括了中庸的成分。所以，我們談到中庸之於孔老的時候，應該有這麼一種認識，一方面，在老子思想裏頭，有著中庸的元素，這有可能是孔子和後來的儒家中庸思想的重要來源；但另一方面，孔子的中庸思想，除了對老子思想的反響之外，也有來自老子以前文化的影響。老子和孔子思想出現諸如中庸這些相通的現象，進一步說明了老子和孔子繼承的是相同的文化傳統，而在老子和孔子的時代，儒道的分別是不明顯的。至於後儒，例如宋明儒者，對中庸的理解和闡發，則更多是一種儒道兼採的情況，因爲他們既讀《論語》，又讀《老子》，也許他們自己也無法完全說清楚他們是在還原孔孟儒學，還是在以道補儒。

〔註130〕孫以楷、陸建華、劉慕方：《道家與中國哲學》（先秦卷），人民出版社，2004
　　　　年版，第 369～370 頁。

第5章　孔子的「道家」思想

　　從某種程度上可以說，孔子創立了儒家學派。但是，在孔子的時代，卻沒有真正意義上的儒家學派和所謂「儒家」的典型特徵。換句話說，儒家學派的興起和儒家意識的強化是孔子以後的事情。孔子只是當時眾多思想家當中的一員，他的思想在後世被歸納和分類為儒家的思想，孔子和他的學生們被稱為「儒家者流」。在春秋戰國時期，許多思想家對於人生世事都有著共同的關懷和近似的社會觀點，孔子和老子就是當時許多思想家中的兩位。老子的思想被後世稱為「道家」的思想，孔子的思想在後世被稱為「儒家」的思想，其實在他們自己那裏，是無所謂「道家」或者「儒家」的。

　　老子略早於孔子，在時代背景上是大致相同的，他們都是思考社會和人生的智者，相同的社會背景，必然會出現許多相通的思想。更何況，孔子與老子曾經有過密切的師生交往。在他們的交往當中，作為老師和年長者的老子，對作為學生和年輕人的孔子在思想上有一定程度的影響，這是情理之中的事情。在孔子的思想中，有著許多老子思想的痕跡。按照漢代的說法，這些老子式的思想就是「道家」的思想。

　　我們這一章的標題是孔子的「道家」思想。之所以將「道家」打上引號，是因為我們認為在孔子的時代是沒有真正意義上的「道家」和「儒家」的，或者說，在老子和孔子的時代，儒家和道家是沒有真正分開的。把老子稱為「道家」，把孔子稱為「儒家」，這是漢代人的分類。這樣的分類固然是有一定道理的。但這種劃分在很大程度上放大了老子和孔子思想的區別，把他們的差異絕對化了，有了所謂的「道家」和「儒家」的定義，孔子就稱為儒家的典型了，而老子就成了道家的典型。他們的相通之處就越來越被人們所忽

視了。

5.1 老子「道」與孔子「道」

毫無疑問，「道」是老子思想體系中的最高概念，也正因為這樣，老子及其學派被漢代人命名為「道家」。

但是，如果我們仔細研究孔子的思想，我們會發現，「道」的概念在孔子和儒家的思想體系中也有大量的出現，並且也是一個最高層次的概念。孔子說「朝聞道，夕死可矣。」〔註1〕後儒更是經常提到「道」，重視所謂的「道統」。例如，《禮記‧中庸》篇說：「道也者，不可須臾離也，可離非道也。」〔註2〕唐代的大儒韓愈有《原道》篇，宋代大儒朱熹有「道中庸」的說法，以至於學者把宋代的理學稱為「道學」〔註3〕。

我們在這一節想要說明的是：「道」雖然是老子哲學和道家學派思想的重要標誌，但「道」的概念和稱謂不專屬於老子和道家。孔子結合春秋以前的文化傳統，繼承和發展了老子的「道」。

5.1.1 在老子以前，就有了「道」的概念，老子對以前的「道」進行了總結和提升

長期以來，學術界比較普遍的認為，「道」作為一個哲學範疇的出現應當始自老子。其實這是一種誤解。在老子以前，就有了「道」的概念。

在老子所處的時代，「道」已經成為一種廣為流傳的提法，同時也是比較容易被當時的人們接受的一種提法。正是基於這麼一個背景，老子選擇了「道」這個概念來建構他全部的理論。

「道」的本意就是道路。如許慎《說文解字》的解釋，「道」即人「所行道也」，「從行從首，一達謂之道。」〔註4〕我們要到達某一個地方，必須通過某一條道路。同理，我們要解決某一個問題，必須遵循某一條規律，按照某一種方法和原則才能實現目標。由此，「道」有了規律、原則或者方法等更加

〔註1〕 《論語‧里仁》，程樹德：《論語集釋》，第一冊，中華書局1990年版，第244頁。
〔註2〕 《禮記‧中庸》，朱熹：《四書章句集注‧中庸章句》，中華書局1983年版，第17頁。
〔註3〕 如美國漢學家 Hoyt Tillman（田浩）等人，均堅持稱朱熹理學為「道學」。
〔註4〕 段玉裁：《說文解字注》，上海古籍出版社1988年版，第75頁。

豐富的含義。

　　「道」最早出於何時？

　　據考證，目前我們見到的最早的「道」字，是出現在西周早期的金文中。有學者稱，金文中已確認有「道」字，而且不止一處。例如，西周時的《貉子卣》上就有「道」字，由「行」與「首」兩個部分組成。《散盤》上也有「道」字，由「行」、「首」、「止」三個部分組成。金文中的「道」字，一般是「道路」的意思。〔註 5〕

　　在傳世的文獻中，「道」的出現也頗早。「道」在《詩經》中就開始頻繁出現；《尚書》中有「恭默思道」、「天有顯道，厥類惟彰」、「無道」、「有道」、「道洽政治，澤潤生民」等說法；《左傳》說「所謂道，忠於民而信於神也」〔註 6〕、「救災恤鄰，道也」〔註 7〕、「大德滅小怨，道也」〔註 8〕，還有「無道」、「不道」、「取憂之道」、「存亡之道」、「忠信卑讓之道」、「親之道」、「朋友之道」、「天之道」等說法，出現「道」字 150 次；《國語》中有「長眾使民之道」、「順之道」、「亡之道」、「鬼道」、「人道」等說法，出現 60 次以上。〔註 9〕

　　可見，在老子的時代以前，人們就開始頻繁地使用「道」這個詞語來表達「道路」以外的一些意思。那麼，我們可以說，在老子和孔子所處的時代，「道」已經成為一種很普遍、很容易令人接受和理解的一個詞語，正是基於這麼一個背景，老子選擇「道」作為最高概念和核心思想，進行全面的思考和詮釋，並建構了他的道家思想系統。所以，《老子》開篇即說：「道可道，非常道。」〔註 10〕認為道是產生萬物的本源：「道生一，一生二，二生三，三生萬物。」〔註 11〕

〔註 5〕　參見宮哲兵：《唯道論的創立》，《哲學研究》2004 年第 7 期

〔註 6〕　《左傳‧桓公六年》，楊伯峻：《春秋左傳注》第 1 冊（修訂本），中華書局 1990 年版，第 111 頁。

〔註 7〕　《左傳‧僖公十三年》，楊伯峻：《春秋左傳注》第 1 冊（修訂本），中華書局 1990 年版，第 245 頁。

〔註 8〕　《左傳‧定公五年》，楊伯峻：《春秋左傳注》第 4 冊（修訂本），中華書局 1990 年版，第 1553 頁。

〔註 9〕　參見孫熙國《先秦哲學的意蘊——中國哲學早期重要概念研究》，華夏出版社 2006 年版，第 14～17 頁。

〔註 10〕《老子》第一章，《老子道德經注》上篇，《王弼集校釋》，中華書局 1980 年版，上冊，第 1 頁。

〔註 11〕《老子》第四十二章，《老子道德經注》下篇，《王弼集校釋》，中華書局 1980

　　有學者考證說：「《詩經》中以『道』寓理，『道』開始與其本義分離。《尚書》中的『道』則滲入了好惡、正直、法則、理義等含義。《左傳》、《國語》中社會規律、人倫法則、自然規律逐漸向『道』融合，『道』向哲學範疇的昇華和抽象可以說已經完成。老子的貢獻則是在此基礎上把『道』由一個哲學範疇明確上升和抽象為一個攝統宇宙和人生的最高本原或本體概念。」〔註12〕這是很有道理的。

　　我們可以說，是老子第一次對「道」進行全面的思考和提升，把「道」上升為一個統領天地萬物的概念，形成系統的「道」論。但嚴格的說，賦予「道」的哲學意義並非始於老子，這裡面顯然有個對「道」的傳承和發展的問題。

5.1.2 老子「道」的含義

　　我們說，老子第一次把「道」上升為一個統領宇宙和人生的概念，形成了系統的「道」論。那麼，老子說的「道」究竟指什麼呢？

　　熊鐵基先生在《中國老學史》中總結學界的觀點說：

> 《老子》的「道」究竟是什麼意義？比較一致的看法是，有幾個方面的意義。首先是作為天地萬物的根源，其次是講事物發展的規律，第三就是講生活的準則，屬於倫理道德的範圍。……道是天地萬物的本原，這一點是確定無疑的。〔註13〕

關於老子的「道」到底指什麼，學界的觀點並未統一。主張老子是唯心主義者的學者認為老子的「道」是精神性的，是能夠產生萬物的根源；而主張老子是唯物主義者的學者認為老子的「道」是細微物質性的、能夠產生萬物的根源。但有一點是相同的，都承認道是產生萬物的根源，也都承認道是宇宙的總規律。

　　張松輝先生說：「我們認為道就是萬物總規律及由此引申出的原則、道理、方法等等。道的本義是道路，我們從某地到某地，必須通過某一條路。同樣的道理，我們辦事要想達到某一種目的，必須通過某一種方法、原則。

　　　　年版，上冊，第 117 頁
〔註12〕孫熙國《先秦哲學的意蘊——中國哲學早期重要概念研究》，華夏出版社 2006 年版，第 11 頁。
〔註13〕熊鐵基等：《中國老學史》，福建人民出版社 1995 年版，第 29 頁。

於是在詞匯相對貧乏的古代，道就由『道路』義引申出另一種含義，那就是規律、原理、原則等等。老子反覆說明，道是確實存在、眞實可信的，但又沒有意識、沒有形象。人們可以意識到它的存在，但又無法用眼睛等感官去感知它。這種看不見、摸不著而又眞實存在的道，當然只能是一種非物質性的東西。而在許多篇章中，老莊都反覆講人可以學道，可以得道，這就進一步證明道不是物質的，而是一種具有可學內容的規律、原則。」〔註14〕

　　縱觀《老子》一書，我們認爲，老子的「道」至少可以有四個方面的含義。

　　第一層含義：宇宙萬物的本源。

　　老子認爲，「道」是先於天地，在宇宙萬物產生之前就獨立存在的，有了「道」才產生了宇宙。老子這樣描述作爲宇宙本源的「道」：「有物混成，先天地生。寂兮寥兮，獨立而不改，周行而不殆，可以爲天地母。吾不知其名，字之曰道，強爲之名曰大。」〔註15〕而這種作爲宇宙本源的「道」，它又是混沌而不可名狀的：「道之爲物，惟恍惟惚。惚兮恍兮，其中有象；恍兮惚兮，其中有物；窈兮冥兮，其中有精；其精甚眞，其中有信。自今及古，其名不去，以閱眾甫。」〔註16〕有了這種先於天地的「道」之後，便能：「道生一，一生二，二生三，三生萬物。」〔註17〕所以，老子對這種生育萬物的「道」是非常景仰的，他讚歎「道者萬物之奧」〔註18〕、「淵兮，似萬物之宗」、「吾不知誰之子，象帝之先。」〔註19〕又說「萬物恃之而生而不辭，功成而不名有。衣養萬物而不爲主」〔註20〕。

　　第二層含義：萬事萬物本身的規律。

〔註14〕張松輝：《老子研究》，人民出版社 2006 年版，第 110 頁。
〔註15〕《老子》第二十五章，《老子道德經注》上篇，《王弼集校釋》，中華書局 1980 年版，上冊，第 63 頁
〔註16〕《老子》第二十一章，《老子道德經注》上篇，《王弼集校釋》，中華書局 1980 年版，上冊，第 52〜53 頁
〔註17〕《老子》第四十二章，《老子道德經注》下篇，《王弼集校釋》，中華書局 1980 年版，上冊，第 117 頁。
〔註18〕《老子》第六十二章，《老子道德經注》下篇，《王弼集校釋》，中華書局 1980 年版，上冊，第 161 頁
〔註19〕《老子》第四章，《老子道德經注》上篇，《王弼集校釋》，中華書局 1980 年版，上冊，第 10 頁。
〔註20〕《老子》第三十四章，《老子道德經注》上篇，《王弼集校釋》，中華書局 1980 年版，上冊，第 86 頁。

《老子》一書中的「道」，很多地方是用來指規律。「道」生萬物之後，萬物之中又各有其自己的「道」，即萬事萬物的發生、發展、變化、消亡，各有自己的規律。老子認爲：「道」標誌著宇宙變化的有序性，即規律。這個世界並不是雜亂無章的，事物的運動變化遵循著普遍性的規律，事物之間有著相互依存和相互轉化的關係。老子借「道路」的「道」對這種規律和運動做了描述和定義。《老子》二十五章說：「吾不知其名，字之曰道，強爲之名曰大。大曰逝，逝曰遠，遠曰反。」〔註21〕「反」即「返」，也就是說，「道」生萬物，然後萬物死滅又都復歸於「道」。《老子》十六章說：「夫物芸芸，各復歸其根。歸根曰靜，靜曰覆命。覆命曰常。」〔註22〕所謂「常」，是指這種規律「獨立而不改，周行而不殆」的自然性、客觀性。

第三層含義：政治、人倫之「道」。

1、作爲一種符合天道特徵的、理想的社會規範的「道」。

《老子》一書，很多地方，老子都從作爲宇宙本源的自然之「道」和「天之道」出發，推及「人之道」、國家治理之道、社會之道，倡導建立一種符合自然、無爲、清靜這種具有「天道」特徵的人之道、社會之道，希望建立一種理想的社會。

張岱之先生談到老子的「天道」與「人道」時說到：「他提醒人們，世界的各種對立現怎樣才能不傷及人類社會和人自身？他主張將『天道』的自然特徵運用於人事，使施政者具備『柔弱』、『無爲』的品格和風貌：淳樸、純潔、不自以爲是、不固執己見、不擾民、以百姓之心爲心等等。這經過『天道』浸潤的『人道』才能立於不敗之地。」〔註23〕

老子主張的「人之道」，在本質上是一種符合自然人性的，尊重百姓的生存選擇的「仁」道。與老子思想體系中的「道法自然」的核心原則相一致，老子提倡一種超世俗的、符合自然之道的仁。老子所主張的仁發自本眞，是一種天性的自然流露，不具有任何強迫或虛僞的成分。我們認爲，這是老子「道」的一個最終落腳點。

〔註21〕《老子》第二十五章，《老子道德經注》上篇，《王弼集校釋》，中華書局1980年版，上冊，第63～64頁。

〔註22〕《老子》第十六章，《老子道德經注》上篇，《王弼集校釋》，中華書局 1980年版，上冊，第36頁。

〔註23〕張岱之：《先秦哲學關於「天道」與「人道」問題》，人民日報2000年5月11日第11版。

　　老子並不是一個真正的隱者，他是關注現實和社會的，他關於道的理論，表面上談的更多的是天道，其實他最終要實現的是一種遵循自然本性、清靜無爲的人道，這種人道也是一種仁道。雖然這種仁道是一種理想化的社會道德倫理規範，但它對孔子有很大的啓發。我們在其他章節討論過，孔子的仁道在一定程度上就是基於老子這種理想化的仁道發展而來的，所以孔子特別強調仁的自然性和自發性，只是孔子對老子的仁做了符合社會現實的讓步和改造。

　　2、一種生存處世之道：

　　《老子》八章說：「上善若水。水善利萬物而不爭，居眾人之所惡，故幾於道。」〔註 24〕意思是說，一個人處世如果像流水一樣，順其自然而處於低位，「居眾人之所惡」，那麼這個人的思想境界就已經接近「道」的境界了。在老子看來，處下、不爭是最好的生存辦法。

　　《老子》九章提到：「持而盈之，不如其已。揣而銳之，不可長保。金玉滿堂，莫之能守。富貴而驕，自遺其咎。功遂身退，天之道。」〔註 25〕主張做人應該韜光養晦，不要顯山露水，不要驕奢淫逸，不要居功自傲。

　　諸如此類的例子還很多，《老子》二十二章所說的：「夫唯不爭，故天下莫能與之爭。」〔註 26〕這就是老子處世之道最具有代表性的一種體現。

5.1.3 孔子「道」和老子「道」的比較

　　孔子也很重視「道」的概念。下面重點談談孔子之「道」和老子之「道」的一些共通之處。

　　1、孔子和老子一樣，把「道」視為自己思想體系的最高概念

　　「道」的概念在孔子和儒家的思想體系中也大量的出現，並且也是一個最高層次的概念。如《周禮・天官・太宰》篇說：「儒以道得民。」〔註 27〕再如，僅《論語》一書，「道」的使用就達 60 多處。《里仁》篇說：「朝聞道，

〔註 24〕　《老子》第八章，《老子道德經注》上篇，《王弼集校釋》，中華書局 1980 年版，上冊，第 20 頁。

〔註 25〕　《老子》第九章，《老子道德經注》上篇，《王弼集校釋》，中華書局 1980 年版，上冊，第 21 頁。

〔註 26〕　《老子》第二十二章，《老子道德經注》上篇，《王弼集校釋》，中華書局 1980 年版，上冊，第 56 頁。

〔註 27〕　《周禮注疏》卷二，《十三經注疏》，浙江古籍出版社 1998 年版，第 648 頁。

夕死可矣。」〔註28〕可見，「聞道」在孔子看來，是多麼高的一種境界。孔子和弟子的生活準則是「志於道，據於德，依於仁，游於藝」。〔註29〕孔子認為人生進退行隱皆以道為準則：「天下有道則見，無道則隱。」〔註30〕「邦有道，則仕；邦無道，則可卷而懷之。」〔註31〕人生的貧富榮辱觀念也直接與道相關：「邦有道，貧且賤焉，恥也；邦無道，富且貴焉，恥也。」〔註32〕

　　當然，在內容上，孔子的「道」和老子的「道」不完全一致。老子的「道」涵括了一切，從「天道」到「人道」，從規律之道到方法之道，從宇宙生成之道到為人處世之道，是一個全方位的「道」的理論體系。而孔子的「道」，涵蓋的內容要相對集中一些，以人道為主，強調一種社會道德層面的規定和境界。

2、孔、老論「道」都是由「天道」而「人道」

　　老子哲學談天道的目的，就是要讓人道效法天道，做到清靜無為，符合自然規律。老子之道，從天道出發，提出了人道的傚仿模式，指出了人道改造的方向。對於這種傾向，侯外廬先生曾經從哲學方法論的角度進行過闡述：「把絕對自然秩序引用到絕對社會秩序的抽象認識，是《老子》的基本方法論。」〔註33〕

　　如《老子》第七十七章說「天之道，損有餘而補不足」，接著，馬上又說：「人之道則不然，損不足以奉有餘。」〔註34〕老子以自然無為的天道作指導原則，很快將要表達的重點落到了人道。所以他要求為政者實行統治時必須遵循天道自然無為的規律。做到「高者抑之，下者舉之，有餘者損之，不足者補之。」〔註35〕統治者進行統治時順從天道，方能達到「我無為而民自化，

〔註28〕 《論語·里仁》，程樹德：《論語集釋》，第一冊，中華書局 1990 年版，第 244 頁。
〔註29〕 《論語·述而》，程樹德：《論語集釋》，第二冊，中華書局 1990 年版，第 443 頁。
〔註30〕 《論語·泰伯》，程樹德：《論語集釋》，第二冊，中華書局 1990 年版，第 540 頁。
〔註31〕 《論語·衛靈公》，程樹德：《論語集釋》，第四冊，中華書局 1990 年版，第 1068 頁。
〔註32〕 《論語·泰伯》，程樹德：《論語集釋》，第二冊，中華書局 1990 年版，第 540 頁。
〔註33〕 侯外廬、趙紀彬、杜國庠：《中國思想通史》第一卷第 301 頁，人民出版社 1957 年版。
〔註34〕 《老子》第七十七章，《老子道德經注》下篇，《王弼集校釋》，中華書局 1980 年版，上冊，第 186 頁。
〔註35〕 《老子》第七十七章，《老子道德經注》下篇，《王弼集校釋》，中華書局 1980 年版，上冊，第 186 頁。

我好靜而民自正，我無事而民自富，我無欲而民自樸」〔註36〕的理想狀態。

和老子一樣，孔子也將天道作爲其理論的出發點。孔子對無爲而萬物自成的天道也是十分看重的。《禮記・哀公問》載：「公曰：『敢問君子何貴乎天道也？』孔子對曰：『貴其不已，如日月東西相從而不已也。是天道也。不閉其久，是天道也。無爲而物成，是天道也。已成而名，是天道也。』鄭玄注：「無爲而成，使民不可以煩也。」孔穎達疏：「無爲而物成是天道也者，言春生、夏長無見天之所爲而萬物得成；是天道，謂人君當則天道以德潛化，無所營爲而天下治理，故云是天道也。」〔註37〕可見，在孔子眼裏，天道是永恆的，是自然無爲的，這和老子的認識是一樣的。鄭康成和孔穎達的注疏更是直接把孔子談論天道的最終目的給點出來了，那就是：「人君」在「使人」時，必須「則天道」，要簡約無爲，「不可以煩也」。孔子曾經發出「天何言哉？四時行焉，百物生焉，天何言哉」〔註38〕的感歎，把四時運行、百物生長看作是天道的自然發展規律。

老子之道，從天道出發，提出了人道傚仿天道的模式，指出了人道改造的方向。和老子一樣，孔子也從天道出發，但孔子更多地將對天道的理解轉移到對人道的運用上來。孔子在將這種「無爲而物成」的天道落實到人君的「使民」之人道時，強調要「爲政以德」〔註39〕，那就直接將天道落實到了「仁」與「德」的人道。

孔子繼承了老子的道，並且把道側重於人道，落實爲仁與德。人們常認爲道家重天道而儒家重人道，就是這個原因。其實，老子和孔子都重視人道，只是孔子又向前邁出了一步，並進一步落實了老子的思想。

老子的道涵括的是天、規律與人，孔子的道更多是指人道。那麼，我們可以問這樣一個問題：爲什麼孔子只對其人道的一方面感興趣並加以發展呢？

我們認爲這個問題非常重要。這裡產生了儒道文化的眞正分歧。孔子的這種選擇基於孔子對社會的認識和現實關注。孔子向老子請教的問題大致限

〔註36〕《老子》第五十七章，《老子道德經注》下篇，《王弼集校釋》，中華書局 1980 年版，上冊，第 150 頁。

〔註37〕《禮記正義》卷五十，《十三經注疏》下冊，中華書局 1980 年版，第 1612 頁。

〔註38〕《論語・陽貨》，程樹德：《論語集釋》第四冊，中華書局 1990 年版，第 1227 頁。

〔註39〕《論語・爲政》，程樹德：《論語集釋》第一冊，中華書局 1990 年版，第 61 頁。

於政治人倫的範圍，他對於老子講的宇宙、自然之道似乎並無多大興趣。孔子認為空談天道無益於解決禮崩樂壞、社會動盪的現實問題。所以孔子將他學說定位於人學，他於老子處所學習的也無非就是諸如「仁」、「禮」這一些關於政治人倫的內容。並且，孔子將他們空前地強化、大力推廣，「知其不可為而為之」，以求解決現實的社會問題。儒家對社會、國家諸如「天下興亡、匹夫有責」的強烈的社會使命意識也恰恰源於孔子對老子之道的這種選擇性繼承。

我們不應該人為的強化老子道作為宇宙本體論的一個方面。老子之道固然有作為宇宙本體之道的方面，但老子所關注的更多的是人道和社會之道，或者說，老子是從天道談起，落腳點和真正的意圖是在於人道和治國安民之道的。

老子討論天道多還是人道多？學界意見不一。尹振環先生根據他對帛書和簡本《老子》的研究，認為《老子》所關注的是人道而非天道：

> 簡本、帛書《老子》所關注的「道」，並非宇宙與萬物生成之道，也不是什麼形而上之道，這是由他們生活的時代和他們史官這種職責所決定了的。他們最關注的是君道、政道，（而）規律之道、宇宙本體之道，只不過是稍帶提及。〔註40〕

我們很讚同尹先生的觀點。老子確實最關注的是人事之道，而非天道。但我們認為老子談天道並非只是稍帶提及，而是刻意提出的。老子談規律之道和宇宙本體之天道是為了先樹立一個理論前提，由此切入自己的主題思想，談論君道和政道，這是一種有意的安排。

3、在「人道」的層面上，孔、老之道實質都是仁道

孔子所有思想的核心就是「仁」。「道」在孔子這裡，抽象地說，是一種超乎世俗的、理想化的、最高層次的社會倫理追求。孔子講的「道」，說到底就是一種「仁」道。孔子一生就汲汲於「志於道，據於德，依於仁，游於藝」。〔註41〕甚至認為「朝聞道，夕死可矣」〔註42〕；具體地說，「道」的內容在孔子這裡是「仁」與「德」，君主有德、行仁政，即是「有道」。

從這一點來說，孔子的仁「道」與老子的「人之道」是有著很強的相似

〔註40〕尹振環：《楚簡老子辨析》，北京：中華書局2001年版，第102頁。
〔註41〕《論語·述而》，程樹德：《論語集釋》第一冊，中華書局1990年版，第443頁。
〔註42〕《論語·里仁》，程樹德：《論語集釋》第一冊，中華書局1990年版，第244頁。

之處的。

　　老子的「人之道」也是一種「仁道」。

　　全面考察《老子》，我們發現老子不但不反對仁，而且對仁有更高、更理想化的追求。同道法自然的思想一致，老子強調仁的自然性。自然，就是指事物本來的樣子。他認爲，仁的品德是一種天性的自然流露，不應該具有任何強迫或虛僞的成分。而這種境界的仁是一種理想化的道德標準。

　　老子仁的標準很多時候體現在他對道和德的表述當中。老子認爲：「人法地，地法天，天法道，道法自然。」〔註43〕既然他認爲天地萬物都要法自然，那麼仁也就應該法自然。仁，只能是出於自然之流露，而不能帶有強迫性，或者勉強爲之，更不能具有虛僞性。道生養萬物而不佔有，不居功，不讓人感覺到是它的恩惠，這其實就是一種高境界的大仁。所以老子說：「故道生之，德畜之。長之、育之、亭之、毒之、養之、覆之。生而不有，爲而不恃，長而不宰，是謂玄德」。〔註44〕這種「生而不有，爲而不恃，長而不宰」的「玄德」其實就是老子所追求的仁的道德狀態。老子所追求的仁是一種「萬物恃之而生而不辭，功成不名有。衣養萬物而不爲主」〔註45〕的境界。這種仁是沒有任何目的和企圖的自然流露，道生養萬物是一種自然、眞實的愛。老子把這種符合大道的大仁推及至社會人生，所以他心目中的仁者是不圖回報的、不居功自大的——「是以聖人爲而不恃，功成而不處，其不欲見賢」；〔註46〕是心懷百姓、眞誠待人的——「聖人常無心，以百姓心爲心」；〔註47〕是不計恩怨，無所偏袒的——「善者吾善之，不善者吾亦善之」〔註48〕，甚至能做到「報怨以德」〔註49〕。

〔註43〕《老子》第二十五章，《老子道德經注》上篇，《王弼集校釋》，中華書局 1980 年版，上冊，第 65 頁。

〔註44〕《老子》第五十一章，《老子道德經注》下篇，《王弼集校釋》，中華書局 1980 年版，上冊，第 137 頁。

〔註45〕《老子》第三十四章，《老子道德經注》上篇，《王弼集校釋》，中華書局 1980 年版，上冊，第 86 頁。

〔註46〕《老子》第七十七章，《老子道德經注》下篇，《王弼集校釋》，中華書局 1980 年版，上冊，第 187 頁。

〔註47〕《老子》第四十九章，《老子道德經注》下篇，《王弼集校釋》，中華書局 1980 年版，上冊，第 129 頁。

〔註48〕《老子》第四十九章，《老子道德經注》下篇，《王弼集校釋》，中華書局 1980 年版，上冊，第 129 頁。

〔註49〕《老子》第六十三章，《老子道德經注》下篇，《王弼集校釋》，中華書局 1980

所以說，老子的「人之道」實質上也是一種「仁」道。孔子對此有所繼承和發展。孔子嚮往老子提倡的那種「至仁」、「玄德」，但孔子知道，老子的「仁」道，境界雖高，但不現實，孔子自己也深感「道」之難行。所以，孔子在繼承的基礎上對之加以改造，使之更具現實意義，這就有了儒家所主張的仁道，並且用「禮」對人的行爲加以約束，借用「禮」的外殼使「仁」道得以推行天下。

孔子「道」的理論框架和內容實質均有老子自然之道的痕跡，而且是很深的痕跡。除了以上分析的情況之外，孔子「道」和老子「道」在其他含義層面還有許多相通之處，例如，作爲爲人處世之道，孔子和老子一樣都主張處下、不爭。我們將在後面專闢章節討論孔子的老子式處世原則。

5.2 孔子與「無爲」

「無爲」無疑是老子和道家學派的典型話語，而無爲和出世往往被一般人認爲僅僅是老莊的主張。相反，孔子和儒家則通常被認爲是有爲和入世的。歷代的儒家士大夫都主張積極有爲，熱心於家國天下的事功，以修身、齊家、治國、平天下作爲自己人生的追求。

儒家主張有爲，道家重視無爲，這已經成爲一般人的共識。對於儒道兩家思想的整體特徵而言，這似乎也是沒有太多問題的。但是，在儒家學派的創始人孔子這裡，情況卻不完全如此。孔子具有強烈的社會責任感，一生「席不暇暖」奔走於諸侯之間，希望有所作爲；同時，孔子的思想深處卻又處處流露出對「無爲」政治的認同和嚮往，與老子的「無爲」思想頗有切合暗通之處。

本節主要介紹孔子「無爲」思想傾向的具體表現，對孔子的「無爲」和老子的「無爲」進行比較，並分析孔子思想中出現「無爲」傾向的原因。

5.2.1 孔子的「無爲」思想

1、孔子的「無为」思想主要表現在孔子對無爲政治的認同和嚮往

《論語》一書中有不少地方都流露出孔子對無爲政治的認同和嚮往。例如：

___

年版，上冊，第 164 頁。

《衛靈公》載：

　　子曰：「由，知德者鮮矣。」子曰：「無為而治者，其舜也與！

夫何為哉？恭己正南面而已矣。」〔註50〕

《為政》載：

　　為政以德，譬如北辰，居其所而眾星共之。〔註51〕

《泰伯》載：

　　巍巍乎！舜禹之有天下也，而不與焉。〔註52〕

綜上幾段引文可知，孔子非常讚同舜禹之時的無為而治的政治情形，也非常
嚮往舜禹的時代。孔子認為虞舜時代政治最顯著的特徵就是居上位者「有
德」，舜之所以能無為而治，完全是因為他們能做到為政以德。

　　通過《論語》等關於德的描述可以看出，孔子的「德」與老子的「德」
一樣，很多時候都指萬事萬物順應自然的「無為」之德。老子說「上德無為
而無以為」〔註53〕，是說做到沒有個人目的和企圖的無為，才是真正達到了
有德的境界。老子認為人的美德就是順應萬物之自然，不強為，不妄為，無
私無欲，仁而不以為仁。同樣，孔子也認為順應自然、無為而物成是有德的
表現，非常欣賞有功而不居，行仁義而不自覺的無為之德。他認為只有像舜
禹這樣的聖人才能做到「有天下而不與」、才能做到「無為而治」。舜禹擁有
天下而不據為己有、不肆意妄為，一切順應民意之自然，無為而天下大治。

　　除《論語》以外，其他的一些關於孔子的言行記錄也反應出孔子對「無
為」的認可和主張。例如，孔子就曾經稱讚水的無為之德。《荀子·宥坐》篇
有一段話：

　　孔子觀於東流之水。子貢問於孔子曰：「君子之所以見大水必
觀焉者是何？」孔子曰：「夫水，遍與諸生而無為也，似德。……其
洸洸乎不淈盡，似道。……是故君子見大水必觀焉。」〔註54〕

這裡，孔子把「遍與諸生而無為」的水與「德」和「道」聯繫起來。孔子認

〔註50〕　《論語·衛靈公》，程樹德：《論語集釋》第四冊，中華書局1990年版，第1061
　　　　～1062頁。
〔註51〕　《論語·為政》，程樹德：《論語集釋》第一冊，中華書局1990年版，第61頁。
〔註52〕　《論語·泰伯》，程樹德：《論語集釋》第二冊，中華書局1990年版，第547頁。
〔註53〕　《老子》第三十八章，《老子道德經注》上篇，《王弼集校釋》，中華書局1980
　　　　年版，上冊，第93頁。
〔註54〕　《荀子·宥坐》，梁啟雄：《荀子簡釋》，中華書局1983年版，第390頁。

爲，水潤澤萬物只是出於自然而並無心作爲，水這種無爲的精神「似德」。水
沟湧澎湃生生不息源源不斷，這種綿綿若存、取之不盡的狀態就「似道」。從
孔子對水與「道」、「德」的這種比附來看，孔子心目中的「德」和老子所認
爲的「德」是一樣的，都是以「無爲」爲德。孔子心目的「道」也是像老子
所描述的「道」一樣。在老子哲學中，「德」也即「道」，具體事物自身存在
的那部分「道」，就是具體事物的「德」。老子說：「上善若水，水善利萬物而
不爭，處眾人之所惡，故幾於道。」〔註55〕這裡老子講的「善」其實也是「德」，
這種「善利萬物而不爭，處眾人之所惡」的水之「德」已經「幾於道」了。
水自身這種無爲之「德」，就是「道」在水這種事物上面的體現。從《荀子》
這段話來看，孔子和老子「德」與「道」在「無爲」這一點上是完全切合的。

　　和老子一樣，孔子這種「無爲」的主張和傾向，在一定程度上也得益於
天的啓示。《論語・陽貨》篇說：「天何言哉？四時行焉，百物生焉，天何言
哉？」〔註56〕天寂然無爲，而四時運行，百物自生。孔子也認爲，人道應該
效法天道，做到順應自然、清靜無爲，這和老子的思維邏輯是一樣的。

　　美國漢學家、哈佛學者本傑明・史華茲先生在《古代中國的思想世界》
一書中評價孔子的無爲思想時說：

　　　　我們已經注意到，依據他對天與四季之間關係的認識，和他對
　　宇宙的生生不息過程的通見，孔子寧願保持沉默。在這裡，他似乎
　　展望著這樣的人類秩序：與無思無慮而又天眞自發的自然秩序相伴
　　運行。的確，《論語》的大部分內容都把注意力集中在目標明確而又
　　清醒自覺的人爲努力方面，這種努力以人類的道德爲中介。但孔子
　　也敏銳地意識到，正是在由人類自覺的目的支配的領域，人類走上
　　了歧途。實際上，他夢想著這樣一種國度：在那裏，好的社會風尚
　　體現於母須反思的習慣性行爲之中。人類的行爲要與大自然的神秘
　　韻律相互呼應。〔註57〕

史華茲先生認識到，孔子在思想深處對這種清靜無爲、淳樸自然的境界是充
滿了嚮往的，這和老子思想是非常接近的。

〔註55〕《老子》第八章，《老子道德經注》上篇，《王弼集校釋》，中華書局 1980 年
　　　　版，上冊，第 20 頁。

〔註56〕《論語・陽貨》，《論語集釋》第四冊，中華書局 1990 年版，第 1227 頁。

〔註57〕『美』本傑明・史華茲著，程鋼譯《古代中國的思想世界》，江蘇人民出版社
　　　　2004 年版，第 189 頁。

2、孔子認為無為政治的前提是德政的存在，而實現無為政治的途徑就是推行德政

　　我們認為，孔子主張無為的前提是德政的存在。在孔子眼中，舜禹等先王是真正的有德之君，因為他們以道德治國，故而能做到無為而天下大治。而在孔子的時代，統治者們肆意妄為，天下失道，真正能效法先王實行無為而治的統治者實在太少了，所以孔子對學生子路歎息道：「由，知德者鮮矣」，發出「無為而治者，其舜也與」〔註 58〕的感歎。孔子對於當時被人們美化的先王聖人之治是無限嚮往的，而這種理想與現實的距離卻又是十分遙遠的。《論語·微子》篇說：「天下有道，丘不與易也。」〔註 59〕孔子講的「天下有道」，實際上就是針對統治者而言的。在某種程度上講，「道」指的是像水德一樣「遍與諸生而無為」〔註 60〕的無為之道。如果統治者有無為之德，則天下有道，天下有道，則清靜無為而天下平治，無需繁瑣有為的統治，更不必刻意去改變社會現狀，所以孔子說「天下有道，丘不與易也」。此當為孔子無為思想的最佳注腳。

　　既然無為的前提是德政的存在，那麼實現無為而治的途徑就只有推行德政。《論語·為政》篇說：「為政以德，譬如北辰，居其所而眾星共之。」〔註 61〕在孔子看來，如果以道德治國，臣民自會擁護，就像是北極星一樣，處在自己該處的位置就夠了，無需作為，而眾星自會圍繞著它。為君者只要以道德治國，即便無所作為，也可以受到百姓愛戴，有如眾星拱月。朱熹解釋《論語》「無為而治者」說：「無為而治者，聖人德盛民化，不待其有所作為也。」〔註 62〕就是說，只要為君者「德盛」，不需任何作為而百姓自能安身立命。

3、孔子的「無為」主張包括「君無為而臣有為」的意思

　　對於孔子所說的「無為而治」，前人的解釋雖有所不同，但大同小異。何晏注「無為而治者其舜也與」句云：「言任官得其人，故無為而治。」邢昺疏云：「無為者，以其任官得人，夫舜何必有為哉，但恭敬己身正南面嚮明而已。」

〔註 58〕　《論語·衛靈公》，《論語集釋》第四冊，中華書局 1990 年版，第 1062 頁。
〔註 59〕　《論語·微子》，程樹德：《論語集釋》第四冊，中華書局 1990 年版，第 1270 頁。
〔註 60〕　見前引《荀子·宥坐》中稱引孔子語。
〔註 61〕　《論語·為政》，《論語集釋》第一冊，中華書局 1990 年版，第 61 頁。
〔註 62〕　朱熹：《四書章句集注》，中華書局 1983 年版，第 53 頁。

〔註63〕《論語·泰伯》篇還說：「舜有臣五人而天下治。」〔註64〕意思是說，舜有賢臣五位，所以天下治。可見，孔子的無爲而治的主張還包含這樣一層意思，那就是，君主要使自己安逸無爲而天下太平，唯有像舜這樣，自己修德無爲，選拔任用賢臣，讓有能力的臣下放開手腳有所作爲。這就是我們常常所說的「君無爲而臣有爲」。後來，荀子發展了孔子的這一點，進一步明確提出君要臣詳的君人南面之術。

君無爲而臣有爲，不但是孔子和儒家的主張，老、莊道家亦如此，張松輝先生在其《老子研究》一書中對這個問題曾作了專門的論述。〔註65〕

《老子》一書沒有直接提出「君無爲而臣有爲」的主張，但從《莊子·應帝王》中引用老子的一段話可以看出，老子是主張「君無爲而臣有爲」的：

> 狂接輿曰：「夫聖人之治也，治外乎？正而後行，確乎能其事者而已矣。」……陽子居見老聃，曰：「有人於此，向疾強梁，物徹疏明，學道不倦。如是者，可比明王乎？」老聃曰：「是於聖人也，胥易技係勞心怵心者也。且曰虎豹之文來田，猿狙之便、執斄之狗來藉。如是者，可比明王乎？」陽子居蹴然曰：「敢問明王之治？」老聃曰：「明王之治，功蓋天下而似不自己，化貸萬物而民弗恃，有莫舉名，使物自喜，立乎不測，而遊於無有者也。」〔註66〕

在這段話中，老子已經明確把統治階層分爲「明王」和「胥易」兩種，明王是老莊心目中的聖君，而胥易則是一般的辦事官員。明王所做的事情就是「正己」和用人，只要把這兩件事情做好了，就可以高枕無憂了，因此明王是清靜無爲、悠閒自得的。而作爲臣下的一般官員則要「向疾強梁，物徹疏明，學道不倦」，要「勞心怵心」、四處奔波了。由此可見，老子是主張君無爲而臣有爲的。〔註67〕

關於老莊道家對君無爲而臣有爲的看法，《莊子·天道》有一段文字，講得很透徹：

> 夫帝王之德，以天地爲宗，以道德爲主，以無爲爲常。無爲也，

〔註63〕《論語注疏》卷十五，《十三經注疏》下冊，中華書局 1980 年版，第 2517 頁。

〔註64〕《論語·泰伯》，程樹德：《論語集釋》第二冊，中華書局 1990 年版，第 552 頁。

〔註65〕見張松輝《老子研究》，人民出版社 2006 年版，第 238～242 頁。

〔註66〕郭慶藩：《莊子集釋》卷三下，中華書局 1961 年版，第 1 冊，第 291～296 頁。

〔註67〕參見張松輝《老子研究》，人民出版社 2006 年版，第 239～240 頁。

則用天下而有餘；有爲也，則爲天下用而不足。故古之人貴夫無爲
也。上無爲也，下亦無爲也，是下與上同德，下與上同德則不臣；
下有爲也，上亦有爲也，是上與下同道，上與下同道則不主。上必
無爲而用天下，下必有爲爲天下用，此不易之道也。故古之王天下
者，知雖落天地，不自慮也；辯雖雕萬物，不自說也；能雖窮海內，
不自爲也。天不產而萬物化，地不長而萬物育，帝王無爲而天下功。
〔註68〕

《莊子》的這段話，道出了這樣幾層意思：第一，「無爲」之德是帝王向自然
天地學習的一種美德；第二，「無爲」的政治只是對於君王而言，君王應該像
天地一樣無爲，而臣下必有爲爲天下用，這才是天下不易之道。〔註69〕

5.2.2 孔子「無爲」和老子「無爲」的區別

孔子和老子都有無爲的思想主張，雖然其實質是相通的，但是其側重點
和實現途徑還是有所區別的。

首先，孔子主張的無爲，其內容側重於政治層面，而老子主張無爲，則
涵蓋了包括政治層面在內的天地萬物的各個層面。老子天真地想回到自然無
爲的原始時代，孔子對現實絕望，稱道堯舜，但他只想回到周公時代。

通觀《論語》關於無爲而治的思想，都只停留在孔子對舜禹等先王時代
「無爲而治」的政治強烈贊賞和高度肯定，而很少明確提到對個人修養和人
生追求等其他方面的無爲主張。〔註70〕

其次，《論語》中無爲思想的指向，只是對統治者階層而已。孔子對於舜
禹這些他所認爲的聖人賢君無爲而治的歷史圖景是無限憧憬的。這種憧憬來
源於當時的社會現實，孔子有感於統治者的私欲無度、肆意妄爲，呼籲他們
傚仿先王，爭取能做到盛德無爲。孔子將希望寄託在社會統治者的身上，希
望他們做到無爲而天下平治。而老子卻把無爲提煉爲自己理論的核心，把無

〔註68〕郭慶藩：《莊子集釋》卷五中，中華書局 1961 年版，第 2 冊，第 465 頁。
〔註69〕關於《莊子·天道》的這段話，張松輝先生指出：「從歐陽修到王夫之，再到
馮友蘭，有一大批學者認爲這段話所闡述的思想不符合老、莊思想。」而實
際上，這段話與老莊思想並不矛盾，「老莊都是主張君無爲而臣有爲的」。參
見張松輝：《老子研究》，人民出版社 2006 年版，第 238～239 頁。
〔註70〕如果說孔子在人生處世等方面對無爲思想有所流露的話，我們認爲更多地體
現在他的隱逸思想中，我們下面會分專節討論。

爲的道理和益處講給包括統治者在內的天下所有的人知道。和孔子側重於社會政治層面的無爲不同，老子無爲的思想主張浸染了從宇宙天地，到社會人生，到個人修養的所有層面。

再次，在實現「無爲而治」的途徑上，孔子過多地依賴於道德感化，而老子的無爲則充分強調無爲是天地萬物的本性，而淡化道德的世俗意義，提出：「天地不仁，以萬物爲芻狗，聖人不仁，以百姓爲芻狗」〔註71〕，強調無爲是天地的自然屬性。按照這種思路下去，老子不會將無爲的社會政治寄望於統治者的道德感化，而只會要求統治者理性地遵守天地間自然無爲的規律；老子不會認爲統治者推行德政是多麼崇高而值得景仰的事情，而只會認爲這是順應自然規律的所必須要做的事情。

孔子曾說：「爲政以德，若如北辰，居其所而眾星共之。」〔註72〕這裡的「德」是指得之於心的「道」。何晏《論語集解》注曰：「德者無爲，猶北辰之不移，而眾星共之。」《四書集注》朱熹引范氏曰：「爲政以德，則不動而化，不言而信，無爲而成。所守者至簡而能御煩，所處者至靜而能制動，所務者至寡而能服眾。」〔註73〕意思是說，只要居上位者「爲政以德」，那麼他就像北斗星一樣，即使自己無所作爲而歸然不動，臣民們也會像眾星那樣，自然而然以他爲中心，衷心擁戴他了。所謂「無爲」，只是「聖人行德於上，而民自歸之，非有心欲民之服也」。〔註74〕如何才能達到這種「無爲」境界呢？孔子認爲在於提高君主自身的道德修養，倘若在上位者能夠作出表率，那麼就能達到「其身正，不令而行」的效果。《子路》篇說：「上好禮，則民莫敢不敬；上好義，則民莫敢不服；上好信，則民莫敢不用情。夫如是，則四方之民繈負其子而至矣」、〔註75〕「其身正，不令而行，其身不正，雖令不從。」〔註76〕孔子把一切社會問題都歸結爲道德問題，希望用道德手段解救社會危機。孔子認爲治理國家，關鍵不是如何制定法律政策去統治別人，而在於提高君主自身的道德修養。孔子以後的儒家一直保留著這種傾向，例如《荀子·

〔註71〕《老子》第五章，《老子道德經注》上篇，《王弼集校釋》，中華書局 1980 年版，上冊，第 13～14 頁

〔註72〕《論語·爲政》，《論語集釋》第一冊，中華書局 1990 年版，第 61 頁。

〔註73〕朱熹：《四書章句集注》，中華書局 1983 年版，第 53 頁。

〔註74〕《朱子語類》卷二十三，第二冊，中華書局 1986 年版，第 537 頁。

〔註75〕《論語·子路》，《論語集釋》第三冊，中華書局 1990 年版，第 897～898 頁。

〔註76〕《論語·子路》，《論語集釋》第三冊，中華書局 1990 年版，第 901 頁。

君子》篇也有「尚賢推德天下治」〔註77〕的無爲之說。

　　老子的無爲思想來自於他對自然規律的認識。《老子》第五十九章說：「我無爲而民自化，我好靜而民自正，我無事而民自富，我無欲而民自樸」。老子同樣希望統治者能夠體悟自然無爲之「道」，修無爲之「德」，向清靜無爲的古之聖人學習，不肆意妄爲，順應自然，順民心，撫民力，以「愛民治國」，達到天下太平的目的。他認爲天之所以長久，是因爲天能順應自然而無所作爲。老子從天道推至人道，認爲君主在政治上應該順應自然，行無爲之治；老百姓在生活中也應該少私寡欲，順物而爲。老子所提倡的自然無爲，並非什麼都不做，而是指不妄爲，不摻入個人的主觀臆斷，一切順應自然，遵循事物本來的規律辦事。實際上是一種不帶主觀成見、因循客觀自然的理性的「爲」。《淮南子》解釋「無爲」說：「所謂無爲者，不先物而爲也；所謂無不爲者，因物之所爲。」〔註78〕《淮南子》的這種解釋，可以說是對老子「無爲」思想最準確的理解。

5.2.3　孔子「無爲」思想傾向形成的原因

　　前面我們分析孔子無爲思想的特徵，並簡單比較了老子無爲思想和孔子無爲思想的區別。任何一種思想的產生和形成，總是有其原因和背景的。孔子無爲思想的產生和形成，同樣有著深刻的社會背景和歷史原因。

　　首先，無爲思想在中國古代由來已久。

　　無爲思想的提出，既非始於老子，亦非始於孔子。在《詩經》、《尚書》等典籍中就已經出現了「無爲」的說法，「無爲」而治的提出和踐行早在老子和孔子之前就已經開始了。例如，《詩經·王風·兔爰》有「我生之初，尚無爲」的句子，《詩經·陳風·澤陂》有「寤寐無爲，涕泗滂沱」、「寤寐無爲，中心悁悁」、「寤寐無爲，輾轉伏枕」的句子。雖然《詩經》中的這幾處「無爲」並沒有後來政治意義上的無爲的意思，但是已經揭示了早在公元前十一世紀以來的人們就已經開始頻繁使用「無爲」來表達清靜而無所事事的意思了。而《尚書》中已經出現了「無爲而治」的意思了。例如《尚書·武成》篇有「（周武王克殷後）垂拱而天下治」〔註79〕之說。

〔註77〕　《荀子·成相》，梁啓雄：《荀子簡釋》，中華書局1983年版，第347頁。
〔註78〕　《淮南子·原道訓》，《淮南子集釋》上冊，中華書局1998年版，第48頁。
〔註79〕　《尚書·武成》，《十三經注疏》上冊，浙江古籍出版社1998年版，第185頁。

其他先秦典籍關於「無為」的記載就更多了。如《左傳‧哀公二十六年》引武子語云：「無為吾望爾也乎。」〔註80〕《左傳‧昭公十三年》引子產語云：「吾已！無為為善矣。唯夫子知我。」〔註81〕

所有這些，都說明了一個問題：在老子和孔子的時代之前，已經出現了「無為」的思想，在老子和孔子的時代，已經出現了對「無為」思想的政治思考，人們開始崇尚和嚮往「無為」的政治統治。

其次，我們認為孔子無為思想的產生，有著時代的原因。

老子和孔子「無為」主張的提出，除了有對古代思想文化傳承的原因之外，也有來自春秋戰國之際社會現實共同的刺激，都是對當時「有為」政治的一種反動。韓非說：「上古競於道德，中古逐於智謀，當今爭於氣力。」〔註82〕老、孔之時，何嘗不是「爭於氣力」的時代？當時，諸侯爭霸，征伐不斷，殺戮無數，老百姓苦不堪言。老、孔對此「天下無道」的局面痛心疾首，都憧憬回到上古道德之世。老子作為朝廷的史官，目睹統治者肆意妄為的種種行徑，深知「有為」政治的弊端，因此他呼籲向「損有餘而補不足」的天道學習，抨擊「損不足而奉有餘」的社會現實，主張自然無為的統治；孔子則無限嚮往虞舜之時的無為而治，希望建立一個仁的道德世界，夢想統治者能尚賢推德，用道德感召百姓，從而出現天下無為而大治的局面。

再次，史載孔子師事老子，老子的無為思想無疑會對孔子產生深刻的影響。

孔子師老子，這是一個被大量先秦典籍所證明了的一個歷史事實。我們認為，在一定程度上，孔子的「無為」思想是對老子無為思想的吸收和發展。孔子的無為思想無疑有受老子之前無為思想影響的可能。需要指出的是，在《老子》以前的先秦典籍中，「無為」二字雖反覆出現，但意思卻不盡相同，且無特定含義。是老子將「無為」提煉出來，並賦予特定而一致的涵義，成為一個思想系統。所以說，「無為」成為一個思想體系，則是由老子最先完成

雖係偽古文，但其材料來源應該更早，所以可以參考。

〔註80〕《左傳‧成公二年》，楊伯峻：《春秋左傳注》第 2 冊（修訂本），中華書局 1990 年版，第 806 頁。

〔註81〕《左傳‧昭公十三年》，楊伯峻：《春秋左傳注》第 4 冊（修訂本），中華書局 1990 年版，第 1360 頁。

〔註82〕《韓非子‧五蠹》，陳奇猷校注：《韓非子集釋》下冊，上海人民出版社 1974 年版，第 1042 頁。

的，後來的道家不斷地發揚光大，「無爲」思想從而形成了道家思想的最典型和核心的內容。

孔子在社會政治主張上吸收並改造了老子的「無爲」思想。我們前面已經分析了，在「無爲」的思想實質和道德內涵方面，孔子的無爲主張和老子的無爲主張有著本質的相通。可以說，「無爲之德」是老子所描述的「古之聖人」所得到的「道」的主要內容，孔子也非常重視這種無爲之德。孔子吸收了老子無爲之「道」和「德」的思想實質，發展了老子的自然之「道」和無爲之「德」，建構了自己以「仁」爲核心的道德體系和政治主張，並用「禮」來規定和落實這些道德要求。越來越多的人們開始注意到，孔子的思想中折射出許多像「無爲」之類的老子式的思想，而這和孔子向老子的學習經歷以及他們之間的思想交流是不無關係的。儘管許多學者刻意迴避這一層關係，但孔子思想和老子思想之間許多本質上的驚人的相似卻又使他們不能把老、孔間的這種關係和影響乾脆利落地抹殺掉。

5.3 孔子的隱逸思想

孔子的一生是積極進取的。他有著「席不暇暖」的忙碌，也有著「知其不可爲而爲之」的執著。所以，人們認爲儒家從孔子開始就是積極入世、自強不息的。從儒家思想的整體特徵而言，這並沒有什麼問題。但是，我們仔細考察孔子的思想，就會發現，其實孔子思想中包含了明顯的隱逸思想傾向。我們不能先給孔子貼上一個「儒家」的標籤，再給「儒家」貼上「積極入世」的標籤，從而規定孔子不能具有類似「道家」的隱逸遁世的情懷。

一談到隱逸，人們首先想到的是道家。這是一個固有的思維定勢了。長期以來，不少人忽略了孔子思想中的隱逸傾向。即便有人偶而注意到這一點，也似乎不太願意承認，而力圖找理由把它否定掉。其實這是一個複雜的問題，它涉及到人們對儒家思想的解讀和界定，涉及到儒家、道家思想文化特徵的爭論，涉及到研究者的學術傾向和學派立場等等許多方面的問題，而這些因素都會影響我們對孔子思想眞實性的還原。當然，孔子的思想是無法完全復原的。儘管如此，我們認爲至少應該從相關原著出發，儘量客觀地去看待和分析孔子思想中的某些看似非儒家的思想成份。而不是從固有的思維定勢去看待孔子和儒家。因爲儒家思想和道家思想本來都是同源同根文化的繼承和發展，孔子和老子本來就是同時代的思想者，他們之間有著明確的思想和學

術交流。我們如果認識到這一點，就不會爲孔子出現某些道家思想傾向而感到懷疑或者心有不安了。

我們肯定地認爲孔子一生在積極進取的同時，也具有明顯的類似於道家的隱逸思想傾向。這種隱逸思想傾向是符合孔子思想的實際情況的。而且這種隱逸思想絕非憑空出現的，它有著諸方面的原因。它既與孔子所處年代的歷史背景有關，又與孔子的生活經歷有著重要的關係，而且與當時與其交往關係密切的道家類人物的影響有關。

我們先來看看孔子的隱逸思想傾向有哪些明顯的流露和特徵。《論語》一書有不少地方表現出了孔子對隱逸的嚮往和認同。我們不妨把這些文字摘錄下來：

1、子曰：「篤信好學，守死善道。危邦不入，亂邦不居，天下有道則見，無道則隱。邦有道，貧且賤焉，恥也。邦無道，富且貴焉，恥也。」〔註83〕

2、子曰：「直哉史魚！邦有道，如矢；邦無道，如矢。君子哉蘧伯玉！邦有道，則仕；邦無道，則可卷而懷之。」〔註84〕

3、隱居以求其志，行義以達其道。吾聞其語矣，未見其人也。〔註85〕

4、子謂顏淵曰：「用之則行，舍之則藏，唯我與爾有是夫！」〔註86〕

5、子曰：「道不行，乘桴浮於海。」〔註87〕

6、子欲居九夷。〔註88〕

7、子曰：「賢者辟世，其次辟地，其次辟色，其次辟言。」〔註89〕

〔註83〕 《論語·泰伯》，程樹德：《論語集釋》第二冊，中華書局1990年版，第539～540頁。

〔註84〕 《論語·衛靈公》，程樹德：《論語集釋》第四冊，中華書局1990年版，第1068頁。

〔註85〕 《論語·季氏》，程樹德：《論語集釋》第四冊，中華書局1990年版，第1162頁。

〔註86〕 《論語·述而》，程樹德：《論語集釋》第二冊，中華書局1990年版，第450頁。

〔註87〕 《論語·公冶長》，程樹德：《論語集釋》第一冊，中華書局1990年版，第299頁。

〔註88〕 《論語·子罕》，程樹德：《論語集釋》第二冊，中華書局1990年版，第604～605頁。

〔註89〕 《論語·憲問》，程樹德：《論語集釋》第三冊，中華書局1990年版，第1026頁。

所有以上這些證據，都能直接說明孔子具有強烈的隱逸思想。

　　除了上面幾條比較直接的證據外，還有幾則與孔子相關的材料也能間接地證明孔子對於隱逸思想的認同和對隱逸生活的嚮往。例如，《論語・先進》有一則故事：有一次，孔子問子路、曾皙、冉有、公西華眾弟子的志向，各弟子皆言治國治軍爲政之志，孔子對一心治國的弟子沒有多大興趣，卻獨獨贊成曾皙的「莫春者，春服既成。冠者五六人，童子六七人，浴乎沂，風乎舞雩，詠而歸」〔註90〕的生活志向。可以看出，孔子對隱逸生活是非常嚮往的。

　　另外，從孔子對弟子顏回的鍾愛也間接反映出孔子對隱逸生活的認同。孔子一生最喜歡的弟子是顏回，而顏回一生未仕，過著貧賤不改其樂的隱居讀書生活。《論語・雍也》記載了孔子對顏回的高度評價：「子曰：『賢哉，回也！一簞食，一瓢飲，在陋巷，人不堪其憂，回也不改其樂。賢哉，回也！』」〔註91〕《莊子・讓王》更是清楚地記載了孔子對顏回貧窮而隱居不仕的欽佩：

　　　　孔子問顏回曰：「回，來！家貧居卑，胡不仕乎？」顏回對曰：
　　「不願仕。回有郭外之田五十畝，足以給飦食；郭內之田十畝，足
　　以爲絲麻；鼓琴，足以自娛；所學夫子之道者，足以自樂也。回不
　　願仕。」孔子愀然變容，曰：「善哉回之意！丘聞之：『知足者，不
　　以利自累也；審自得者，失之而不懼；行修於內者，無位而不怍。』
　　丘誦之久矣，今於回而後見之，是丘之得也。」〔註92〕

　　《韓詩外傳》有一則記載，子夏讀《尚書》，卻從中悟出隱居的道理，孔子十分高興，對子夏大加贊賞。《韓詩外傳》卷二第二十九章載：

　　　　子夏讀《書》已畢。夫子問曰：「爾亦可言於《書》矣。」子
　　夏對曰：「《書》之於事也，昭昭乎若日月之光明，燎燎乎如星辰之
　　錯行，上有堯舜之道，下有三王之義，弟子所受於夫子者，志之於
　　心不敢忘。雖居蓬戶之中，彈琴以詠先生之風，有人亦樂之，無人
　　亦樂之，亦可發憤忘食矣。《詩》曰：『衡門之下，可以棲遲。泌之
　　洋洋，可以療饑。』」夫子造然變容曰：「嘻！吾子殆可以言《書》
　　已矣。」〔註93〕

〔註90〕　《論語・先進》，程樹德：《論語集釋》第三冊，中華書局1990年版，第806頁。
〔註91〕　《論語・雍也》，程樹德：《論語集釋》第二冊，中華書局1990年版，第386頁。
〔註92〕　郭慶藩：《莊子集釋》卷九下，中華書局1964年版，第4冊，第978頁。
〔註93〕　《韓詩外傳集釋》卷二，中華書局1980年版，第73頁。

《尚書》講的主要是先王治國安民之道，而子夏卻能從中悟出一個人應該如何過隱居的生活，那就是有人亦樂，無人亦樂，學習先王的治國安民思想不是爲了自己建功立名，而是作爲一種精神修養，目的是爲了安頓自己的原本飄泊不定的心性。孔子聽了他這番表白後，認爲他已經讀懂了《尚書》。〔註94〕

孔子的隱逸思想，很大程度上是由於當時「無道」的社會現實的刺激。

孔子說：「危邦不入，亂邦不居，天下有道則見，無道則隱。邦有道，貧且賤焉，恥也。邦無道，富且貴焉，恥也。」〔註95〕可見，孔子隱與仕，是有條件的。他並非一味主張退隱。在對待做官的問題上，孔子提倡能上能下，能爲所用便好好幹，不爲所用就獨善其身：「邦有道，則仕；邦無道，則可卷而懷之。」〔註96〕後來孟子等儒家所主張的「窮則獨善其身‧達則兼善天下」〔註97〕的人生態度即是肇源於此。孔子明確表示自己與隱居放言的虞仲、夷逸是不一樣的：「虞仲、夷逸，隱居放言。身中清，廢中權。我則異於是，無可無不可。」〔註98〕《述而》篇載：「子謂顏淵曰：『用之則行，舍之則藏，唯我與爾有是夫！』」〔註99〕從這裡可以看出，孔子對仕與隱是有很強的伸縮性的。有人用，就幹起來，不爲所用呢，就隱居起來，沒有什麼可與不可的。

孔子決定隱逸與否的標準是天下是否「有道」。那麼孔子所指的有道無道具體是什麼概念呢？孔子認爲：「天下有道，則禮樂征伐自天子出；天下無道，則禮樂征伐自諸侯出。自諸侯出，蓋十世希不失矣；自大夫出，五世希不失矣；陪臣執國命，三世希不失矣。天下有道，則政不在大夫。天下有道，則庶人不議。」〔註100〕在孔子的時代，天下無道，政出諸侯，陪臣執君命，周天子已經失去天下共主之地位了。孔子認爲應該遠離那些臣弑其君、子弑其父的危亂無道之邦，以求潔身自好，獨善其身。不能曲學阿世、於無道中求富貴。

〔註94〕 參引張松輝《老子研究》，人民出版社2006年版，第362頁。

〔註95〕 《論語‧泰伯》，程樹德：《論語集釋》，中華書局1990年版，第二冊，第540頁。

〔註96〕 《論語‧衛靈公》，程樹德：《論語集釋》，中華書局1990年版，第四冊，第1068頁。

〔註97〕 《孟子‧盡心上》，楊伯峻：《孟子譯注》，中華書局1960年版，第304頁。

〔註98〕 《論語‧微子》，程樹德：《論語集釋》，中華書局1990年版，第四冊，第1284～1285頁。

〔註99〕 《論語‧述而》，程樹德：《論語集釋》第二冊，中華書局1990年版，第450頁。

〔註100〕 《論語‧季氏》，程樹德：《論語集釋》第四冊，中華書局1990年版，第1141頁。

　　孔子認爲天下有道而隱而不仕是不符合道義的。天下有道的時候，就不應該隱而不仕，而應該積極去從政。正如子路所說：「不仕無義。長幼之節，不可廢也；君臣之義，如之何其廢之？欲潔其身，而亂大倫。君子之仕也，行其義也。」〔註101〕孟子有段話可以作爲很好的注腳：「古之人未嘗不欲仕也，又惡不由其道，不由其道而往者，與鑽穴隙之類也。」〔註102〕東漢趙岐《孟子章指》解釋說：「君子務仕，思播其道，達義行仁，待禮而動，苟容干祿，踰牆之女人之所賤，故弗爲也。」〔註103〕孔子的這種仕隱原則奠定了千百年來中國讀書人的一個基本性格。

　　孔子一直是矛盾和痛苦著的。在孔子看來，雖然身處亂世，但眞正要做到隱居避世以獨善其身其實是很難做到的，他一方面嚮往這種狀態，另一方面又爲自己做不到而表現出強烈的遺憾，所以他發出這樣的感歎：「隱居以求其志，行義以達其道。吾聞其語矣，未見其人也。」〔註104〕孔子不得不承認，眞正的隱士，只聞其言而未見其人，在現實生活中是難覓其影蹤的。孔子自己也並沒有做到「無道則隱」。

　　孔子的隱逸思想有來自老子的影響。老子曾經作爲周朝的官員，目睹世風日下，周室衰微，最後棄官歸隱。老子的這種經歷，無疑會對孔子產生一定的影響。我們分析孔子的隱逸思想，處處會看到老子思想的影子。我們在前面曾經分析到，《論語》談到了政治上的「無爲而治」，而沒有談及人生態度上的「無爲」。而在某種程度上，孔子的隱逸思想可以看作是老子「無爲」思想在孔子人生觀上的反應和延伸。孔子一方面要求統治者行「無爲」之治，另一方面，孔子又把老子的「無爲」思想引向了隱逸的人生追求上。

　　《史記・老子韓非列傳》載孔子適周問禮於老子，老子告誡孔子說：「君

〔註101〕見《論語・微子》：「子路從而後，遇丈人，以杖荷蓧。子路問曰：『子見夫子乎？』丈人曰：『四體不勤，五穀不分。孰爲夫子？』植其杖而芸。子路拱而立。止子路宿，殺雞爲黍而食之，見其二子焉。明日，子路行以告。子曰：『隱者也。』使子路反見之。至則行矣。子路曰：『不仕無義。長幼之節，不可廢也；君臣之義，如之何其廢之？欲潔其身，而亂大倫。君子之仕也，行其義也。道之不行，已知之矣。』」

〔註102〕《孟子・滕文公下》，楊伯峻：《孟子譯注》，中華書局1960年版，第143頁。

〔註103〕趙岐：《孟子章指》，《玉函山房輯佚書・孟子九種・孟子章指二卷》卷上，光緒十年楚南書局刻本，光緒十八年湖南思賢書局重印，第10頁。

〔註104〕《論語・微子》，程樹德：《論語集釋》，中華書局1990年版，第四冊，第1285頁。

子得其時則駕，不得其時則蓬累而行。」〔註105〕而《論語‧述而》的「用之則行，舍之則藏」〔註106〕和《公冶長》篇的「道不行，乘桴浮於海」兩段文字可以說是老子口吻的翻版。清代學者姚瑩提到老子的隱逸思想時說：「蓋老子之道，以藏身爲術，而所以藏身，固將有爲，非苟藏己也，即莊子『善刀而藏』之意耳。《易》曰『藏器乎身，待時而用』……孔、老之徒，互相非毀，孔子曷嘗非毀之乎？」〔註107〕在姚瑩看來，老子之道並非要人們遁世去做神仙，相反，老子同樣關注現實，他「所以藏身」，是「固將有爲，非苟藏己也」。他這裡引用儒家《易經》「藏器乎身，待時而用」來解讀老子的隱逸思想，固然不免有以儒解老之嫌，但是他認爲孔、老二者自己並無儒道門戶之見的觀點是符合客觀情況的。

5.4 孔子思想中其他老子式的思想主張

孔子的思想中除了像「無爲」、「隱逸」等明顯的道家思想傾向之外，還有許多老子式的處世原則和政治主張。

5.4.1 老子的「貴言」與孔子的「愼言」、「訥言」

我們都知道，老子是講究清靜無爲的，因此，老子反對多事、多言。《老子》第十七章主張：「悠兮其貴言。」〔註108〕意思是要人們做到悠閒清靜，不要輕易去施行言教。對於統治者而言，要清靜無爲，不要隨意發號施令；對於普通人來講，則不要多言多語，「多言數窮」。〔註109〕正如西周時的《金人銘》所說：「無多言，多言多敗」、「無多事，多事多患」〔註110〕。老子還提到「希言自然」〔註111〕，「希言」就是很少講話的意思，可以引申爲清靜無爲。

〔註105〕《史記》卷六十三《老子韓非列傳》，中華書局簡體字本，第 1702 頁。

〔註106〕《論語‧述而》，程樹德：《論語集釋》第二冊，中華書局 1990 年版，第 450 頁。

〔註107〕姚瑩：《寸陰叢錄》卷四《老子》，沈雲龍主編：《近代中國史料叢刊續輯》第六輯，56 冊，《中復堂全集‧寸陰叢錄》，民國六十三年影印，第 2811 頁。

〔註108〕《老子》第十七章，《老子道德經注》上篇，《王弼集校釋》，中華書局 1980 年版，上冊，第 41 頁

〔註109〕《老子》第五章，《老子道德經注》上篇，《王弼集校釋》，中華書局 1980 年版，上冊，第 14 頁

〔註110〕《全上古三代文》卷一，中華書局《全上古三代秦漢三國六朝文》影印本，第 1 冊，第 10 頁。

〔註111〕《老子》第二十三章，《老子道德經注》上篇，《王弼集校釋》，中華書局 1980

老子甚至認爲「大辯若訥」〔註112〕，認爲眞正善辯的人看上去卻不會說話。總之，老子認爲只有「貴言」、「希言」才是符合清靜無爲的自然本性的，多言必敗事。

可巧的是，孔子也主張「愼言」、「訥言」，討厭多言妄語的人。《論語・學而》篇說：「君子食無求飽，居無求安，敏於事而愼於言，就有道而正焉，可謂好學也已。」〔註113〕《里仁》篇說：「子曰：『君子欲訥於言，而敏於行。』」〔註114〕孔子心目的「君子」是有德之人，君子必須做到講話謹愼，行事敏捷。無論是讀書，還是爲人處世，孔子都不喜歡誇誇其談的人。《論語・學而》和《陽貨》都出現了同樣一句話「子曰：『巧言令色，鮮矣仁！』」〔註115〕孔子認爲，滿口花言巧語、滿臉堆笑討人喜歡的人是不會有什麼仁德之心的。

5.4.2 孔子「愚不可及」的感歎與老子的「大巧若拙」

《老子》第四十五章說：「大直若屈，大巧若拙，大辯若訥。」〔註116〕所謂「大巧若拙」說的就是，眞正的聰明的人看上去好像很笨拙。老子自己也甘於以愚人自比，《老子》第二十二章說：「我愚人之心也哉，沌沌兮！俗人昭昭，我獨昏昏。俗人察察，我獨悶悶。」〔註117〕其實，這就是人們常說的大智若愚的境界。

和老子一樣，孔子也很讚同這種大智若愚的處世原則。顏回是孔子最喜歡的弟子，而顏回就是這樣一個大智若愚的人。顏回聽孔子講學時，只是呆呆地聽著，從不提出任何反對的意見，就像一個傻子一樣，但是顏回私下行事的時候，卻能有所發揮，可見顏回並不是眞的愚蠢。孔子對顏回之「愚」很是讚賞，《爲政》載：「子曰：『吾與回言終日，不違如愚。退而省其私，亦

年版，上冊，第 57 頁

〔註112〕《老子》第四十五章，《老子道德經注》下篇，《王弼集校釋》，中華書局 1980年版，上冊，第 123 頁。
〔註113〕《論語・學而》，程樹德：《論語集釋》第一冊，中華書局 1990 年版，第 52 頁。
〔註114〕《論語・里仁》，程樹德：《論語集釋》第一冊，中華書局 1990 年版，第 278 頁。
〔註115〕分別見於《論語・學而》和《論語・陽貨》篇，分見程樹德《論語集釋》第一冊第 16 頁和第四冊 1225 頁，中華書局，1990 年版。
〔註116〕《老子》第四十五章，《老子道德經注》上篇，《王弼集校釋》，中華書局 1980年版，上冊，第 123 頁。
〔註117〕《老子》第二十二章，《老子道德經注》上篇，《王弼集校釋》，中華書局 1980年版，上冊，第 56 頁。

足以發。回也，不愚。』」〔註118〕孔子對「愚」的贊賞還體現在他對甯武子的贊賞，我們再看《論語》中的一個例子。《公冶長》載：「子曰：『甯武子邦有道則知，邦無道則愚。其知可及也，其愚不可及也。』」〔註119〕甯武子也是一個典型的大智若愚的人，政治清明時，就表現出很聰明；政治黑暗時，爲了保全自己就顯得特別笨拙。所以孔子由衷地感歎到：「其知（智）可及，其愚不可及！」後人多以「愚不可及」來形容一個人蠢到極點，其實在孔子這裡，是說像甯武子這種高妙的「愚」之境界非常人可以達到。這是一種韜光養晦的大智慧。這和老子講的「大巧若拙」如出一轍。

5.4.3 處下、不爭的低調原則

老子奉行低調的處世原則。《老子》第七十二章說：「天之道，不爭而善勝。」〔註120〕《老子》第八十章也說：「聖人之道，爲而不爭。」〔註121〕老子認爲：「夫唯不爭，故無尤」〔註122〕、「夫唯不爭，故天下莫能與之爭」。〔註123〕在老子看來，不爭是天道的特徵之一，不爭而勝是最高的天道的境界。老子提出的「功遂身退」〔註124〕的處世智慧更是成爲了幾千來中國士大夫代代相傳的警世哲學。老子還常常借水來闡發自己處下不爭的觀點。《老子》第八章說：「上善若水。水善利萬物而不爭，居眾人之所惡，故幾於道。」〔註125〕《老子》第七十八章又說：「天下莫柔弱於水，而攻堅強者莫之能勝，以其無以易之。弱之勝強，柔之勝剛，天下莫不知，莫能行。」〔註126〕水

〔註118〕《論語·爲政》，程樹德：《論語集釋》第一冊，中華書局 1990 年版，第 91 頁。

〔註119〕《論語·公冶長》，程樹德：《論語集釋》第一冊，中華書局 1990 年版，第 340 頁。

〔註120〕《老子》第七十三章，《老子道德經注》下篇，《王弼集校釋》，中華書局 1980 年版，上冊，第 182 頁。

〔註121〕《老子》第八十一章，《老子道德經注》下篇，《王弼集校釋》，中華書局 1980 年版，上冊，第 192 頁。

〔註122〕《老子》第八章，《老子道德經注》上篇，《王弼集校釋》，中華書局 1980 年版，上冊，第 20 頁。

〔註123〕《老子》第二十二章，《老子道德經注》上篇，《王弼集校釋》，中華書局 1980 年版，上冊，第 56 頁。

〔註124〕《老子》第九章，《老子道德經注》上篇，《王弼集校釋》，中華書局 1980 年版，上冊，第 21 頁。

〔註125〕《老子》第八章，《老子道德經注》上篇，《王弼集校釋》，中華書局 1980 年版，上冊，第 20 頁。

〔註126〕《老子》第七十八章，《老子道德經注》下篇，《王弼集校釋》，中華書局 1980

的一個顯著特徵是總處於下位，樂居眾人之所惡，柔弱而不爭，卻能「莫之能勝」。所以老子非常贊賞水的性格。

　　我們在「孔子與『無爲』」一節中提到過，孔子對水的無爲、處下的精神也是頗爲贊賞的。〔註127〕另外，孔子也明確提到了「不爭」的觀點，例如《論語》中有「君子無所爭」〔註128〕和「君子矜而不爭」〔註129〕之類的說法，說明孔子對於老子的這種處世原則是非常讚同的。更能說明孔子具有老子一樣的處世主張的證據是《荀子·宥坐》中的一段話，這段話充分流露了孔子守愚、謙讓、處下不爭的主張：

　　　　孔子觀於魯桓公之廟，有欹器焉。孔子問於守廟者曰：「此爲何器？」守廟者曰：「此蓋爲宥坐之器。」孔子曰：「吾聞宥坐之器者，虛則欹，中而正，滿而覆。」孔子顧謂弟子曰：「注水焉！」弟子挹水而注之，中而正，滿而覆，虛而欹。孔子喟然而歎曰：「吁！惡有滿而不覆者哉！」子路曰：「敢問持滿有道乎？」孔子曰：「聰明聖知，守之以愚；功被天下，守之以讓；勇力撫世，守之以怯；富有四海，守之以謙。此所謂挹而損之之道也。」〔註130〕

在這段話中，孔子從「宥坐之器」「虛則欹，中而正，滿而覆」的特點出發，告誡弟子：雖「聰明聖知」，卻要「守之以愚」；雖「功被天下」，卻要「守之以讓」；雖「勇力撫世」，要「守之以怯」；雖「富有四海」，卻要「守之以謙」。

　　另外，孔子在弟子們心目中的形象也是溫和謙讓的。例如，子貢就認爲孔子具有溫和謙讓的品格：

　　　　子禽問於子貢曰：「夫子至於是邦也，必聞其政，求之與？抑與之與？」子貢曰：「夫子溫、良、恭、儉、讓以得之。夫子之求之

年版，上冊，第 188 頁。

〔註127〕見《荀子·宥坐》篇：「孔子觀於東流之水。子貢問於孔子曰：『君子之所以見大水必觀焉者，是何？』孔子曰：『夫水遍與諸生而無爲也，似德；其流也埤下，裾拘必循其理，似義；其洸洸乎不淈盡，似道；若有決行之，其應佚若聲響，其赴百仞之谷不懼，似勇；主量必平，似法；盈不求概，似正；淖約微達，似察；以出以入以就鮮絜，似善化；其萬折也必東，似志。是故見大水必觀焉。』」

〔註128〕《論語·八佾》，程樹德：《論語集釋》第一冊，中華書局 1990 年版，第 153 頁。

〔註129〕《論語·衛靈公》，程樹德：《論語集釋》第四冊，中華書局 1990 年版，第 1104 頁。

〔註130〕《荀子·宥坐》，梁啓雄：《荀子簡釋》，中華書局 1983 年版，第 386 頁。

也，其諸異乎人之求之與？」〔註131〕

孔子這種不爭、謙讓、低調的處世原則，與老子很接近。

5.4.4 老子的「不言之教」與孔子「予欲無言」

　　與清靜無爲的思想一致，老子很注重不言之教。《老子》第二章說：「聖人處無爲之事，行不言之教，萬物作焉而不辭，生而不有，爲而不恃。」〔註132〕他認爲一個好的統治者，在政治上應該清靜無爲，在教化百姓方面應該實行不言之教。老子說：「不言之教，無爲之益，天下希及之。」〔註133〕意思是說，不言之教和無爲的益處，天下很少能與之相比啊。

　　而孔子對於「不言之教」卻也有明顯的踐行。《論語・陽貨》篇有一則故事：孔子有位名叫孺悲的學生，品行不太好，孔子推說有病不願接見他，卻又特意取瑟而歌，讓孺悲知道他其實沒病：「孺悲欲見孔子，孔子辭以疾。將命者出戶，取瑟而歌。使之聞之。」〔註134〕孔子明明想教育這個學生，要他好好改進，爭取進步。但孔子選擇的方式不是說教，而是以一種「不言」的方式，告訴孺悲：你品行不好，老師不願見你，你回去好好反省吧！以此達到教育的目的。

　　關於「不言」或「無言」，孔子不但實踐於教書育人當中，更體現在他的政治思想中。《論語・陽貨》有這樣一段話：

　　　　子曰：「予欲無言。」子貢曰：「子如不言，則小子何述焉？」

　　　　子曰：「天何言哉？四時行焉，百物生焉，天何言哉？」〔註135〕

對於孔子發出「予欲無言」的感歎，一般的理解都認爲是因爲各國當政者不採納孔子之言，不行孔子之道，所以孔子就不願再多說話了。例如，《集解》解釋爲「言之爲益少，故欲無言也。」皇《疏》曰：「孔子忿世不用其言，其

〔註131〕《論語・學而》，程樹德：《論語集釋》第一冊，中華書局1990年版，第38～40頁。

〔註132〕《老子》第二章，《老子道德經注》上篇，《王弼集校釋》，中華書局1980年版，上冊，第6頁。

〔註133〕《老子》第四十三章，《老子道德經注》上篇，《王弼集校釋》，中華書局1980年版，上冊，第120頁。

〔註134〕《論語・陽貨》，程樹德《論語集釋》第四冊，中華書局1990年版，第1229頁。

〔註135〕《論語・陽貨》，程樹德《論語集釋》第四冊，中華書局1990年版，第1227頁。

言爲益之少，故欲無所復言也。」都是這樣一種理解，而這種理解未必準確。

其實，我們認爲，孔子之所以在這裡發出「予欲無言」的感歎，是有感於「天何言哉，而四時運行」而發的。上天一言不發，而春夏秋冬四季照常運行，一切順其自然就可以了。孔子通過對自然現象的觀察，聯想到人世間的政事倫常，認爲應該效法自然，提倡無爲寡言，則同樣可以達到治理好國家的目的，這跟老子「無爲而治」的政治主張是一脈相承的。三國時期著名的學者王弼對於「予欲無言」的解讀就與眾不同，頗有心得：

> 予欲無言，蓋欲明本。舉本統末，而示物於極者也。夫立言垂教，將以通性，而弊至於湮；寄旨傳辭，將以正邪，而勢至於繁。既求道中，不可勝御，是以修本廢言，則天而行化。以淳而觀，則天地之心見於不言；寒暑代序，則不言之令行乎四時，天豈諄諄者哉。〔註136〕

王弼認爲，孔子提出「予欲無言」是爲了明天地之本，天地的本性是自然無爲，故而不言，孔子以天地之本性爲榜樣，一切順天而行，自然也就不需要立言垂教，諄諄傳辭了。我們認爲王弼的解釋是很有道理的。

5.4.5 老子的「知足」與孔子的「安貧」

老子強調知足、寡欲。例如，《老子》第十九章提出：「見素抱樸，少私寡欲。」〔註137〕第四十六章說到：「禍莫大於不知足。咎莫大於欲得。故知足之足，常足矣。」〔註138〕

而孔子也主張安貧樂道，知足常樂。孔子認爲讀書人應該清心寡欲，以道、義爲追求的目標，強調精神上的富有，而應該淡化物質的追求，抑制私欲的膨脹。《論語・述而》篇載：「子曰：『飯蔬食飲水，曲肱而枕之，樂亦在其中矣。不義而富且貴，於我如浮雲。』」〔註139〕孔子食無求飽，居無求安，視不義之富貴如過眼浮雲，這是一種超脫於世俗的知足精神。孔子最得意的弟

〔註136〕王弼著、樓宇烈校釋：《王弼集校釋》，中華書局1980年版，第634頁。
〔註137〕《老子》第十九章，《老子道德經注》上篇，《王弼集校釋》，中華書局 1980年版，上冊，第45頁
〔註138〕《老子》第四十六章，《老子道德經注》下篇，《王弼集校釋》，中華書局 1980年版，上冊，第123頁.
〔註139〕《論語・述而》，程樹德《論語集釋》第二冊，中華書局1990年版，第465頁。

子顏回也是一樣：「一簞食，一瓢飲，在陋巷。人不堪其憂，回也不改其樂。」
〔註140〕中國歷代的知識分子，一提到讀書人安貧樂道，總以這種疏水曲肱、
簞瓢陋巷的「孔顏樂處」作爲典範。

5.4.6 關於「愚民」的主張

《老子》第六十五章有一段非常著名的話：「古之善爲道者，非以明民，
將以愚之。民之難治，以其智多。故以智治國，國之賊；不以智治國，國之
福。」〔註141〕另外，《老子》第三章也提倡：「不尙賢，使民不爭；不貴難得
之貨，使民不爲盜；不見可欲，使民心不亂。是以聖人之治，虛其心，實其
腹；弱其志，強其骨。常使民無知無欲。」〔註142〕老子也因此背上了實行愚
民政策的罵名。其實老子的本意是讓人們回歸自然質樸，而不是簡單地反對
教人民聰明。老子身處亂世，有感於世亂的根源就在於對聰明智巧的過份推
崇，人們工於心計，結果人們競相欺詐僞飾，民心不再淳樸，社會風氣敗壞。
所以，老子希望人們回歸自然淳樸的天性，而統治者最大的任務，就是將老
百姓導向這種淳樸的民風當中去，而統治者首先自己要做到眞樸自然、無爲
清靜。

面對相同的世道，孔子和老子一樣，強烈地希望老百姓回歸淳樸的天性，
所以孔子也提出「民可使由之，不可使知之」〔註143〕的主張。關於「民可使
由之，不可使知之」的解釋，一般都翻譯爲：「老百姓，可以使他們照著我們
的道路走去，不可以使他們知道那是爲什麼。」〔註144〕值得注意的是，一九
九三年出土的湖北郭店楚簡中有《尊德義》一篇，裏面出現了類似於《論語》
「民可使由之，不可使知之」的一句話，竹簡作「民可使道之，而不可使智
之」〔註145〕。這句話或許是孔子的原話，也許是孔子話的來源。這樣一來，《論
語》中的「不可使知之」應該理解爲「不可使智之」，「智」用作動詞，「使智」
的意思。這樣，我們可以更加清楚地看到，孔子和老子一樣，希望老百姓能

〔註140〕《論語‧雍也》，程樹德《論語集釋》第二冊，中華書局1990年版，第386頁。
〔註141〕《老子》第六十五章，《老子道德經注》下篇，《王弼集校釋》，中華書局1980
　　　　年版，上冊，第168頁。
〔註142〕《老子》第三章，《老子道德經注》上篇，《王弼集校釋》，中華書局1980年
　　　　版，上冊，第8頁。
〔註143〕《論語‧泰伯》，程樹德《論語集釋》第二冊，中華書局1990年版，第531頁。
〔註144〕楊伯峻：《論語譯注》，中華書局，1980年版，第81頁。
〔註145〕荊門市博物館：《郭店楚墓竹簡》，文物出版社1998年版，174頁。。

夠淳樸無知，而不能使他們變得有心智和心機。

　　除了我們上面所分析的「無為」、「隱逸」以及其他的一些處世原則和政治主張之外，在孔子的思想中，老子的思想痕跡可謂無處不在。在先秦的一些古籍中所出現的孔子的一些話語和思想，似乎都還能從《老子》中找到隱隱約約互證的影子。例如：《老子》第六十三章有「報怨以德」〔註146〕的話，而《論語‧憲問》中有「以德報怨」〔註147〕的話。再如，《老子》第五十八章有「是以聖人方而不割，廉而不劌」〔註148〕的話，而《荀子‧法行》記孔子的話有「夫玉者，君子比德焉。……廉而不劌」〔註149〕一句。再如，《老子》第七十七章有「功成而不處」〔註150〕的主張，而《周易‧繫辭上》有孔子的話：「子曰：『勞而不伐，有功而不德，厚之至也，語以其功下人者也』」。再如，《老子》第六十七章說「慈故能勇」〔註151〕，而《論語‧憲問》載孔子語「仁者必有勇」等等。歷代都有學者認為《論語‧述而》「竊比於我老彭」這段文字點到了老子。此外，在《論語》中孔子還有一段話也似乎是在描寫老子：「子曰：『善人，吾不得而見之矣；得見有恆者，斯可矣。亡而為有，虛而為盈，約而為泰，難乎有恆矣。』」〔註152〕這裡所描述的「亡而為有，虛而為盈，約而為泰」的「有恆者」很可能就是指老子。

　　我們認為，所有這些現象，都似乎可以從老子和孔子的師生關係中找到合理的解釋。

〔註146〕《老子》第六十三章，《老子道德經注》下篇，《王弼集校釋》，中華書局1980年版，上冊，第164頁。

〔註147〕《論語‧憲問》，程樹德：《論語集釋》第三冊，中華書局1990年版，第1017頁。

〔註148〕《老子》第五十八章，《老子道德經注》下篇，《王弼集校釋》，中華書局1980年版，上冊，第152頁。

〔註149〕《荀子‧法行》，梁啟雄：《荀子簡釋》，中華書局1983年版，第398頁。

〔註150〕《老子》第七十七章，《老子道德經注》下篇，《王弼集校釋》，中華書局1980年版，上冊，第187頁。

〔註151〕《老子》第六十七章，《老子道德經注》下篇，《王弼集校釋》，中華書局1980年版，上冊，第170頁。

〔註152〕《論語‧述而》，程樹德《論語集釋》第二冊，中華書局1990年版，第488頁。

第6章　相通與異路

6.1 老孔思想相通的原因探析

　　我們在前面兩章中集中討論了老子和孔子思想的相通的地方。面對著這大量的事實和材料，老子和孔子思想的這種相通是不可否認的了。有著如此多的共通之處的兩種思想和主張，最終卻還是在各自追隨者的弘揚下，走向了兩個相對不同的發展方向。隨著歷史的不斷延伸，人們已經習慣於用「道家」和「儒家」來區分和解釋老子和孔子的思想。不管後人所解釋的是否是老子和孔子最原初的思想面貌，但畢竟，老學和孔學已經由相通走向了異路，這一走便是兩千多年。本章試圖對老、孔思想的相通和異路背後的原因作一個嘗試性的探析。

6.1.1 相同的社會背景以及對社會與人生的共同關注是導致老孔思想相通的重要前提

　　孔子和老子所處的春秋時期，周室衰弱。由於周天子的權威下降，平王東遷後周王室已無力控制天下。此時，天下無道，諸侯紛爭，有如孟子所說：「世衰道微，邪說暴行有作，臣弒其君者有之，子弒其父者有之。」〔註1〕司馬遷《史記》也記載：「春秋之中，弒君三十六，亡國五十二，諸侯奔走不得保其社稷者不可勝數。」〔註2〕傳統的禮樂制度受到嚴重的破壞。此時，人們

〔註1〕　《孟子‧滕文公下》，楊伯峻：《孟子譯注》，中華書局 1960 年版，第 155 頁。
〔註2〕　《史記》卷一百三十《太史公自序》，下冊，中華書局簡體字本 2005 年版，

開始對西周末年以來傳統的宗法制度有了普遍的懷疑,「天」的權威也開始動搖,禮樂制度已經不能維繫天下太平的局面了。

社會的動亂和國家的分崩離析引發了當時人們對社會問題的嚴重關注和深度思考。人們的思想也空前的解放和活躍,天下學說蜂起、學派林立,天下學術呈百家爭鳴之勢。老子學說和孔子學說的誕生便是這種情況的反映。

相同的社會背景必然產生相同或相近的社會現象,而對這些相同或相近的現實關注必然是老子和孔子思考社會人生的一個共同對象和緣由,對相似的社會人生問題,儘管理解和改造的方式會有所不同,但目標會是一致的。無論是老子,還是孔子,都希望人類社會朝著大同的方向發展,都希望人類出現理想和諧的生存狀態。這一點,是決定老子和孔子的思想和社會主張必然會有諸多相通的一個重要前提。

6.1.2 共同的文化傳承是導致老子和孔子思想相通的重要基礎

老子和孔子作為同時代的人,他們不但所處的社會背景是一樣的,他們所能夠接觸到的歷史文化知識也是相同的。就像我們現在研究歷史和文化時,大家所依靠的只能是流傳於世的、大家都能看到的一些古史典籍和一些地下的資料而已,而這些對任何一個學者來說,都是共同的東西。共同的知識來源和文化積澱必然導致老子和孔子的思想裏面會有許多相同的成分,這是決定老子和孔子的思想和社會主張相通的一個重要基礎。

從總體上來說,三代文化是老子思想和孔子思想的共同源頭。張岱年先生認為:孔子是三代文化的總繼承者,而老子則是三代文化的批判者。〔註3〕相同的文化背景和思想源頭其實也預示著孔老二人開創的儒、道兩家思想在他們以後相互會通將成為可能。出身史官的老子對夏商週三代社會的宗法制度、天人思想肯定是非常熟悉的。《老子》書中多次明確說明其中的一些言論、思想出自前人。如二十二章說的「古之所謂『曲則全』者」〔註4〕,四十一章中說的「故《建言》有之」〔註5〕,六十九章說的「用兵有言」〔註6〕,七十

第 2492 頁。

〔註 3〕 參見張岱年:《文化與哲學》,北京:教育科學出版社,1988 年版,第 70 頁。

〔註 4〕 《老子》第二十二章,《老子道德經注》上篇,《王弼集校釋》,中華書局 1980 年版,上冊,第 56 頁。

〔註 5〕 《老子》第四十一章,《老子道德經注》下篇,《王弼集校釋》,中華書局 1980 年版,上冊,第 111 頁。

八章說的「是以聖人云」〔註7〕，如此等等。可以肯定，老子的思想和學說與出現在他以前的文化和思想有著很深的淵源。孔子也是一樣，他作爲當時一個知識淵博、「信而好古」〔註8〕的大學者，授徒講學，刪述六經，他對於當時的古代文獻是不可能不熟悉的。

舉例來說，《周易》、《詩經》等都對他們的思想產生過影響。

先來看《周易》的影響。張松輝先生認爲《周易》對老子的影響是整體的。〔註9〕他指出，老子的許多思想，如循環論、辯證法等等，都與《周易》的影響有關，而且古人已經發現了這一點，如西晉的裴頠在《崇有論》中說：「老子既著五千之文，表遮穢雜之事，甄舉靜一之義，有以令人釋然自夷，合於《易》之《損》、《謙》、《艮》、《節》之旨。」〔註10〕朱熹說：「康節嘗言：『老氏得《易》之體，孟子得《易》之用。』」〔註11〕

具體地說，老子「道」論的形成與《周易》就有關係。《周易》強調「反覆其道」（復卦）、「復自道」（小畜卦）、「道以明」（隨卦）。當時的人們已經意識到天地自然的運行都有一定的運動軌道，而這種軌道是反覆運動並有一定規律的。老子把《周易》中這種天地自然運行的規律之道加以概括和提煉，抽象成爲既永恆存在又不可捉摸無法形容的自然界最高法則。可以說，老子從《周易》吸收了陰陽之說和辯證發展觀點，並極大豐富了道的內涵。

而孔子與《周易》的關係更是密切。關於孔子對《易》的推崇和喜愛，《論語》就有直接記載：《述而》篇說：「子曰：『加我數年，五十以學易，可以無大過矣。』」〔註12〕史書還記載了孔子晚年好《易》，並研究、傳授易學的事情。如《史記·孔子世家》說：「孔子晚而喜易，序彖、繫、象、說卦、文言。讀易，韋編三絕。曰：『假我數年，若是，我於《易》則彬彬矣。』」〔註13〕另，《史記·仲尼弟子列傳》說：「孔子傳易於瞿，瞿傳楚人馯臂子弘，弘傳

〔註6〕　《老子》第六十九章，《老子道德經注》下篇，《王弼集校釋》，中華書局1980年版，上冊，第173頁。

〔註7〕　《老子》第七十八章，《老子道德經注》下篇，《王弼集校釋》，中華書局1980年版，上冊，第188頁。

〔註8〕　《論語·述而》，程樹德《論語集釋》第二冊，中華書局1990年版，第431頁。

〔註9〕　參見張松輝：《老子研究》，人民出版社，2006年版，第108頁。

〔註10〕　《晉書》卷三十五《裴頠列傳》，中華書局簡體字本，第684頁。

〔註11〕　《朱子語類》（第八冊）卷一百二十五，中華書局1986年版，第2986頁。

〔註12〕　《論語·述而》，程樹德《論語集釋》第二冊，中華書局1990年版，第469頁。

〔註13〕　《史記》卷四十七《孔子世家》，中華書局簡體字本，第1559頁。

江東人矯子庸疵，疵傳燕人周子家豎，豎傳淳于人光子乘羽，羽傳齊人田子莊何，何傳東武人王子中同，同傳菑川人楊何。何元朔中以治易爲漢中大夫。」〔註14〕《莊子·天運》篇也有記載：「孔子謂老聃曰：『丘治《詩》、《書》、《禮》、《樂》、《易》、《春秋》六經，自以爲久矣。孰知其故矣。』」〔註15〕孔子晚年對《易》的喜好、研究、傳授，無疑會對其思想的形成產生影響。胡適先生認爲甚至，孔子早年就受到了《周易》柔遜謙卑的思想影響：

> 我們試回想到前八世紀的正考父的鼎銘，回想到《周易》裏「謙」「損」「坎」「巽」等等教人柔遜的卦爻詞，回想到曾子說的「昔者吾友嘗從事」的「犯而不校」，回想到《論語》裏討論的「以德報怨」的問題，——我們不能不承認這種柔遜謙卑的人生觀正是古來的正宗儒行。孔子早年也從這個正宗儒學裏淘煉出來。〔註16〕

再來看《詩經》對老子和孔子思想的影響。

先談老子，《老子》第三十六章說「將欲歙之，必固張之。將欲弱之，必固強之。將欲廢之，必固興之。將欲取之，必固與之。」〔註17〕而《呂氏春秋·行論篇》引《詩經》說到：「詩曰，『將欲毀之，必重累之，將欲踣之，必高舉之。』」〔註18〕這兩處的思維方式可謂如出一轍。

再看孔子，《左傳·昭公十九年》記載子產的話說：「諺曰，『無過亂門』，民有亂兵，猶憚過之。」〔註19〕而《呂氏春秋·原亂》引《詩經》說：「詩曰，『毋過亂門』，所以遠之也。」〔註20〕可見，「無（毋）過亂門」是出自以前的《詩經》的。這使我們想到《論語·泰伯》的「危邦不入，亂邦不居」〔註21〕一句，意思也完全是一樣的。

需要說明的是，上面《呂氏春秋》所引的兩句「詩曰」的內容，在今天

〔註14〕《史記》卷六十七《仲尼弟子列傳》，中華書局簡體字本，第 1752 頁。

〔註15〕《莊子·天運》，中華書局《莊子集釋》1961 年版，第 2 冊，第 516 頁。

〔註16〕《胡適全集》第 4 卷，安徽教育出版社 2003 年版，第 74～75 頁。

〔註17〕《老子》第三十六章，《老子道德經注》上篇，《王弼集校釋》，中華書局 1980 年版，上冊，第 89 頁。

〔註18〕《呂氏春秋·行論篇》，陳奇猷校注：《呂氏春秋新校釋》下冊，上海古籍出版社 2002 年版，第 1399 頁。

〔註19〕《左傳·昭公十九年》，楊伯峻：《春秋左傳注》第 4 冊（修訂本），中華書局 1990 年版，第 1404 頁。

〔註20〕《呂氏春秋·原亂》，陳奇猷校注：《呂氏春秋新校釋》下冊，上海古籍出版社 2002 年版，第 1587 頁。

〔註21〕《論語·泰伯》，程樹德：《論語集釋》第二冊，中華書局 1990 年版，第 540 頁。

的《詩經》三百篇中已經找不到了。那麼，呂覽所引的「詩」是不是指《詩經》？抑或是被孔子刪掉了？這就不得而知了。不過從中我們可以看出，無論是孔子，還是老子，對他們之前或同時代的典籍、民諺都是有所吸收傳承的。他們所繼承的是同樣的文化，面對的是同樣的歷史。

　　關於以老子和孔子為代表的道家和儒家文化，有人從地域上認為，老子代表的是楚文化或者是南方文化，而孔子代表的是中原的鄒魯文化，故而差別很大。任繼愈先生把春秋戰國文化按地域分為鄒魯、楚、晉、燕齊四個文化圈，他認為：「鄒魯文化對西周傳統文化繼承得最多。尤其是魯國。……魯國是儒家的發源地，儒家的經典《詩》、《書》、《禮》、《樂》，都是西周數百年文化積累形成的。……楚文化發生在江漢流域，它受西周傳統文化的影響較小，有自己獨特的風格，對中原文化持批判態度。在思想方面，《楚辭》、《老子》及後來受《老子》影響的莊周，都帶有楚文化的鮮明特徵。」〔註22〕認為老莊道家文化是南方楚文化，受中原文化影響不大，這是學界一個非常普遍的觀點，並不是從任繼愈先生才開始的。

　　關於這一點，張松輝先生的觀點是相反的，他認為：「無論從它的產生地來看，還是從它的思想內容來看，老莊思想都應屬於中原文化。」〔註23〕張先生最先提出這個觀點是在他的《莊子考辨》（嶽麓書社 1997 年版）一書中，他在 1998 年的「第二屆道家文化國際學術研討會」上，也曾經專門提到這個問題。在其新作《老子研究》一書中，他從老莊文化的產生地的考證開始，系統剖析了老莊思想中的中原文化特徵，大量列舉了老子思想來自中原文化的史料證據，最後得出結論：老子思想是對周文化的批判性繼承，屬於中原文化的體系。〔註24〕我們認為，這是比較符合歷史客觀實際的結論。

　　事實上，老子作為周朝的史官，生活在中原地區，自然會非常瞭解以周文化為代表的中原文化。正因為這樣，老子思想與同為中原文化體系的孔子思想出現那麼多的相通的地方，也就不足為怪了。

　　對於老、孔和儒道兩家思想的源頭，也已經頗受學界的關注。越來越多的人們認識到，儒道兩家在思想上是「同源」的。例如，李澤厚先生認為：「巫術禮儀不僅是儒道兩家，而且還是整個中國文化的源頭。」〔註25〕這是後來

〔註22〕任繼愈主編：《中國哲學發展史（先秦）》，人民出版社 1983 年版，第 23 頁。
〔註23〕張松輝：《老子研究》，人民出版社，2006 年版，第 75 頁。
〔註24〕張松輝：《老子研究》，人民出版社，2006 年版，第 75～108 頁。
〔註25〕李澤厚：《歷史本體論・己卯五說》，三聯書店 2003 年版，第 185 頁。

儒道得以互補合流的一個發生學上的原因。他認為正是這種相同的文化起源，導致以後的儒道兩家在很多層面上能夠互補。儒道「之所以能互補，是因為二者雖異出卻同源，有基本的共同因素而可以相連接相滲透，相互推移和補足。所謂『同源』，即同出於原始的『巫術禮儀』。」〔註26〕

我們認為，儒道兩家的共同源頭並不見得就只是原始的「巫術禮儀」，但思想的同源是肯定的。儒道思想的共同源頭，其實就是孔子和老子思想產生的共同源頭。我們認為，這種源頭絕對不會是單一的、個別的，它應該是一個多元化的整體。如果更加寬泛一點地說，我們可以把這個源頭看作是老子和孔子時代之前包括中原文化在內的所有中華遠古文化的總和。

6.1.3 師生關係導致思想相通在情理之中

孔子和老子有著思想上的直接對話。前面已經講到，孔子師老是被諸多古籍證明了的歷史事實。既然孔子曾經向老子學習過，老子在很多方面對孔子有所影響也就不難理解了。

當我們認真去分析孔子思想的時候，也會發現，其實孔子的思想，在許多方面都對老子的道家思想有所繼承和發展。我們在「孔子的『道家』思想」一章已經進行了大量的分析，認為孔子在「道」、「無為」、「隱逸」以及其他許多處世原則和社會主張方面，都十分明顯地出現老子思想的痕跡。這種痕跡的出現，在很大程度上，直接來源於這種師生關係的存在。

很多學者都注意到了孔子思想受到老子學說的影響。例如張岱年先生就認為老子的「無為」思想對孔子是有影響的。他指出：「孔子的政治理想並非無為，何以忽然提出無為而治來？如果認為是對老子學說的反響，不是容易理解嗎？」〔註27〕孫以楷先生指出：「老子早於孔子近二十年，可以說是並生。與孔子並生的老子開創了哲學本體論，建構了完整的形而上學體系。他的這些哲學觀點對孔子及儒學家產生了極大的影響。……孔子所受老子的影響，證據不僅在於孔子認同了老子的『無為而治』之說，也不僅在於孔子不贊成老子的『報怨以德』，主要是在於老子的形而上的本體論啟發孔子晚而學易、喜易以研尋天道。老子的超越性的思維方式引發孔子實現對周禮的超越，用

〔註26〕 李澤厚：《歷史本體論·己卯五說》，三聯書店 2003 年版，第 183 頁。
〔註27〕 張岱年：《老子哲學辨微》，載《中國哲學史論文集》山東人民出版社 1981 年版。

人之本體——仁去改造周禮，構建了儒家人生哲學、倫理哲學。」〔註 28〕

　　美國漢學家、哈佛學者本傑明·史華茲先生也注意到了孔子的道家傾向，他在《古代中國的思想世界》一書中提到：「從道家的視角看，比這些『隱退主義者』更爲重要的是，孔子本人身上也存在某些思想趨勢，它們似乎預示了道家的通見。」〔註 29〕並說：「當我們將注意力轉向墨子的時候，就爲以下的認識所驚異：似乎恰好是《論語》之中朝向『道家』方向『轉變』的內容，才激起了墨子的強烈抵抗。」「甚至在孔子的學習觀念中，人們也能發現對某些思想趨勢（它們與老莊思想方向一致）有著明確的表示。」〔註 30〕

　　在孔子和老子的交往中，交流當然是雙向的。但是，總的來說，孔子是處於吸收的地位。因爲，孔子向老子學習時，老子年長於孔子，當時老子的思想應該已經相當成熟，對許多問題的看法已經基本穩定了。而當時的孔子卻不一樣，他正值青壯年，許多思想尚未定型，故還有很大的變化空間。當然，教與學自然對雙方都會有所啓發。如果說作爲學生的孔子，對作爲老師的老子在思想上不會有絲毫的影響，那也是不合情理的。

　　老、孔思想儘管在後世被不斷地向兩個完全不同的陣營和方向異化，他們的共通之處卻始終不能被人們抹去，不能抹去的結果就是所謂的儒道互補。中國人千百年的儒道互補的思想文化特徵，正是老、孔思想的這種互通調和下的產物，其原因是，老、孔的思想本來就是同根同源不可分割的一個文化共同體，既然被割離成了道家和儒家兩個獨立的陣營，那麼他們的相通的本性就只有靠儒道互補來體現了。所以，從整體上講，中國古代社會的主幹文化既不是道家文化，也不是儒家文化，而是一種儒道互補的文化。當然，這裡面還包括被儒道二家中國化了的佛教的部分。

6.2　孔老思想在後世不斷被異化的多重原因

　　老子和孔子的思想是同源同根的，但是後來畢竟還是走了不同的道路。我們不能因爲老、孔思想有那麼多的相通之處，而無視他們之間的差別和他

〔註 28〕孫以楷、陸建華、劉慕方：《道家與中國哲學》（先秦卷），人民出版社 2004年版，第 16 頁。
〔註 29〕『美』本傑明·史華茲著，程鋼譯：《古代中國的思想世界》，江蘇人民出版社 2004 年版，第 189 頁。
〔註 30〕『美』本傑明·史華茲著，程鋼譯：《古代中國的思想世界》，江蘇人民出版社 2004 年版，第 190 頁。

們在後世不斷被異化的事實。我們前面的寫作，無疑是強調老、孔思想相通的一面，但他們還是有差別的。關於老子和孔子思想的相異之處，千百年來，人們已經強調得夠多了，我們不準備在文章中再來談這些不同之處。

我們感興趣的是，既然老、孔的思想同源同根，又有這麼多的相通之處，為什麼這兩種學說沒有朝著合流的方向發展，而是朝著不同的方向發展，並且分野越來越大，形成了中國思想文化史上蔚為壯觀的儒、道兩大陣營？這種異向的發展，一方面有其思想內在的客觀原因，但另一方面，外部的因素也是很多的。

6.2.1 孔、老思維方式的不同是孔老思想異路的內在原因

老子和孔子處在相同的歷史時期，他們讀著相同的書，繼承著相同的文化，面臨著相同的社會現實，思考著相同的社會問題，渴望著相同的結果——和諧有序的社會人生，可是他們的思想還是出現了差異。那麼，他們思想的不同之處是如何產生的呢？

首先，老孔思想的異向發展最根本的原因來自於他們思維方式的不同。而這種思維方式的不同也是老孔思想本身最大的不同。對於三代以來的文化傳統和當前社會現實的吸收和思考，老子和孔子的路線與方法是不一樣的。

孔子的路線是改良和重建的路線。孔子嚮往西周時期的禮樂文化，他認為世風的日下是因為禮樂制度在當時已經開始淪喪，天下無道是因為統治者已經遠離了仁德和禮制，所以，他希望重振周禮，用仁學去重建社會的道德秩序，用禮制來恢復社會的政治秩序，從而實現天下大治的局面。

相反，老子所奉行的是消解的路線，主張用「自然」的原則和「無為」的手段去消解一切不和諧的社會因素。老子曾為周朝的官員，目睹周室的衰微，對於社會政治有更加清醒的認識，正因為他看得更清楚，所以他對時下的有為政治更加失望。他對於西周以來的禮樂文化傳統有著比孔子更加深刻的理解，他認為周禮雖隆盛，卻只是流於形式，煩瑣而不能解決實際問題，他從對宇宙自然的思考得出結論，認為只有遵循自然的原則，實行無為的政治，回歸到清靜自然的社會狀態，才是解決社會弊端的最終辦法。

基於這兩種不同的救世思路，老子和孔子必然在他們理論的關注側面和實現途徑上會產生差異，這種差異就體現為老子和孔子思想在表現上的不同。

舉例來說，在實現某種目標的途徑上，孔子是順向的，而老子是反向的：

「將欲歙之，必固張之；將欲弱之，必固強之；將欲廢之，必固興之；將欲取之，必固與之。」〔註31〕對於仁義，老子和孔子在內心都是認同的，都希望人類社會充滿仁義等美德。老子認為只有消解仁義的概念，才會實現真正的仁義。在老子看來，統治者不必心中總念著「仁義」，而只要向天道學習，像上天「以萬物為芻狗」一樣，做到「以百姓為芻狗」，〔註32〕順應自然，無所施為，便達到了「至仁無親」、「大仁不仁」的境界，如此，天下就真正充滿「仁義」了。而孔子卻希望通過對仁義的大力提倡來實現社會的仁義。他希望統治者心中時時刻刻想著「仁義」二字，甚至把仁看得比生命還重，「無求生以害仁，有殺身以成仁」〔註33〕。老、孔二人的目的是一樣的，但表現出來，好像老子是反對仁義，而孔子是竭力鼓吹仁義的。

這種不同的思維方式，最終會導致老孔思想越來越多的實踐層面的差異，而這種差異的表現形式，就是老孔兩家學說在社會政治主張、人生行為方式等等方面的不同風格。這對儒、道兩家文化在今後朝著不同的方向發展起著根本性的作用。

6.2.2 社會政治對思想文化的選擇導致孔老思想在後世的異化加重

不管老、孔思想實質是否一樣，對於一定時期的社會統治者而言，他們所需要的是一種可以迎合其統治意志的社會思想主張，這種思想主張也許只是其淺層的表現，而非其本來的真實面目和深層含義。對於老子和孔子的思想來說，他們的歷史命運也是一樣的。在老、孔以後的二千餘年封建統治當中，統治階層選擇了儒家或道家兩種文化和思想的交替或融合來指導他們的統治。他們的選擇所抓住的只是道家和儒家表層的一些特徵，而從未從其思想的深處去領會老子和孔子的思想實質。

更為糟糕的是，各朝各代的統治者們，甚至從他們自己的統治需要出發，不斷地增刪或者歪曲老子和孔子的思想，並且把老子和孔子扶上宗教的神壇加以頂禮膜拜，但他們所頂禮膜拜的卻只是他們自己需要的那一部分東西。

〔註31〕《老子》第三十六章，《老子道德經注》上篇，《王弼集校釋》，上冊，中華書局 1980 年版，第 89 頁。

〔註32〕《老子》第五章：「天地不仁，以萬物為芻狗；聖人不仁，以百姓為芻狗。」

〔註33〕《論語·衛靈公》，程樹德：《論語集釋》，第四冊，中華書局 1990 年版，第 1073 頁。

這一部分東西是他們附加在老子或孔子身上的，或者是他們自己從老子或孔子身上所派生出來的一些成分。

那麼，這些由統治階層因為政治需要而重新描述的老子和孔子，毫無疑問已經遠離了他們本來的面目。我們通常會聽到有「原始儒家」和「早期道家」這種說法，而這種說法的目的之一就是為了將以孔子為代表的儒家與後世被異化了的儒家加以區別，同時也是為了將以老子為代表的道家和後世被異化了道家加以區別開來。春秋末年的老子和孔子是兩位思想上有許多共通之處的思想家，而後世的老子和孔子在很大程度上卻是道家（道教）和儒家（儒教）的兩位聖人或教主，身份不一樣了，思想也不一樣了，這都是外力所造成的偏差。

6.2.3 學派之爭使老、孔思想在後世的異化加劇

按照通常的說法，老子開創了道家學派，孔子開創了儒家學派。既如此，在老子和孔子之後的若干年，勢必在學術上會延伸出兩大學派意識很強的學術派別。司馬遷就注意到，在他所處的時代，已經出現了「世之學老子者則絀儒，儒學亦絀老子」〔註34〕的儒道互絀的情形。在中國古代歷史文獻的記載中，這些因為儒道學派之爭而出現的歪曲或異化老子和孔子思想的例子舉不勝舉。

學派之爭對老、孔思想的異化無外乎兩個方面，一是刻意迴避和抹煞老、孔二人的師生關係以及老、孔二者思想上的一些相通之處，如韓愈等人；二是刻意放大老子和孔子思想的差別，使孔子更加「儒家」，老子更加「道家」。

6.2.4 版本流傳和解讀詮釋的問題

老子和孔子的主要思想，在很大程度上是通過《老子》和《論語》所體現。而《老子》和《論語》從成書到流傳至今，期間版本不知有過多少變化，而且在傳抄的過程中，其增益和刪減亦不知道經過多少遍。我們相信流傳至今的《老子》和《論語》大致能代表老子和孔子的思想，通過其他相關史料的互證和分析，我們也能大致勾勒出老子和孔子思想的原貌，得出我們在本文的一些關於老、孔相通的結論。但是，我們所依據的畢竟只是有限的材料。客觀地說，我們只能夠儘量地靠近老孔的思想原貌，誰都不能保證自己能夠

〔註34〕《史記》卷六十三《老子韓非列傳》，中華書局簡體字本2005年版，第1704頁。

完整、準確地揭示老、孔的眞實面目。但是，有一點是可以肯定的，那就是，在老、孔以後的歷史中，由於儒家和道家學派的分化和對立，老子和孔子的思想面貌會因爲版本的不斷流傳和不同角度的解讀和詮釋而出現與其思想原貌的差距，而且這種差距會因爲時間的延伸而有所加大。所以，我們在研究老、孔思想的時候要充分考慮到版本流傳和解讀詮釋的問題。

例如，關於《老子》的最初版本，我們甚至認爲，《老子》一書最初很可能是一部很客觀全面的、兼綜儒、道思想的哲學著作。郭店楚簡《老子》的情況就部分地證明了這一種可能。《老子》一書在幾千年無數次的傳抄過程中，由於儒、道學派對立的原因，其中與儒家的對立因素會不斷地被強化。所以越往後面的《老子》版本，所體現的老子思想就越道家化，越來越多地出現一些與儒家主張完全對立的成分。現在通行本的《老子》就有這種被強化的痕跡。當然，這種痕跡畢竟是很有限的，它不足以掩飾和改變其原來的思想。原著本身的版本流傳會有這種被強化和異化的可能，後人對原著的解讀和詮釋的偏差也就更加不可避免了，這種解讀和詮釋與詮釋者本人的學派立場和個人理解是很有關係的。這也可以是老、孔思想在後世不斷被異化的一個重要原因。

綜觀歷代的《論語》注或者是《老子》注，我們還可以發現，不同的朝代均有學者從不同的學派立場對它們進行詮釋。有學者從儒家的角度來詮釋《老子》，也有學者從道家的角度來詮釋和解讀《論語》。這種不同角度的解讀和詮釋，往往能給人們帶來新的啓發和思考。但是，由於學派的立場問題，這種不同角度的解讀和詮釋又不可避免地會對老子和孔子思想有自己的發揮，而往往偏離思想的原貌。

例如，唐代人心目中的孔子和漢代人心目中的孔子是不一樣的，而宋代人心目中的孔子又和唐代人心目中的孔子也會不一樣。南懷瑾先生也曾經說過：「我們要把握眞正的孔孟思想，只要將唐宋以後的注解推開，就自然會找出孔孟原來的思想。這叫做『以經解經』，就是僅讀原文，把原文讀熟了，它本身的語句思想，在後面的語句中就有清晰的解釋。」〔註 35〕他認爲孔孟思想甚至在後來因爲被誤讀而遭致被打倒的命運，他形象地說：

因爲這個店，本來是孔孟兩個老闆開的股份有限公司，下面還

〔註 35〕南懷瑾：《論語別裁》，《南懷瑾選集》第一卷，復旦大學出版社 2006 年版，第 10 頁。

加上一些夥計曾子、子思、荀子等等，老闆賣的東西貨真價實。可
是幾千年來，被後人加了水賣，變質了。還有些是後人的解釋錯了，
尤其是宋儒的理學家為然。這一解釋錯了，整個光輝的孔孟思想被
蒙上了一層非常厚重的陰影，因此後人要推倒孔孟思想。〔註36〕

在不斷地被詮釋和理解運用的過程中，無論是老子的思想，還是孔子的思想，
最後都被塗改得面目全非了，智慧的老子變成了長生不老的道教神仙，而真
實可愛的孔子則被披上了聖人的外衣，擺到了文廟的神壇上接受萬民的祭
拜。本來思想相通的一對師徒被後人改造成了兩大派別的教主，成為自以為
是他們傳人的兩千多年口舌之戰的靶心和工具。

　　以上我們所分析和推斷的，是老子和孔子思想的區別在後世不斷被強化
和放大的多種可能因素。我們作出這些分析，並不是要否認老子和孔子思想
的不同。老子和孔子的思想，客觀上確實有著不同的地方，我們也注意到了
這些不同。我們揭示老孔思想的相通，並不是企圖將老子思想和孔子思想之
間的縫隙完全抹平，而是力圖靠近老孔思想的本來面目，我們始終認為，老
孔思想主張儘管在方法和途徑上有很大的差別，但他們在思想實質上是相通
的，而這種相通又通常被人們對「儒家」和「道家」這兩個概念的強化所淹
沒。

〔註36〕南懷瑾：《論語別裁》，《南懷瑾選集》第一卷，復旦大學出版社 2006 年版，
　　　　第 12 頁。

第 7 章　從孔、老思想看早期儒道關係

7.1 孔、老時期儒道不分家

　　在孔子和老子的時期，儒、道相對來說是沒有分家的。這種說法並非我們的發明，南懷瑾先生就說過：「孔孟思想，本來與道家是不分家的，這種分家是秦漢以後的事。」〔註1〕可謂慧眼獨具。確實，在孔子和老子的時代，並不存在後世意義上的儒家和道家。當時比較可能的情形是，在大致相同的文化背景下，面對相同的混亂無序、民生凋敝的社會現實，出現了一批思想活躍的上智式人物，他們共同思考著當時的那個社會，尋找著解決社會弊端的救世方法，他們的思想是大致相通的，只是有著各自不一樣的社會主張和對待文化傳統的態度。這種不同的主張和態度，在當時而言，都還只是個人之間的差別，並不存在所謂的學派上的分家。只有在他們各自的傳人經過幾代甚至幾十代以上的發揮和提煉之後，才出現了具有後來所謂的道家和儒家思想特徵的兩個不同的思想學術陣營，但當時並沒有「儒家」或「道家」這個名稱。對當時的老子而言，他只是一個具有很高知識造詣的史官和禮學大師，當時絕對不會有任何人把他定義為「道家」或者是「儒家」的，他自己也不會知道他是道家還是儒家。

　　關於先秦儒道之分，胡適先生的觀點很值得注意。胡適先生認為先秦沒有道家，而老子也是儒：

〔註1〕　南懷瑾：《論語別裁》，《南懷瑾選集》第一卷，復旦大學出版社 1990 年版，第 11 頁。

　　「道家」這一名詞不見於先秦古書中，在《史記》的《陳平世家》、《魏其武安侯列傳》、《太史公自序》裏，我們第一次見著「道家」這個名詞。司馬談父子所謂「道家」，乃是一個「因陰陽之大順，採儒墨之善，撮名法之要」的混合學派。因爲是個混合折衷的學派，他的起源當然最晚，約在戰國的最後期與秦漢之間。這是毫無可疑的歷史事實。……老子也是儒。儒的本義爲柔，而《老子》書中的教義正是一種「寬柔以教，不報無道」的柔道。「弱之勝強，柔之勝剛，天下莫不知，莫能行。」「上善若水，水利萬物而不爭。」「夫唯不爭，故天下莫與之爭。」「報怨以德。」「強梁者不得其死。」「曲則全，枉則直，窪則盈。」──這都是最極端的「犯而不教」的人生觀。如果「儒，柔也」的古訓是有歷史意義的，那麼老子的教義正代表儒的古義。〔註2〕

胡適先生從「儒」的考證入手，揭示了老子思想和孔子思想具有同根同源性，儘管他認爲老子是正宗的儒家的觀點值得商榷，但他對二者思想互通的關注已經具有重大的意義了。胡適先生懷疑老子本來就是儒家，是因爲他認爲當時已經有了儒家這麼一個派別。

　　其實，在我們看來，在老子和孔子的時代，儒家這個派別也是沒有的。有的只是「儒」這麼一種職業，以及從事「儒」這種職業的那麼一類人，當時只是一種職業名稱而已，並沒有學派意義上的「儒家」的概念。而孔子就從事過「儒」這種職業。就當時情況而言，孔子也只是一個謙虛好學、知識淵博的知識分子，年輕時候還跟隨他的老師老子幫助別人料理喪事，從事「儒」的職業。他也本不知道有所謂的道家或者是儒家學派。老子在孔子的眼裏，絕不會是一個「道家」的形象，不過是一個很有知識並且思想非常深邃的禮學前輩。

　　在老、孔以前的殷周時代，學在官府，先王之道「皆原於一」。《莊子·天下篇》曰：「天下之治方術者多矣，皆以其有爲不可加矣。古之所謂道術者，果惡乎在？曰：無乎不在。曰：神何由降？明何由出？聖有所生，王有所成，皆原於一。」〔註3〕可見，古人道術合一而不分離。《莊子·天下篇》又說：「古

〔註2〕　《胡適全集》第4卷，安徽教育出版社2003年版，第73～74頁。

〔註3〕　《莊子·天下篇》，郭慶藩：《莊子集釋》第四冊，中華書局1961年版，第1065頁。

之人其備乎，配神明，醇天地，育萬物，和天下，澤及百姓。明於本數，繫
於末度，六通四辟，小大精粗，其運無乎不在，其明而在數度者，舊法世傳
之史，尚多有之。其在於《詩》、《書》、《禮》、《樂》者，鄒魯之士，搢紳先
生，多能明之。《詩》以道志，《書》以道事，《禮》以道行，《樂》以道和，《易》
以道陰陽，《春秋》以道名分。其數散於天下，而設於中國者，百家之學，時
或稱而道之。」〔註4〕可見，先王之道俱存於「六藝」之中，天下學術皆源於
其中。

　　到了老子和孔子所處的春秋末年，周室衰微，古代典籍流散民間，私人
講學之風興起，學術格局發生重大變化。按照《天下》篇的描述，此時「天
下大亂，賢聖不明，道德不一，天下多得一察焉以自好，譬如耳目鼻口，皆
有所明，不能相通，猶百家眾技也，皆有所長，時有所用。」〔註5〕不同的學
者，對於古之道術皆「偏得一術」，往往只習得其中的一個方面。但他們卻「得
一察焉以自好」，結果「內聖外王之道，暗而不明，鬱而不發，天下之人，各
為其所欲焉，以自為方。」〔註6〕所以當時的學術局面是：「悲夫！百家往而
不反，必不合矣。後世之學者，不幸不見天地之純，古人之大體，道術將為
天下裂。」〔註7〕章學誠在《文史通義》中對諸子與六經之關係、諸子與王官
之關係亦作了精闢闡述。他認為諸子皆出於王官，各得古道術之一方：「諸子
百家，不衷大道，其所以持之有故而言之成理者，則以本原所出，皆不外於
《周官》之典守。其支離而不合道者，師失官守，末流之學，各以私意恣其
說爾。非於先王之道，全無所得，而自樹一家之學也。」〔註8〕這實際上揭示
了春秋戰國時期「道術將為天下裂」之具體情況。

　　老子和孔子的學問，就是在這樣一種情形之下產生的。儘管他們的學問
都「原於一」，來自之前的「古之道術」，但他們所領會到的思想主張卻有角
度上的不同。雖然如此，他們的學術並沒有能夠完全分開。

〔註4〕　《莊子·天下篇》，郭慶藩：《莊子集釋》第四冊，中華書局1961年版，第1067
　　　　頁。
〔註5〕　《莊子·天下篇》，郭慶藩：《莊子集釋》第四冊，中華書局1961年版，第1069
　　　　頁。
〔註6〕　《莊子·天下篇》，郭慶藩：《莊子集釋》第四冊，中華書局1961年版，第1069
　　　　頁。
〔註7〕　《莊子·天下篇》，郭慶藩：《莊子集釋》第四冊，中華書局1961年版，第1069
　　　　頁。
〔註8〕　章學誠：《文史通義·易教下》，中華書局聚珍仿宋版印本。

7.2 儒、道學派的形成和劃分

　　《莊子‧天下》提到了「不侈於後世，不靡於萬物，不暉於數度，以繩墨自矯，而備世之急」的墨翟、禽滑釐之流；提到了「不累於俗，不飾於物，不苟於人，不忮於眾，願天下之安寧以活民命，人我之養，畢足而止，以此白心」的宋鈃、尹文之流；提到了「公而不黨，易而無私，決然無主，趣物而不兩，不顧於慮，不謀於知，於物無擇，與之俱往」的彭蒙、田駢、慎到之流；提到了「以本爲精，以物爲粗，以有積爲不足，淡然獨與神明居」、「建之以常無有，主之以太一，以濡弱謙下爲表，以空虛不毀萬物爲實」的關尹、老聃之流；提到了「芴漠無形，變化無常，死與？生與？天地並與，神明往與！芒乎何之，忽乎何適，萬物畢羅，莫足以歸」的莊周之流；提到了「多方，其書五車，其道舛駁，其言也不中」的惠施之流。但是，《天下篇》並沒有給各家命名，它把老子和莊子沒有視爲「道家」，也沒有將墨子視爲墨家，甚至沒有直接提到孔子本人，只是提到了能通曉《詩》、《書》、《禮》、《樂》的「鄒魯之士、搢紳先生」。可見，在《天下》篇的作者的時代，是還沒有人用「道家」來命名老子學派的，也沒有用「儒家」來描述孔子學派的，儘管在當時老子和孔子的學說已經開始流行。

　　《荀子‧非十二子》也對先秦學術流派進行了分類。他提到了「縱情性，安恣睢，禽獸行，不足以合文通治；然而其持之有故，其言之成理，足以欺惑愚眾」的它囂、魏牟；提到了「忍情性，綦溪利跂，苟以分異人爲高，不足以合大眾明大分，然而其持之有故，其言之成理，足以欺惑愚眾」的陳仲、史鰌；提到了「不知壹天下建國家之權稱，上功用、大儉約，而僈差等，曾不足以容辨異、縣君臣；然而其持之有故，其言之成理，足以欺惑愚眾」的墨翟、宋鈃；提到了「尚法而無法，下脩而好作，上則取聽於上，下則取從於俗，終日言成文典，反紃察之，則倜然無所歸宿，不可以經國定分；然而其持之有故，其言之成理，足以欺惑愚眾」的慎到、田駢；提到了「不法先王，不是禮義，而好治怪說，玩琦辭，甚察而不惠，辯而無用，多事而寡功，不可以爲治綱紀；然而其持之有故，其言之成理，足以欺惑愚眾」的惠施、鄧析；提到了「略法先王而不知其統，猶然而猶材劇志大，聞見雜博。案往舊造說，謂之五行，甚僻違而無類，幽隱而無說，閉約而無解。案飾其辭而只敬之，曰：此眞先君子之言也」的子思和孟軻，認爲「世俗之溝猶瞀儒、嚾嚾然不知其所非也，遂受而傳之，以爲仲尼、子弓爲茲厚於後世」是「子

思、孟軻之罪也」。〔註 9〕可見，在荀子的眼裏，也沒有所謂「道家」和「儒家」的概念劃分。

　　無論是《莊子・天下》，還是《荀子・非十二子》，都沒有直接以「道家」來命名老子的學術流派，也沒有直接提到儒家學派，說明此前，「道家」和「儒家」並沒有後世所想像的那樣，從老子和孔子開始就直接被叫做「道家」和「儒家」。雖然「道家」和「儒家」的名稱是到漢代才完全確定下來，但是，老子和孔子的兩個帶有不同學術傾向的學派卻是在老子和孔子的弟子、再傳弟子中悄悄形成，隨著老子學說和孔子學說的影響不斷擴大，其追隨者不斷增多；同時，一種學術越被關注，其批判者也會不斷出現。隨著老子學說和孔子學說的追隨者和批判者的不斷增多，分別以老子和孔子思想學說爲核心價值的學術派別最終形成，並在思想學術界形成了後世所謂的「道家」和「儒家」學派。

　　很多學者就儒家和道家出現的先後問題有著各自不同的看法，下面介紹兩種典型的說法。

　　第一種說法：儒出於道說。

　　有學者認爲道家的出現早於儒家，並且儒家出於道家。例如章太炎先生認爲「儒家、法家皆出於道，道則非出於儒也」〔註 10〕，並認爲「孔父受業於徵藏史，韓非傳其書」〔註 11〕。

　　顧藎臣先生說：「道家的學術，兼括諸家。且其來源，較諸家爲最早者，並不是專指老子之時而說的。蓋諸子之學都起於春秋戰國之時，道家之學，則遠在春秋戰國以前，而發源於有史之初的。……大概自黃帝以後，老子以前，上下二千年中，只有道家之學，扶輿磅礴，而無他家立足於其間。換句話說，在那個時候，除道家以外，幾無其他學術之可言了。」〔註 12〕而「儒家之學，其淵源似乎亦得之於道家。大概道家之言，雖然涉於玄虛，而其學卻徵之於實際。……儒家以踐實爲本，以身體力行爲歸，其意即本於道家。況孔子曾問禮

〔註 9〕　《荀子・非十二子》，梁啓雄：《荀子簡釋》，中華書局 1983 年版，第 59～70頁。

〔註 10〕章太炎：《原道上》，《中國現代學術經典・章太炎卷》，河北教育出版社 1996年版，第 104 頁。

〔註 11〕章太炎：《原道上》，《中國現代學術經典・章太炎卷》，河北教育出版社 1996年版，第 104 頁。

〔註 12〕顧藎臣：《經史子集概要》（子部 P50～51），中國書店，1990 年版。據世界書局 1930 年版影印。

於老聃，奉聃爲嚴師，是儒家脫胎於道家，更無可諱言。」〔註13〕

第二種說法：道出於儒說。

也有學者主張道家出自儒家。如胡適先生就認爲先秦沒有道家，而老子也是儒。〔註14〕

到底是儒家出自道家，還是道家出自儒家？我們認爲，道家和儒家同出於中國古代的政治文化，並無先後可言，也不存在誰出自誰的問題。儒家和道家最初是沒有分家的，他們最初都是對中華早期歷史文化思想的繼承和總結，他們關注的問題是一樣的，他們要思考和利用的文化內容也是一樣的，例如三代文化中的禮文化。但是，他們又有著各自的理解和選擇。在老子和孔子以後，這種選擇和理解逐漸異化。關於諸子的起源問題，《漢書·藝文志》的說法大致是可信的：「儒家者流，蓋出於司徒之官；道家者流，蓋出於史官；陰陽家者流，蓋出於羲和之官；法家者流，蓋出於理官；名家者流，蓋出於禮官；墨家者流，蓋出於清廟之守；縱橫家者流，蓋出於行人之官；雜家者流，蓋出於議官；農家者流，蓋出於農稷之官；小說家者流，蓋出於稗官。」〔註15〕如果《漢書·藝文志》所言屬實，則諸子均起源於王官。這些官雖然各司其職，分工負責，但其最終功能都不外乎維護社會和國家的有序性，而當時維護這種有序性所依靠的是禮制，所以諸子學術的核心問題之一便是禮制的問題。老子是周代的史官，史官是精通禮制的。孔子曾經適周問禮於老子，並適當地吸收了老子對禮制的一些見解。孔子對老子思想加以吸收、改造和創新，形成了自己的學術和思想體系。早期的儒家學派隨著孔子思想的系統化而逐漸形成。

「道家」和「儒家」的命名和劃分，則是漢初的事情。司馬談《論六家要旨》說：

> 儒者博而寡要，勞而少功，是以其事難盡從；然其序君臣父子
> 之禮，列夫婦長幼之別，不可易也。墨者儉而難遵，是以其事不可
> 遍循；然其強本節用，不可廢也。法家嚴而少恩；然其正君臣上下
> 之分，不可改矣。名家使人儉而善失真；然其正名實，不可不察也。
> 道家使人精神專一，動合無形，贍足萬物。其爲術也，因陰陽之大

〔註13〕 顧藎臣：《經史子集概要》（子部 P148），中國書店，1990 年版。據世界書局
1930 年版影印。

〔註14〕 參見《胡適全集》第 4 卷，安徽教育出版社 2003 年版，第 73～74 頁，見前引。

〔註15〕 《漢書·藝文志》，中華書局 1962 年版，第 1728～1745 頁。

順，採儒墨之善，撮名法之要，與時遷移，應物變化，立俗施事，

無所不宜，指約而易操，事少而功多。〔註16〕

這說明，到這個時候，已經出現了儒、墨、法、名、道各家的說法。在這之前，並未出現「儒、墨、法、名、道」各家並稱的情況。在先秦著名的幾篇反映學術思想的名篇中都沒有這樣提到過，例如《莊子‧天下》篇和《韓非子‧非十二子》都沒有直接用「儒、墨、法、名、道」這些名字來對先秦的學術派別命名。

有學者指出：「中國古代思想流派的劃分，尤其是先秦諸子百家的學派歸屬，是一個見仁見智的問題。我以為各派的思想大致可以分為兩個層面，一是價值觀的層面，二是方法論的層面。判斷學派性質，主要應該根據價值觀，而不是方法論。就價值觀而言，各派之間的界限是比較分明的。這是因為，某一學派之所以成立，就是因為它有自己獨特的宗旨，這種宗旨，就是它的價值觀。思想家本人也是根據其價值觀來認同自己的學統的。就方法論而言，各派之間是相互貫通的。這是因為，一方面，為了同一個目的，可以採取不同的方法；另一方面，為了不同的目的，也可以採取相同的方法。各個思想流派往往是在相同或相似的社會背景下產生的，所關心的問題往往一致，所以它們之間難免相互借鑒、相互影響。」〔註17〕這無疑從一個比較獨特的視角解讀了中國古代思想學術流派劃分和認定背後的標準。但是，純粹從價值觀和方法論來看先秦諸子百家的學派歸屬，似乎也不能夠完全解釋和還原當時諸子之學的客觀情形。我們對先秦學術流派的認識或許無形中還停留在漢代人的看法上。對先秦學術流派形成和演變歷程的研究，仍舊是一個具有廣大空間的領域，有待學界的進一步努力。

7.3 早期儒道關係略論

我們談儒道關係，肯定要從孔子和老子談起。雖然在孔子和老子的時期並沒有形成完整意義上的儒家學派和道家學派，但是作為儒、道學派的初級階段，孔子和老子無疑具有開山之功。文章在前面比較全面地討論了孔、老及其思想的關係。我們從孔老思想的同源和共通得出啟示，在孔、老思想不

〔註16〕《史記》卷一百三十《太史公自序》，中華書局簡體字本 2005 年版，第 2486 頁。

〔註17〕郭沂：《郭店楚簡與先秦學術思想》，上海教育出版社 2001 年版，第 29 頁。

分家的歷史考察下，我們認為在孔子和老子以後一段時期內，包括孟子、莊子、荀子的時代，儒道關係應該是不緊張的。我們暫且把這段時間的儒道關係稱為早期的儒道關係。

長期以來，不少的學者認為，早期的儒道關係是勢若水火的對立關係，我們認為不是這樣的。我們認為，從儒道不分的孔老時期，到儒、道學派逐漸分化成型的整個先秦時期，儒道思想都是混合在一起的，相互兼容並包，並沒有完全分開。這種緩和、互通的儒道關係一直延續到西漢前期。

7.3.1 孔、老時期不存在儒道之爭

在孔子的有生之年，孔子的思想並沒有形成一個非常完整而系統的體系，也談不上對現實政治的指導和運用，當時的孔子學說也沒有能成為一個強大的、在社會上產生強大影響的派別。我們知道，孔子學說在當時並不被統治者所看重。從孔子的失意人生便可以看出這一點。孔子一生積極入世，充滿憂患意識，他希望通過仁、禮來改良社會，改變天下無道的局面，可他所得到的卻是諸侯們的冷遇，受盡排擠和白眼，在政治上無所成就。孔子的思想和立場在當時是被視為迂闊而不切實際的。如果說當時的孔子學派能稱為「儒家學派」的話，那麼，在這樣一種被孤立和排擠的情況之下，是沒有所謂的「儒家」的強大社會影響力的，更談不上對「道家」的壓力。

老子的思想和主張在當時所代表的也只是對現實社會政治絕望後的一種烏托邦式的理想和寄託而已。和孔子一樣，老子也對現實感到失望，希望能夠回到古代，但老子比孔子更加徹底地否定了現實社會。孔子雖然深感天下無道，但孔子卻沒有真正做到「無道而隱」，孔子還幻想有統治者能夠採用他的學說，以此實現社會的改良；而老子面對天下無道卻無意再作現實的努力，轉而棄官歸隱，天真地在心中勾勒和憧憬著自然純樸的理想社會。在當時的亂世，老子的思想學說無疑也會引起人們的嚮往和追隨。老子晚年同樣也在授徒講學，老子學說的追隨者也逐漸會形成一個相對獨立的學派，但這個學派和後人所說的「道家學派」並不是一回事。這個學派在當時也不會是一個具有強大社會影響的理論陣營。無論從其思想主張，還是從其社會影響力來說，老子學說在當時都不具備成為一個對另外一個學派形成壓力的學說。總的來說，在老子和孔子時期，後世意義上的「儒家」和「道家」並沒有真正的形成。從這個意義上說，在孔子和老子的時代，是不存在「儒」、「道」之

爭的。

　　或許有人會說，老子對孔子是有批評的，這難道不能算是一種「儒」、「道」意義上的對立或鬥爭嗎？這個問題可以從兩個方面來看。

　　第一，我們反覆論證過，在孔子和老子這裡，並沒有後世意義上的「儒家」和「道家」的嚴格劃分，他們只是在共同的社會背景和文化背景之下產生的兩個思考者，並有著各自的思想追隨者。所以，他們之間的關係似乎還不能以「儒」、「道」言之。

　　第二，老子對孔子的批評，不能說是一種理論上的鬥爭和對立。先秦兩漢史料中多次出現老子對孔子進行批評和教育的記載，這是事實。但是，這種批評是溫和而意味深長的，這是一個老師對於一個學生的批評，或者說是一位長者對於一位年輕人語重心長的教導。例如，孔子對他的弟子，如子路等人同樣也是時有批評的，那麼作為老師的老子，對孔子偶有批評，也就不足為怪了。我們不能把這種師生間的分歧和教誨上升為學派之爭。

7.3.2 莊子與儒家關係密切

　　有學者根據《莊子》一書的《盜跖》、《胠篋》、《馬蹄》等篇出現了大量批評孔子和儒家思想的言論，進而斷定在莊子時期儒道矛盾是十分尖銳的。誠然，在《莊子》一書中，有不少地方極力批評儒家思想，也有些地方借孔子和孔子弟子之口宣揚道家的思想。連司馬遷都說：「莊子……作《漁父》、《盜跖》、《胠篋》以詆訿孔子之徒，以明老子之術。」〔註18〕由於這些原因，人們習慣性地以為莊子時期是儒道關係十分緊張的時期。我們認為實際情況並非如此。

　　其實，莊子時期，儒道之分仍然不甚明瞭

　　我們在前面論述了孔老時期儒道是沒有分家的。其實在莊子時期，儒家和道家仍然沒有完全分開。在莊子的時候，所謂的「儒」，或許更多的還是指相禮助葬的術士，和孔子時代的「儒」的職業相差不遠。而莊子本人，也還沒有人視其為「道家」，只是莊子與老子的思想主旨比較接近。漢代的司馬遷才把莊子歸於老子一派：「其學無所不窺，然其要本歸於老子之言。」〔註19〕在莊子的時代，包括莊子本人在內，人們應該還沒有儒道對立的觀念，而莊

〔註18〕《史記》卷六十三《老子韓非列傳》，中華書局簡體字本2005年版，第1704頁。
〔註19〕《史記》卷六十三《老子韓非列傳》，中華書局簡體字本2005年版，第1704頁。

子本人也和「儒」的關係十分密切。

首先，莊子與「儒」的關係密切。

莊子的時代距孔子不遠，不足兩百年，「與梁惠王、齊宣王同時」〔註20〕。胡適先生說：「孔子和這班大弟子本來都是殷商商祝，孔子只是那個職業裏出來的一個有遠見的領袖，而他的弟子仍多是那個治喪相禮的職業中人，他們是不能完全跳出那種『因人之野以爲尊』的風氣之外的。」〔註21〕這是很有道理的。那麼「儒」發展到離孔子不遠的莊子時代，是否就已經成爲了後世所理解的完全獨立於「道家」之外的「儒家」了呢？我看未必。莊子在後世被人們歸爲道家一類，與老子並稱「老莊道家」，可是，莊子和「儒」的關係也是十分密切的。《莊子·田子方》有一段故事，說明莊子對眞正有學問的儒者是很尊重的：

> 莊子見魯哀公。哀公曰：「魯多儒士，少爲先生方者。」莊子曰：「魯少儒。」哀公曰：「舉魯國而儒服，何謂少乎？」莊子曰：「周聞之，儒者冠圜冠者，知天時；履句屨者，知地形；緩佩玦者，事至而斷。君子有其道者，未必爲其服也；爲其服者，未必知其道也。公固以爲不然，何不號於中國曰：『無此道而服此服者，其罪死！』」於是哀公號之五日，而魯國無敢儒服者，獨有一丈夫儒服而立乎公門。公即召而問以國事，千轉萬變而不窮。莊子曰：「以魯國而儒者一人耳，可謂多乎？」〔註22〕

當然，這則故事應該是寓言，因爲魯哀公比莊子要早一百多年，二人是不可能見面。但這則故事告訴我們，當時有很多人並沒有儒士的眞才實學，卻穿戴著儒生的服裝和鞋帽假裝自己是有學問的人，一旦國王下令「無此道而服此服者，其罪死」之後，那些假冒的儒生就都不敢著儒服了。這說明：一，當時的儒士還是很受歡迎的，是人們所尊敬的有道之士，正因爲如此，才會有人著儒服以抬高自己；二，莊子對沒有學問而假冒儒士的人是很討厭的，但他對有眞才實學的眞正的儒士卻是很尊重的。

《莊子·說劍》記載了莊子受趙太子悝之請前去說服趙文王放棄對劍客的喜好而專心治國的一則故事，故事提到了太子要莊子不要堅持著儒服去見

〔註20〕《史記》卷六十三《老子韓非列傳》，中華書局簡體字本2005年版，第1704頁。

〔註21〕 胡適：《說儒》，《胡適全集》第4卷，安徽教育出版社2003年版，第36頁。

〔註22〕《莊子·田子方》，郭慶藩：《莊子集釋》第三冊，中華書局1961年版，第717～718頁。

趙文王，而改穿劍服以取悅趙文王：

> 太子曰：「然。吾王所見，唯劍士也。」莊子曰：「諾。周善為
> 劍。」太子曰：「然吾王所見劍士，皆蓬頭突鬢垂冠，曼胡之纓，短
> 後之衣，瞋目而語難，王乃説之。今夫子必儒服而見王，事必大逆。」
> 莊子曰：「請治劍服。」〔註23〕

這則故事無意中流露出了一條重要線索，那就是，莊子平時是身著儒服的。
這兩則材料分別出於《莊子》的外篇和雜篇，無論這兩篇出自莊子本人還是
莊子後學之手，無論是出於真實故事的改編還是純屬寓言，都說明了莊子一
派對有真學問的儒士的尊重，以及莊子本人和「儒」的關係是密切的。

其次，莊子對孔子和孔子學說是很推崇的

雖然《莊子》一書對孔子批評不少，但是莊子本人對孔子是十分敬重的。
《莊子》一書對孔子的推崇到處可見，《寓言》篇載：

> 莊子謂惠子曰：「孔子行年六十而六十化，始時所是，卒而非
> 之，未知今之所謂是之非五十九非也。」惠子曰：「孔子勤志服知也。」
> 莊子曰：「孔子謝之矣，而其未之嘗言。孔子云：『夫受才乎大本，
> 復靈以生。』鳴而當律，言而當法，利義陳乎前，而好惡是非直服
> 人之口而已矣。使人乃以心服，而不敢蘁立，定天下之定。已乎已
> 乎！吾且不得及彼乎！」

郭沫若先生評價說：「雖然莊子存心也頗想同仲尼比賽，但他的心悅誠服之
態，真可是溢於言表。由天得到好的材質，又於一生之中使其材質得到光明，
言談合乎軌則，行為撲乎正義，好惡是非都得其正。不僅使人口服，而且使
人心服，使天下人的意見都得到定準，而不能超脫出他的範圍。這樣的稱述，
比儒家典籍中任何誇大的贊詞，似乎都更抬高了孔子的身價。」〔註24〕崔大
華先生稱：「在莊子心目中，孔子是個有極高德行的人，他的行為已超越小智
小故而與時俱化，他不是以利義是非的外在標準，而是以出乎『大本』的高
尚人格去感化人。莊子完全誠懇地承認，孔子的道德力量是自己達不到的。」
〔註25〕而《莊子》一書對於儒家的六經也是推崇備至，《天下篇》稱：「《詩》
以道志，《書》以道事，《禮》以道行，《樂》以道和，《易》以道陰陽，《春秋》

〔註23〕　《莊子·說劍》，郭慶藩：《莊子集釋》第四冊，中華書局 1961 年版，第 1017
　　　　～1018 頁。
〔註24〕　郭沫若：《十批判書》，東方出版社，1996 年版，第 177 頁。
〔註25〕　崔大華：《莊學研究》，人民出版社，1992 年版，第 350 頁。

以道名分。」〔註26〕高度概括了《詩》、《書》、《禮》、《樂》、《易》、《春秋》的內容和作用。

至於《莊子》一書中對孔子的批評，有學者認爲是「呵佛罵祖的遊戲文字」，郭沫若先生說：「《莊子》書中雖然很多地方在菲薄儒家，如像《雜篇》中的《盜跖》、《漁父》兩篇更在痛罵孔子，但那些都是後學者的呵佛罵祖的遊戲文字，而認眞稱贊儒或孔子的地方，則非常嚴肅。」〔註27〕

鑒於莊子和孔子和儒家學說的這些密切聯繫，有學者甚至認爲莊子出自孔子儒學。例如唐代的韓愈認爲莊子出於子夏之學：「吾常以爲孔子之道大而能博，門弟子不能遍觀而盡識也，故學焉而皆得其性之所近；其後離散，分處諸侯之國，又各以所能授弟子，原遠而末益分。蓋子夏之學其後有田子方；子方之後，流而爲莊周，故周之書，喜稱子方之爲人。」〔註28〕清代學者章學誠、姚鼐、康有爲、梁啓超等人均持此說。另外，章太炎、郭沫若等人則認爲莊子出自顏氏之儒。郭沫若《莊子的批判》一文說：「我懷疑他本是『顏氏之儒』，書中徵引顏回與孔子的對話很多，而且差不多都是很關緊要的話，以前的人大抵把它們當成『寓言』便忽略過去了。那是根據後來所完成了的正統派的儒家觀念所下的判斷，事實上在孔門初一、二代，儒家並不是那麼純正的，而儒家八派之中，過半數以上是已經完全消滅了。」〔註29〕以我們目前的資料，當然還無法判斷莊子到底是出於子夏或是顏回抑或是出於其他什麼人，但是，有一點我們是清楚的：在莊子時代的「儒」，和後世意義上的「儒家」是不完全相同的，它和老子、莊子的某些思想觀念是兼容的，也就是說，在莊子的時代，儒道也還沒有完全分家。郭沫若所說「事實上在孔門初一、二代，儒家並不是那麼純正的」，其實質也是指孔子學說在孔子和他之後的一段時間內，都是和老子、莊子等「道家」思想是混在一起的，所謂的「不是那麼純正」即是指和道家思想沒有分開。

綜上所述，我們認爲，在莊子乃至莊子後學的時期，儒家和道家的思想仍然沒有能夠完全分開。在這種情形之下，也不存在儒道關係的尖銳對立。

〔註26〕《莊子·天下》，郭慶藩：《莊子集釋》第四冊，中華書局 1961 年版，第 1067 頁。

〔註27〕郭沫若：《十批判書》，東方出版社，1996 年版，第 176 頁。

〔註28〕《韓愈全集》，上海古籍出版社，1997 年版，第 212 頁。

〔註29〕郭沫若：《十批判書》，東方出版社，1996 年版，第 176 頁。

7.3.3　孟子思想深受早期道家的影響

　　《史記‧孟荀列傳》說：「孟子，鄒人也。受業子思之門人。」〔註30〕孟子自己則說：「君子之澤五世而斬，小人之澤五世而斬。予未得爲孔子徒也，予私淑諸人也。」〔註31〕孟子被後人稱爲「亞聖」，在儒家的地位僅次於孔子，其儒家的角色定位自然也是毫無疑問的了。

　　然而，在孟子的思想中，我們同樣也可以看到儒道思想的交融互補，這從一個側面反映了在孔子及孔子之後一段時間內的早期儒家，他們的思想和老子道家的思想是有很多相通的地方的，也進一步說明在先秦時期儒道思想是融合在一起的。孟子和莊子大致處於相同的時期，前面已經講到，當時的儒道關係是緩和的。下面，我們具體來看看孟子思想與道家思想的相通之處。

　　第一，在人性論上與老子的契合

　　一般認爲孟子是中國古代第一個提出「性善論」的人，其實老子也是主張人性善的。在《老子》一書中，老子沒有直接談到人性的問題，我們從老子對於「道」與「德」的闡述中可以觸摸到他對的人性的理解。可以說，老子「對於道與德的規定，亦即是他對人性的規定」。〔註32〕我們認爲，老子對於「道」與「德」最大的規定就是「自然」。《老子》第二十五章說：「人法地，地法天，天法道，道法自然。」〔註33〕人是應該效法天地，而天地符合大道，大道的特點是一切順應自然。《老子》第三十七章還說：「道常無爲」〔註34〕。所以，在老子看來，自然無爲是道的最基本的特徵。而老子的最推崇的「德」的境界就是「生而不有，爲而不恃，長而不宰」的「玄德」〔註35〕。《老子》第五十一章說：「道生之，德畜之，物形之，勢成之。是以萬物莫不尊道而貴德。道之尊，德之貴，夫莫之命而常自然。故道生之，德畜之。長之育之，亭之毒之，養之覆之，生而不有，爲而不恃，長而不宰，是謂玄德。」〔註36〕

〔註30〕　《史記》卷七十四《孟子荀卿列傳》，中華書局簡體字本 2005 年版，第 1839 頁。

〔註31〕　《孟子‧離婁下》，楊伯峻：《孟子譯注》，中華書局 1960 年版，第 193 頁。

〔註32〕　李維武編：《徐復觀文集》，第三卷《中國人性論史‧先秦篇》，湖北人民出版社 2002 年版，第 304 頁。

〔註33〕　《老子》第二十五章，《老子道德經注》上篇，《王弼集校釋》，中華書局 1980 年版，上冊，第 65 頁。

〔註34〕　《老子》第三十七章，《老子道德經注》上篇，《王弼集校釋》，中華書局 1980 年版，上冊，第 91 頁。

〔註35〕　《老子》第五十一章，《老子道德經注》上篇，《王弼集校釋》，中華書局 1980 年版，上冊，第 137 頁。

〔註36〕　《老子》第五十一章，《老子道德經注》上篇，《王弼集校釋》，中華書局 1980

可見，老子的對「德」的規定也是自然無爲的。既然老子對於「道」和「德」的規定都是自然無爲，那麼落實到人的層面也是一樣的。老子認爲對人最大的仁就是順其自然，老子明確提出「上德不德，是以有德」〔註37〕，意思就是說眞正的有德就是一切德行都出於自然流露，而不是處處刻意表現出有德的樣子。至德不德，這和莊子講的「至仁無親」〔註38〕是一個道理。眞正的仁義，是順應萬物的自然而已，而不是人爲的作爲；眞正的有德，是自然天性的流露，而不是後天的提倡。那麼爲什麼老子相信，人的一切行爲只要發自自然本性就能做到仁義和有德呢？唯一的解釋，就是老子相信人的本性是向善的。老子的這種自然人性論是以人性本善爲基礎的。《莊子·天道》裏面有一段老子和孔子關於人性的對話，儘管不能作爲完全可信的依據，但是至少說明莊子學派對於老子關於人性的描寫和我們上文所分析的老子人性善論是相吻合的：

> 孔子……繙十二經以説。老聃中其説，曰：「大謾，願聞其要。」孔子曰：「要在仁義。」老聃曰：「請問仁義，人之性邪？」孔子曰：「然。君子不仁則不成，不義則不生。仁義，眞人之性也，又將奚爲矣？」老聃曰：「請問何爲仁義？」孔子曰：「中心物愷，兼愛無私，此仁義之情也。」老聃曰：「幾乎後言。夫兼愛，不亦迂乎？無私焉，乃私也。夫子若欲使天下無失其牧乎？則天地固有常矣，日月固有明矣，星辰固有列矣，禽獸固有群矣，樹木固有立矣。夫子亦放德而行，遁道而趨，已至矣，又何偈偈乎揭仁義、若擊鼓而求亡子焉？意！夫子亂人之性也！」〔註39〕

可以看出，老子和孔子都承認人性中本來就包含著仁義。不同的是，孔子要用十二經繼續教育人們，而老子認爲不必進行教育，因爲人性本來就是好的，如果再去進行所謂的教育，反而會「亂人之性」。

孟子的性善論是大家所熟悉的：「孟子道性善，言必稱堯舜。」〔註40〕孟子談到人性時說：「乃若其情，則可以爲善矣，乃所謂善也。若夫爲不善，非

年版，上冊，第137頁。

〔註37〕《老子》第三十八章，《老子道德經注》下篇，《王弼集校釋》，中華書局1980年版，上冊，第93頁。

〔註38〕《莊子·天運》，郭慶藩：《莊子集釋》第二冊，中華書局1961年版，第498頁。

〔註39〕《莊子·天道》，郭慶藩：《莊子集釋》第二冊，中華書局1961年版，第477～479頁。

〔註40〕《孟子·滕文公上》，楊伯峻：《孟子譯注》，中華書局1960年版，第112頁。

才之罪也。惻隱之心，人皆有之；羞惡之心，人皆有之；恭敬之心，人皆有之；是非之心，人皆有之。惻隱之心，仁也；羞惡之心，義也；恭敬之心，禮也；是非之心，智也。仁義禮智，非由外鑠我也，我固有之也，弗思耳矣。」〔註 41〕在孟子看來，在人的本性中，自然而然地就有仁、義、禮、智這些善的要素的。

　　孟子說：「天下之言性也，則故而已矣。故者以利為本。所惡於智者，為其鑿也。如智者若禹之行水也，則無惡於智矣。禹之行水也，行其所無事也。如智者亦行其所無事，則知亦大矣。」〔註 42〕孟子又說：「莫之為而為者，天也；莫之致而致者，命也。」〔註 43〕可見，孟子受到老子道法自然的影響，特別指出要像禹之行水一樣順其自然而為，要無為無事地對待智的運用，對於仁義禮，也是一樣。顯然，孟子是吸取了老子的自然無為的原則來指導自己關於人性的理論闡述。老子很讚同「嬰兒」和「赤子」的純淨質樸的心理狀態。和老子一樣，孟子也提出：「大人者，不失其赤子之心者也。」〔註 44〕在老子和孟子看來，有德行的人便是能夠保持那種嬰兒的天真淳樸之心的人。嬰兒天性是自然的，善良的，淳樸的，符合「大人」或者是「聖人」的標準，可見，老子和孟子都主張自然的人性論。

　　張松輝先生提出：「老子雖然沒有直接、明確地提出『人性善』這一命題，但根據其整個思想可以看出，他與後來的孟子、莊子一樣，都是性善論者。因此可以說，老子是第一位提出人性善的人。《老子》全書都滲透著這樣一種思想：人本來是樸實無華、清靜寡欲的，只因統治者施行了多欲政治，才使人們變得奸詐難治，只要統治者變多欲為無為，人們就會反樸歸真，恢復善良的本性。可見老子雖然沒有明確提出『人性善』的問題，但他的整個政治思想體系就是建立在人性善的基礎之上。」〔註 45〕

　　第二，在對待君王的看法上，孟子和老子的觀點非常相似。

　　君民關係是先秦思想家們討論最多的話題之一。在老子、莊子以及孔子和孟子等思想家的思想主張中，對於君民關係的觀點，是有著很多的相通之處的。孟子和老子的主張尤其接近。

〔註 41〕《孟子·告子上》，楊伯峻：《孟子譯注》，中華書局 1960 年版，第 259 頁。
〔註 42〕《孟子·離婁下》，楊伯峻：《孟子譯注》，中華書局 1960 年版，第 196 頁。
〔註 43〕《孟子·萬章上》，楊伯峻：《孟子譯注》，中華書局 1960 年版，第 222 頁。
〔註 44〕《孟子·離婁下》，楊伯峻：《孟子譯注》，中華書局 1960 年版，第 189 頁。
〔註 45〕張松輝：《老子研究》，人民出版社 2006 年版，第 154 頁。

　　《老子》十七章說：「太上，不知有之。其次，親而譽之。」〔註46〕在老子看來，最好的統治者是堅持自然無爲的原則來進行統治的，一切順應百姓之自然，不妄加干涉，即使施德於民也不求回報，因此也就不去宣揚自己的美德和仁政，所以百姓的生活其樂融融，卻感覺不到君主的存在。

　　和老子一樣，孟子也希望統治者能做到這點。孟子說：「霸者之民，歡虞如也；王者之民，皥皥如也。殺之而不怨，利之而不庸，民日遷善而不知爲之者。夫君子所過者化，所存者神，上下與天地同流，豈曰小補之哉！」〔註47〕按照趙岐和孫奭的解釋，「庸」即「功」，所謂「利之而不庸」就是「利而不知爲王者之功」〔註48〕。楊伯峻解「庸」爲「酬功之意」，酬謝的意思。〔註49〕孟子認爲，「霸者」愛民帶有功利目的，是想得到百姓的擁護，所以他們處處宣揚自己的功德，讓百姓知道自己的歡樂生活是來自君主的恩賜。而王者就不同了，他們的愛民不帶有個人目的，不對百姓橫加干涉，百姓生活美滿，卻認爲自己本來就如此，感覺不到君主的力量，所以下文接著又說「民日遷善而不知爲之者」，百姓一天天地向好處發展，卻不知是誰的力量。這與老子的思想完全是一樣的。

　　另外，對待暴君的態度，孟子和老子也完全是一樣的。《老子》第五十三章說：「朝甚除，田甚蕪，倉甚虛，服文采，帶利劍，厭飲食，財貨有餘，是謂盜竽（誇）。」〔註50〕老子把暴君稱爲「強盜頭子」，流露出非常強烈的憎惡之情。《文子·下德》篇載老子的話：「老子曰：『……有南面之名，無一人之譽，此失天下也。故桀紂不爲王，湯武不爲放。』」〔註51〕在老子看來，夏桀和商紂有君王之名，但是因爲暴虐無道而沒有一個人稱譽他們，實際上根本就沒有資格稱爲「王」。孟子也認爲暴君沒有資格稱爲「君」。《孟子·梁惠王下》篇有一段孟子與齊宣王關於桀紂的對話，和老子關於桀紂的觀點很接近：

　　　　齊宣王問曰：「湯放桀，武王伐紂，有諸？」孟子對曰：「於傳

〔註46〕《老子》第十七章，《老子道德經注》上篇，《王弼集校釋》，中華書局 1980年版，上冊，第 40 頁。

〔註47〕《孟子·盡心上》，楊伯峻：《孟子譯注》，中華書局1960年版，第143頁。

〔註48〕《孟子注疏》卷十三上，中華書局《十三經注疏》影印本，下冊，第2765頁。

〔註49〕楊伯峻：《孟子譯注》，中華書局1960年1月版，第306頁。

〔註50〕《老子道德經注》下篇，中華書局《王弼集校釋》1980年版，上冊，第 141～142 頁。

〔註51〕《文子》卷九《下德》，中華書局《文子疏義》2000年版，第388頁。

有之。」曰：「臣弒其君，可乎？」曰：「賊仁者謂之『賊』，賊義者
謂之『殘』。殘賊之人謂之『一夫』。聞誅一夫紂矣，未聞弒君也。」
〔註52〕

和老子「桀紂不爲王，湯武不爲放」的說法一樣，孟子也認爲放殺暴君是合
理合法的事情。既然桀紂不能算是君王，那麼誅殺他們也就無所謂「弒君」
了。〔註53〕

第三，其他相通之處

在孟子的思想體系中，還有許多和老子思想相通的地方。

例如，老子主張「少私寡欲」〔註54〕，認爲「禍莫大於不知足，咎莫大
於欲得」。〔註55〕而孟子也主張寡欲，《孟子·盡心下》說：

孟子曰：「養心莫善於寡欲。其爲人也寡欲，雖有不存焉者，
寡矣；其爲人也多欲，雖有存焉者，寡矣。」〔註56〕

再如，老子主張無爲、順應自然。孟子也有這種思想。在《老子》第五
十一章，老子有「夫莫之命而常自然」〔註57〕的說法，說明萬物是在無爲自
然的狀態中生長的。而孟子也提出了「莫之爲而爲者，天也」〔註58〕的說法，
其思想實質是相通的。孟子認爲，萬物的生長，是順應著客觀存在的自然規
律而生長的，各自適應著自己所處的具體環境而生長的，天道自然，無爲而
自然爲之。

又如：《老子》第五十七章說：「我無爲而民自化；我好靜而民自正。」
〔註59〕而孟子提出「正己而物正」〔註60〕的說法。都是強調君主的無爲之德，

〔註52〕《孟子注疏》卷二下，中華書局《十三經注疏》影印本，下冊，第 2679～2680
　　　　頁。
〔註53〕參見張松輝《先秦兩漢道家與文學》，東方出版社 2004 年版，第 56～58 頁。
〔註54〕《老子》第十九章，《老子道德經注》上篇，《王弼集校釋》上冊，中華書局
　　　　1980 年版，第 45 頁。
〔註55〕《老子》第四十六章，《老子道德經注》下篇，《王弼集校釋》上冊，中華書
　　　　局 1980 年版，第 125 頁。
〔註56〕《孟子注疏》卷十四下，中華書局《十三經注疏》影印本，下冊，第 2778 頁。
〔註57〕《老子》第五十一章，《老子道德經注》下篇，《王弼集校釋》上冊，中華書
　　　　局 1980 年版，第 137 頁。
〔註58〕《孟子·萬章上》，楊伯峻：《孟子譯注》，中華書局 1960 年版，第 222 頁。
〔註59〕《老子》第五十七章，《老子道德經注》下篇，《王弼集校釋》上冊，中華書
　　　　局 1980 年版，第 150 頁。
〔註60〕《孟子·盡心上》，楊伯峻：《孟子譯注》，中華書局 1960 年版，第 308 頁。

就像孔子所稱贊堯舜所說的那樣：「無為而治者，其舜也與！夫何為哉？恭己正南面而已矣。」〔註61〕在孔子看來，舜無所施為，只是正己無為而已。孔子還說：「為政以德，譬如北辰，居其所而眾星拱之。」為政之人如果能正己、修無為之德，便可以有如北辰之不移而眾星拱之。在恭己無為而天下治這種無為而治的治術追求上，孟子和孔子是一樣的，但其思想的源頭都在老子那裏。

另外，孟子和老子一樣，對渾厚淳樸的「赤子之心」狀態頗為讚同。孟子說：「大人者，不失其赤子之心者也。」〔註62〕《老子》第五十五章有「含德之厚，比於赤子」一說。孟子說「持其志，無暴其氣」，〔註63〕而老子也有「專氣至柔，能如嬰兒乎」〔註64〕的說法，都強調專氣的重要性。

總之，孟子的思想與老子和道家的思想相通之處頗多，篇幅所限，不能盡舉。我們認為，這些相通說明了在孟子的思想體系中，融合了許多道家思想的因素，而這種融合恰恰證明了儒道思想在先秦時期的交融互補，而不是相互對立和排斥。

7.3.4 荀子思想和儒道互補

1．關於荀子的學派爭議和思考

荀子是先秦儒家的一個重要代表。先秦儒學發展到荀子這裡，已經融合了道家、法家等諸子百家的部分思想，對儒學進行了重新的建構。所以，荀子時代的儒學已經深深打上了其他學派的烙印，相對孔、孟儒學有了比較大的改造和發展。我們認為荀子在很多方面借鑒了道家的思想，重新補充、修正儒家的思想，力圖使儒家思想更符合當時社會的需要，從而起到指導政治的作用。正因為荀子思想對各家均有吸收，所以荀子思想到底應歸於那一家，至今並沒有一致的定位，有說法家的、有說雜家的、有說黃老道家的，比較多的人認為還是儒家。正如有學者指出：「如果以大歷史的視野簡要回顧一下荀子和以他為中心的荀學在儒學史中的地位，就會發現甚至在那些最核心的

〔註61〕 《論語‧衛靈公》，程樹德：《論語集釋》第四冊，中華書局 1990 年版，第 1062 頁。

〔註62〕 《孟子‧離婁下》，楊伯峻：《孟子譯注》，中華書局 1960 年版，第 189 頁。

〔註63〕 《孟子‧公孫丑上》，楊伯峻：《孟子譯注》，中華書局 1960 年版，第 62 頁。

〔註64〕 《老子》第十章，《老子道德經注》上篇，《王弼集校釋》上冊，中華書局 1980 年版，第 23 頁。

問題上人們都沒有形成基本的共識。」〔註65〕下面將關於荀子學派的幾種代表性意見稍作分梳。

第一種觀點：

認為荀子屬於法家：從韓愈開始，荀子就被排除在正統儒家之外，而與楊雄並論。韓愈《原道》篇說：「吾所謂道也，非向所謂老與佛之道也。堯以是傳之舜，舜以是傳之禹，禹以是傳之湯，湯以是傳之文武周公，文武周公傳之孔子，孔子傳之孟軻，軻之死，不得其傳焉。荀與楊也，擇焉而不精，語焉而不詳。」〔註66〕朱熹認為荀子當屬法家，《朱子語類》卷一三七《戰國漢唐諸子》載：「荀卿則全是申韓，觀《成相》一篇可見。他見當時庸君闇主戰鬥不息，憤悶惻怛，深欲提耳而誨之，故作此篇。然其要，卒歸於明法制，執賞罰而已。」〔註67〕二十世紀六、七十年代的一些學者，從政治需要出發，從評法批儒的角度，非常主觀地將荀子定性為戰國末期「法家的重要代表」。如章詩同先生認為荀子「是新興地主階級傑出的唯物主義思想家、法家的優秀代表。」〔註68〕時至今日，還有人認為荀子是法家而非儒家。可見，荀子法家說的流傳之廣和影響之深。

第二種觀點：

認為荀子屬於雜家：郭沫若先生在《荀子的批判》一文中指出「荀子是先秦諸子中最後一位大師，他不僅集了儒家的大成，而且可以說是集了百家的大成的⋯⋯但公正地說來，他實在可以稱為雜家的祖宗，他是把百家的學說差不多都融會貫通了。」〔註69〕

第三種觀點：認為荀子是黃老道家。

趙吉惠先生認為荀子是黃老之學，趙先生在《荀況是戰國末期黃老之學的代表》〔註70〕、《論荀子是稷下黃老之學》〔註71〕兩文中都提出了這個觀點。他指出：「荀學就是黃老之學，荀子本人當是戰國末期黃老學派的重要代表人

〔註65〕 王中江：《傳經與弘道：荀子的儒學定位》，載《中國哲學》第二十四輯，遼寧教育出版社 2002 年版，第 251 頁。
〔註66〕 《韓愈全集》，上海古籍出版社 1997 年版，第 122 頁。
〔註67〕 《朱子語類》卷一三七《戰國漢唐諸子》，中華書局 1986 年版，第 3255 頁。
〔註68〕 章詩同：《荀子簡注》，上海人民出版社 1974 年版，第 1 頁。
〔註69〕 郭沫若：《十批判書》，東方出版社 1996 年版，第 197 頁。
〔註70〕 載《哲學研究》，1993 年第 5 期。
〔註71〕 載《道家文化研究》，1997 年第 4 期。

物和學術領袖。」〔註72〕

第四種觀點：認爲荀子是儒家。

關於荀子的學派歸屬，最多的觀點還是認爲荀子是儒家。金景芳先生認爲荀子是儒家而不是法家。他說：「有人見法家韓非、李斯是他的弟子，他的觀點又和孟子有很多的不同，因而斷定他是法家。其實，這是一種誤解。他的思想儘管反映若干時代特點，但從主導方面說，他仍然是以六藝爲法，以孔子爲師，嚮往三代，所以，他肯定是儒家不是法家。」〔註73〕侯外盧先生認爲荀子是「中國古代思想的綜合者」，但他還是將荀子歸爲儒家：「荀子是後期儒家的偉大的代表，他始終沒有離開儒家的立場。」〔註74〕現在一般的思想史著作都認爲荀子是儒家。

我們認爲，無論把荀子歸爲法家、黃老道家、雜家還是儒家，都有一定的依據。從不同的角度來看一個人的思想，往往會得出不同的結論。荀子的學派歸屬之所以會出現如此多的觀點，這本身就說明了兩個問題，第一，荀子確實是一個集先秦思想之大成的思想家；第二，生硬地把某某思想家定位爲哪家哪派是不符合該思想家的思想實質的，把先秦思想家分家分派的做法對解析一個思想家的思想的全部是不利的。在我們看來，荀子是戰國末期的一位思想家，他綜合了此前的思想，並且以儒、道兩家思想爲主要構成。荀子是先秦儒道思想的結合者，如果說老子和孔子開出了道家和儒家的不同路子，而荀子是企圖將儒、道合一的一位思想家。正因爲如此，荀子的思想既像是儒家的，又像是道家的；說他是儒家，偏偏又具有法家的某些特徵；說他是道家，偏偏和早期的原始道家又有出入，不能算是純粹的道家；最後，在爭不清楚其學派歸屬的情況之下，只好把荀子視爲雜家了。雜家的劃分只是說明了人們無法將某些思想駁雜的思想家分門別類。而任何一個思想家的思想都是駁雜的、兼容的，不可能會單一到可以用一個特徵來描述和定義。

2．荀子思想中的道家成分

除了孔子和子弓，荀子對於他之前的和與他同時的學派，都作了十分深刻的批判，包括儒家自身的各派。從這一點看，將荀子視爲孔子儒家的繼承

〔註72〕趙惠吉：《中國先秦思想史》，陝西人民教育出版社1988年版，第299頁。

〔註73〕金景芳著，周栗、蘇勇整理：《金景芳先秦思想史講義》，天津古籍出版社2007年版，第243頁。

〔註74〕侯外盧，趙紀彬、杜國庠：《中國思想通史》，第一冊，人民出版社1957年版，第530頁。

者，似乎是可以的。但是，但荀子的思想中，道家的內容是十分豐富的，下面我們重點看看荀子思想中的道家成分。

首先，荀子繼承和接受了早期道家的自然天道觀，這是荀子學說的一個重要基礎。荀子說：「天行有常：不爲堯存，不爲桀亡。應之以治則吉，應之以亂則凶。強本而節用，則天不能貧。養備而動時，則天不能病。修道而不貳，則天不能禍。故水旱不能使之饑（渴），寒暑不能使之疾，祅怪不能使之凶。」〔註75〕「天行有常」，意思就是說天道是有其自然規律的，這種自然規律不會因人事而改變。人們應該「修道而不貳」，做到順應自然規律而不去違背它，如果「倍道而妄行，則天不能使之吉。」〔註76〕所以荀子說：「順其類者謂之福，逆其類者謂之禍。」〔註77〕

荀子說：「列星隨旋，日月遞照，四時代御，陰陽大化，風雨博施，萬物各得其和以生，各得其養以成，不見其事而見其功，夫是之謂神。皆知其所以成，莫知其無形，夫是之謂天。」〔註78〕在荀子看來，天地萬物都只是自然界的客觀存在，眾星旋轉、日月更替、四時交換、風雨博施，都只是自然規律的體現，萬物各自得到適合的自然條件而滋養生長。對於神妙的自然規律，人們都只看到它運行的結果，而不知道它運行的過程。這和老子對天道的描述是何等的類似！

其次，荀子具有和老莊接近的認識論

莊子認爲，要想認識大道，必須做到虛靜。莊子謂之「心齋」：「氣也者，虛而待物者也。唯道集虛。虛者，心齋也。」〔註79〕只有做到了心境虛靜才可以容納大道。荀子有極爲類似的說法，《荀子‧解蔽》篇說：「人何以知道？曰：心。心何以知？曰：虛壹而靜。……虛壹而靜，謂之大清明。萬物莫形而不見，莫見而不論，莫論而失位。坐於室而見四海，處於今而論久遠，疏觀萬物而知其情，參稽治亂而通其度，經緯天地而材官萬物，制割大理，而宇宙理矣。」〔註80〕

荀子認爲，認識了大道，就能夠「坐於室而見四海，處於今而論久遠，

〔註75〕《荀子‧天論》，梁啓雄：《荀子簡釋》，中華書局 1983 年版，第 220 頁。
〔註76〕《荀子‧天論》，梁啓雄：《荀子簡釋》，中華書局 1983 年版，第 221 頁。
〔註77〕《荀子‧天論》，梁啓雄：《荀子簡釋》，中華書局 1983 年版，第 223 頁。
〔註78〕《荀子‧天論》，梁啓雄：《荀子簡釋》，中華書局 1983 年版，第 222 頁。
〔註79〕《莊子‧德充符》，中華書局《莊子集釋》第一冊，1961 年版，第 206 頁。
〔註80〕《荀子‧解蔽》，梁啓雄：《荀子簡釋》，中華書局 1983 年版，第 295～296 頁。

疏觀萬物而知其情」。荀子還說：「故千人萬人之情，一人之情是也。天地始者，今日是也。百王之道，後王是也。君子審後王之道，而論於百王之前，若端拜而議。推禮義之統，分是非之分，總天下之要，治海內之眾，若使一人。故操彌約，而事彌大。五寸之矩，盡天下之方也。故君子不下室堂而海內之情舉積此者，則操術然也。」〔註81〕千萬之情，一人之情是也，萬物一理，古今同道，荀子認爲只要掌握了大道的規律，則可以坐於室而知四海，可以做到君子不下堂而瞭解國家的情況。我們認爲，荀子這種觀點直接來源於老子。〔註82〕《老子》第四十七章說：「不出戶，知天下；不窺牖，見天道。〔註83〕」萬物一理，只要掌握了大道，就可以以一知萬。王弼解釋說：「事有宗而物有主，途雖殊而其歸同也，慮雖百而其致一也。道有大常，理有大致。執古之道，可以御今；雖處於今，可以知古始。故不出戶、窺牖而可知也。」〔註84〕此外，荀子還有很多吸收老莊思想的痕跡。張松輝先生在《先秦兩漢道家與文學》一書中談到道家對荀子思想的影響時，還談到荀子認同和吸收了老子的循環論；荀子和莊子一樣認爲精神重於肉體；荀子具有莊子一樣「役物而不役於物」和「外物不可必」的思想主張；荀子具有老子一樣的「廉而不劌」的爲人態度等等，張先生還指出，《荀子》中的許多材料直接出自《文子》、《莊子》等道家書籍。〔註85〕此外，崔大華先生也注意到了道家思想對於荀子的影響，他認爲荀子主要是受莊子的影響，而這種影響主要體現在兩個方面，一是「援用《莊子》的概念、名物」；二是「接受了莊子自然哲學的基本觀念。」〔註86〕

以上花筆墨討論和徵引荀子的道家思想，並不是想否定荀子是儒家這一大家都基本認同的觀點，只是想提醒人們，荀子作爲儒家在先秦時期的總結性大師，其思想具有明顯而豐富的道家成分，而這種現象的出現說明了在先秦時期，不管是孔子，還是孟子，抑或是荀子，他們的思想都和早期的道家思想分不開。從學術傳承來看，先秦各時期的思想家對之前的各家之學都是

〔註81〕《荀子・不苟》，梁啓雄：《荀子簡釋》，中華書局 1983 年版，第 31 頁。
〔註82〕參見張松輝：《先秦兩漢道家與文學》，東方出版社 2004 年版，第 64～65 頁。
〔註83〕《老子》第四十七章，《老子道德經注》下篇，《王弼集校釋》，中華書局 1980 年版，上冊，第 125 頁。
〔註84〕《老子道德經注》下篇，《王弼集校釋》，中華書局 1980 年版，上冊，第 126 頁。
〔註85〕參見張松輝《先秦兩漢道家與文學》，東方出版社 2004 年版，第 64～69 頁。
〔註86〕見崔大華：《莊學研究》，人民出版社 1992 年版，第 366～367 頁。

有繼承、吸收、批判和發展的。我們將先秦各思想家完全定位為某家某派的做法不一定是科學的。在先秦時期，固然是存在儒、道兩條由模糊到清晰的思想發展線索。但是，我們不能漠視這樣一個歷史事實：這兩條在後世不斷被異化的思想文化路線在先秦時期的共通和融合是多於對立和排斥的。我們來描述這個時候的「儒道關係」時，是不可以用「勢若水火」之類的文字的，因為早期的儒道區別是不大的，甚至可以認為，在荀子和荀子以前，儒道兩家並沒有真正的分開。

在中國思想文化史上，由孔子和老子開創的儒道兩家思想始終結合在一起，為歷代中國人建構了精神上的家園。因為有了儒道，人們已習慣於以這兩種不同的文化方式來思考和選擇自己的人生，具體到每一個問題上，往往要麼以儒家的方式來處理，要麼以道家的方式來處理。抽象而言，儒道兩根文化脈絡在中國思想史上確實十分清晰，但具體到一個確切的時代或個人，儒、道卻從未分開過。孔子也講無為，老莊並不完全出世。歷代徘徊於儒道之間的文人不計其數。周敦頤開一代理學，但我們看來，濂溪卻非儒非道、亦儒亦道，難以將他的學術屬性嚴格區分清楚。朱熹一代大儒，而他的道家情結也是非常明顯的。清代戴震甚至認為：「蓋程子朱子之學，借階於老、莊、釋氏，故僅以理之一字易其所謂真宰、真空者而餘無所易。」〔註87〕可見，任何將儒、道甚至包括釋絕對孤立或對立的研究立場，均難免會出現狹隘和主觀的觀點。只有以全面的、聯繫的方法去看待傳統文化中的不同流派，方可得出盡可能接近歷史真相的結論。

儒、道文化在源頭上可以追溯至春秋以前的殷周文化。孔、老的思想可謂同源而異流。很多學者已經注意到儒、道文化和《周易》、《尚書》、《詩經》等書的源流關係。共同的文化源頭為儒、道文化後來的不斷交融互補奠定了理論上的基礎。也決定了儒、道文化必定在許多方面是你中有我、我中有你的，只是發展路向各異了。我們考察孔子和老子的思想便會發現：儒、道文化雖然自孔老開始朝著不同的方向發展，但兩種文化從一產生起就開始互相交流與吸收。任何一種文化都不可能是很單純的，具體到每個人的思想也是一樣的。

我們在研究儒道關係的時候，應該本著客觀的原則，全面、準確地加以分析，既不要誇大孔子和老子、儒家和道家的不同和對立，也不應該無分寸

〔註87〕戴震：《孟子字義疏證》卷上，何文光整理：中華書局 1961 年版，第 19 頁。

地誇大二者的相通之處。歷史發展到今天，人們對於學術的態度，理應有合符理性的思考。而實際的現象是：研究某一領域的學者往往過份強調自己領域的重要性；儒家研究領域的學者不能認同道家研究領域學者的視角，反之亦然；有時甚至出現新時期的「互絀」現象。

7.4 也談郭店楚簡對於早期儒道關係的「新發現」

近年來對於早期儒道關係的研究，最引人注目的莫過於結合郭店楚簡所進行的研究。這些研究取得了不少的研究成果，大大深入和推進了先秦學術思想的研究。郭店楚簡《老子》出土以來，學界掀起了重新研究老子及其思想的高潮，其中最具有代表性的觀點就是：通過郭店楚簡《老子》，可以發現老子原來並不強烈反對仁義，而早期的儒道關係也不像以前人們所認爲的那樣緊張對立。我們在文章的最後專門寫到這一節，目的是想就此談一些自己的陋見。我們通過研究發現，其實從已有的通行本《老子》和相關的傳統文獻，就已經可以看出，老子並不反對仁義，而且早期的儒道關係本來就不緊張。這樣一來，郭店楚簡對於老子思想和早期儒道關係的「新發現」就只能是對傳統文獻的一種驗證而已了。

首先，我們有必要對郭店楚簡進行一下簡要的介紹。

一九九三年十月，湖北省荊門市沙洋區四方鄉郭店村的一座戰國墓葬中，挖掘出一批楚文字竹簡。據竹簡整理者說：「部分竹簡被盜」；〔註88〕「由於墓葬數次被盜，竹簡有缺失，簡本《老子》亦不例外。故無法精確估計簡本原有的數量。」〔註89〕又盛傳被盜竹簡已由海外購回，存量多於已出版者，目前正在整理中。劫後竹簡總數八百零四枚，散亂無序，凡一萬三千餘字，內容全爲學術性的。考古專家根據墓葬型制及器物紋樣等特徵推定，郭店一號墓具有戰國中期偏晚的特點，因而斷定其下葬年代當在公元前四世紀中期至公元前三世紀初，其竹簡字體有明顯的戰國時期楚國文字的特點。〔註90〕李學勤也說：「由考古學的證據看，郭店一號墓是戰國中期後段的，其具體年代，可估計爲公元前四世紀末，不晚於公元前三〇〇年。墓中竹簡書籍的書寫

〔註88〕 湖北省荊門市博物館：《荊門郭店一號楚墓》，載《文物》1997 年第 7 期。
〔註89〕 荊門市博物館：《郭店楚墓竹簡‧前言》，文物出版社 1998 年版。
〔註90〕 參見湖北省荊門市博物館：《荊門郭店一號楚墓》，載《文物》1997 年第 7 期。

時間應早於墓的下葬，至於書的著作年代自然更要早些。」〔註91〕

　　整理後的竹簡可分為道家著作和儒家著作兩種。道家著作共兩種四篇，分別是：《老子》三篇、《太一生水》一篇；儒家著作十一種十四篇，分別是：《緇衣》《魯穆公問子思》《窮達以時》《五行》《唐虞之道》《忠信之道》《成之聞之》《尊德義》《性自命出》《六德》各一篇，《語叢》四篇。〔註92〕其中《老子》和《五行》兩種，二十年前曾以帛書形式在湖南長沙馬王堆出土，內容大致相同。郭店楚簡的出土，引起了學界的高度重視，也掀起了一股重新研究先秦學術思想史的高潮。有學者稱：「郭店楚墓竹簡出土以後，整個中國哲學史、中國學術史都需要重寫。」〔註93〕

　　毫無疑問，郭店楚簡對於先秦思想研究是具有非常大的學術意義的。

　　對於儒學研究而言，郭店楚簡儒家文獻的出土填補了儒學史上的一段空白。李學勤先生指出：「這些儒書都與子思有或多或少的關連，可說是代表了由子思到孟子之間儒學發展的鏈環。」〔註94〕姜廣輝先生說：「郭店楚簡的出土，促使我們重新認識和評估早期儒家，而前期儒學發展史必定要改寫。」〔註95〕

　　對於道家研究而言，竹簡《老子》的出土終結了《老子》晚出之說。龐樸先生認為：「楚簡中有三篇形制不等的《老子》，內容分別見於今本，但總和不及今本五分之二。目前尚無力判斷原始（老子）是否這樣；也猜不出為什麼竟會抄成三篇，抑或只是出於偶然。要回答這些問題，有待於進一步研究。」〔註96〕這是一種比較負責的說法。

　　對於早期的儒道關係而言，有學者認為郭店楚簡反映了儒道兩家在早期是和平共處的。龐樸先生評價說：「這次郭店的楚簡，雖說數量最少，若從

〔註91〕李學勤：《郭店楚簡與儒家經籍》，載《中國哲學第二十輯·郭店楚簡研究》，遼寧教育出版社 2000 年版，第 18 頁。

〔註92〕楚簡除《五行》篇自帶篇名外，其他著作皆未標名。有三篇與傳世本《老子》某些章節相似，一篇與《禮記·緇衣》相似。其他均由整理者命名。

〔註93〕杜維明：《郭店楚簡與先秦儒道思想的重新定位》，載《中國哲學第二十輯·郭店楚簡研究》，遼寧教育出版社 2000 年版，第 4 頁。

〔註94〕李學勤：《先秦儒家著作的重大發現》，載《中國哲學第二十輯·郭店楚簡研究》，遼寧教育出版社 2000 年版，第 16 頁。

〔註95〕姜廣輝：《郭店楚簡與〈子思子〉——兼談郭店楚簡的思想史意義》，載《中國哲學第二十輯·郭店楚簡研究》，遼寧教育出版社 2000 年版，第 92 頁。

〔註96〕龐樸：《古墓新知——漫談郭店楚簡》，載《中國哲學第二十輯·郭店楚簡研究》，遼寧教育出版社 2000 年 1 月版，第 10 頁。

學術史的角度來看，也許價值最高。因爲，它塡補了儒家學說史上的一段重大空白，還透露了一些儒道兩家在早期和平共處的信息。這些都是我們聞所未聞的。」〔註97〕郭沂指出郭店楚簡《語叢》四種兼綜儒道，是墓主閱讀所藏儒道兩家著作的讀書札記，認爲「這是現存最早有意識地將儒道熔爲一爐的作品」。〔註98〕李學勤先生曾撰文認爲：「郭店一號墓所出漆耳杯，有『東宮之師』刻銘，看來墓主人曾任楚太子的師傅。他兼習儒、道，是一位博通的學者，故藏有《老子》、《子思子》等書抄本，或即用爲太子誦讀的教材。從這裡也可知道，《老子》、《子思子》等書當時已經有很高的學術地位了。」〔註99〕姜廣輝先生說：「從郭店楚簡《老子》來看，並無今本《老子》『絕仁棄義』、『禮者，忠信之薄而亂之首』一類反儒言論。這說明在當時的學術界，雖有儒家、道家的學派之分，但並非壁壘分明，相互對立。」〔註100〕

　　至於說郭店楚簡的某些內容對於先秦儒學發展史有塡補空白的價值，我們認爲是很客觀的說法。而且認爲這種發現恰恰可以部分解釋我們在前面所論述的早期儒家思想中的「道家」元素出現的原因。

　　但是，如果說是郭店楚簡的出土才能發現早期的儒道關係並不緊張，這是我們所不能認同的。其一，我們認爲，郭店楚簡雖然也反映了早期儒道關係並不緊張，但並不是通過郭店楚簡才能發現這一點。從我們文章的論述可以看出，傳世文獻其實已經證明了早期的儒道關係是不緊張的。郭店楚簡的出土，只是進一步印證了這一結論，更不能說據此可以改寫先秦儒道關係史。我們認爲應該重視出土文獻的史料價值，但不能無限放大它們的學術意義。

　　其二，我們認爲，對於郭店楚簡《老子》對於老子思想的研究，其作用是有限的。我們不否認簡本《老子》的重要價值，例如它的出土至少終結了《老子》晚出的爭議和疑問。但是，簡本《老子》仍不足以成爲研究老子思想的主要依據。

　　在簡本《老子》問世之後，有人認爲簡本老子是最好的、最原始的《老子》版本，並且終於「發現」：老子原來並不反對仁義。

〔註97〕同上，第8頁。

〔註98〕郭沂：《郭店楚簡與先秦學術思想》，上海教育出版社2001年版，第29頁。

〔註99〕李學勤：《荊門郭店楚簡中的〈子思子〉》，載《中國哲學第二十輯‧郭店楚簡研究》，遼寧教育出版社2000年版，第79頁。

〔註100〕姜廣輝：《郭店楚簡與〈子思子〉——兼談郭店楚簡的思想史意義》，載《中國哲學第二十輯‧郭店楚簡研究》，遼寧教育出版社2000年版，第91頁。

他們所謂的「發現」，來源於楚簡《老子》中的一段話：

　　　絕智棄卞（辯），民利百佫（倍）；絕巧棄利，盜惻（賊）亡又

　　（有）；絕僞棄慮（詐），民復季（稚）子。〔註101〕

這段文字在今本《老子》第十九章可以找到對應的文字，對比之下，簡本中的「絕智棄辯」、「絕僞棄慮」在今本中作「絕聖棄智」和「絕仁棄義」。這樣一來，楚簡《老子》就少了對聖和仁、義三者的棄絕。據此，人們紛紛得出結論，認爲老子原來並不反對仁義。如聶中慶先生在其《郭店楚簡〈老子〉研究》中說：「如『絕仁棄義』簡本作『絕僞棄慮』，意思大不相同。傳統的觀點認爲老子反對仁義，其實不然。老子不但不反對『聖』，亦不反對『仁義』。古史辯派認爲老子生活時期，不應有如此激烈反對『仁義』的言詞，此懷疑是有道理的。春秋晚期儒道間並未勢同水火，竹簡《老子》可以證明這一點。」〔註102〕尹振環先生認爲：「『絕智棄辨』與『絕聖棄智』、『絕僞棄慮』與『絕仁棄義』的不同，……它說明老聃那時還沒有否定（或公開否定）聖、仁、義，因爲他對仁義中的自利性、市易性、虛詐性尚發現不多。」〔註103〕

　　誠然，通過簡本《老子》和今本《老子》的關於仁義文字的對比，從字面上看，簡本《老子》似乎證明了老子不反對仁義。但是，問題在於，簡本《老子》是否就完全沒有出現反對仁義的字眼呢？〔註104〕簡本《老子》是否就能代表原始《老子》的全貌呢？如果簡本《老子》不是一個完整的本子，那麼誰能保證殘缺的部分不會出現象今本《老子》類似「絕仁棄義」這樣表面上反對仁義的文字呢？

　　如我們在第一部分所強調的那樣，考察一個人的思想，不能單憑隻言片語。不能因爲出現了某一處表面上反對仁義的字眼，就下結論斷定老子否定仁義；也不能因爲某個新的版本好像沒有出現否定仁義的字眼，就據此斷言老子主張仁義。僅僅通過一個句子就下結論，未免稍嫌單薄。我們認爲，要準確地把握老子關於仁義的思想，更重要的是應該全面地分析和考察流傳至

〔註101〕尹振環：《楚簡老子辨析》，中華書局 2001 年版，第 168 頁。

〔註102〕聶中慶：《郭店楚簡〈老子〉研究》，中華書局 2004 年版，第 187～188 頁。

〔註103〕尹振環：《楚簡老子辨析》，中華書局 2001 年版，第 170～171 頁。

〔註104〕張松輝先生分析簡本《老子》丙組「古（故）大道廢，安有仁義」一句時，指出簡本《老子》在字面上也出現了反對仁義的字眼。與通行本的「大道廢，有仁義」其實是同樣的表述，意思都是說大道廢棄了，於是才有了仁義。（參見張松輝《老子研究》，人民出版社 2006 年版，第 467 頁。）

今的成熟的通行本《老子》全文，從整個《老子》的情況去把握其思想主旨，冷靜客觀地看待版本流傳中出現的個別差異，綜合分析，這樣才有可能更加接近老子思想的原貌。而要全面地研究老子及其思想，我們堅持認爲，簡本《老子》不能作爲主要的依據，只能依靠通行本《老子》。對此，我們有以下幾點思考：

首先，簡本《老子》文字加起來不及通行本《老子》的五分之二，是否能代表當時《老子》的全貌尚不可知。正如龐樸先生指出：「楚簡中有三篇形制不等的《老子》，內容分別見於今本，但總和不及今本五分之二。目前尚無力判斷原始（老子）是否這樣；也猜不出爲什麼竟會抄成三篇，抑或只是出於偶然。要回答這些問題，有待於進一步研究。」〔註105〕

郭沂先生一開始撰文認爲「簡本《老子》不但優於今本，而且是一個原始的、完整的傳本。」〔註106〕後來，尹振環先生也列舉了七條證據，進一步支持郭沂的觀點，主張簡本《老子》並非是一個節選本。〔註107〕但後來通過進一步的研究，郭沂修正了自己的看法：「郭店《老子》是當時《老子》的一部分還是全本？我過去的看法是，這是一個完整的傳本。現在看來，這只是一種可能性。」〔註108〕承認「郭店《老子》有可能並非當時《老子》的全部，但其全部應該保存在今本《老子》裏面。也就是說，今本《老子》中可能還有其他原屬古本《老子》即至遲在郭店本的時代已經存在的部分。」〔註109〕既然不能確定簡本《老子》是否爲完整的本子，或換言之不能確定簡本《老子》是否爲《老子》原貌，那麼它就不能完整地、準確地反映老子的思想。

其次，先秦典籍可以證明，通行本《老子》在先秦時期就已經成爲當時的權威版本了。張松輝先生在其《老子研究》一書中就例舉了若干條先秦典籍中的記載來證明通行本《老子》遠在先秦就已經出現，認爲出土的最早版

〔註105〕龐樸：《古墓新知——漫談郭店楚簡》，載《中國哲學第二十輯·郭店楚簡研究》，遼寧教育出版社2000年版，第10頁。

〔註106〕郭沂：《楚簡〈老子〉與老子公案——兼及先秦哲學若干問題》，載《中國哲學》第二十輯，遼寧教育出版社2000年版，第119頁。

〔註107〕參見尹振環《楚簡老子辨析——楚簡與帛書〈老子〉的比較研究》，中華書局2001年版，第52～54頁。

〔註108〕郭沂：《簡本與甲本、乙本、王本文字主要差異對照表》，載《郭店楚簡與先秦學術思想》，上海教育出版社2001年版，第514頁。

〔註109〕郭沂：《郭店楚簡與先秦學術思想》，上海教育出版社2001年版，第515頁。

本未必就是老子的原作。〔註110〕更何況，我們對於簡本《老子》部分文字的確認和釋讀，尚有不少的爭議。

　　綜上，我們認爲，研究老子的思想，通行本《老子》更爲可靠。而關於早期儒道關係不緊張的結論，現有的傳世文獻就已經說明問題了，並不是郭店楚簡的「發現」。

　　郭店楚簡《老子》這一重大考古發現固然具有重要的學術價值，我們應該充分重視它所提示的任何歷史可能，但是我們不能無限放大它對先秦學術思想研究的作用。出土文獻可以在學術研究中起到輔助和印證的作用，但不能取代傳世文獻在中國古代思想史研究中的主體地位。

〔註110〕參見張松輝《老子研究》，人民出版社，2006 年版，第 460～467 頁。

結　論

　　孔子和老子的關係，包括兩個方面的意思。

　　第一個方面是指孔子和老子本人的關係問題，即老、孔之間有沒有師生關係的討論。根據先秦典籍的記載，老、孔的師生關係和問禮的交往是沒有任何問題的。可是，由於老子和孔子在中國古代的影響太大，可以說從老子和孔子的學說問世以來，中國傳統的知識分子的任何學術活動和思想研究都無法離開老子和孔子所開創的儒、道學說。老子和孔子作爲中國思想文化歷史上兩個最重要的人物，他們自然會引起人們從各個細微的角度去思考和研究，包括懷疑。老、孔之間到底有什麼樣的關係？就是這類思考和研究的一個基本問題。

　　在離老、孔時代不遠的先秦時期，人們對於老子和孔子的基本關係是確定和一致的，都認爲老子是孔子的老師，而問禮是孔子向老子學習的一個主要內容。毫無疑問，這種確定和一致的說法，無非是兩種原因，一是關於老、孔的交往故事在人們的口耳相傳中保持下來，至少在先秦時期是清晰而準確的。二是在先秦的書籍中，關於老、孔師生關係的記載是非常普遍的，而且可以肯定的是，當時記載老、孔事蹟的古書絕對不會僅僅就是我們現在所看到的那幾部典籍。我們在論文中列舉和分析了現存的先秦典籍中關於孔、老關係的材料，但這些只是當時此類記載的一部分，甚至是一小部分而已，畢竟先秦流傳於今的古書只是當時的一小部分而已。隨著時間逐漸遠離老、孔的時代，關於老、孔關係的材料不斷地被歷史衝走，人們對於老、孔師生關係的認同度也逐漸會有所減弱。到司馬遷的時代，關於老子的身世的歷史記載就已經少到讓司馬遷不能不閃爍其詞地把老子、老萊子以及太史儋弄到一

起來說事了。至於到了唐宋則更加不得了啦，加進儒道的學派之爭的因素之後，這個問題就顯得越發複雜了。到了晚近的疑古思潮中，就連老子是否存在都成問題了。所以說，作爲我們論文的第一個方面的問題——老、孔基本關係的問題，更多的是一個應該澄清認識的歷史事實問題。我們通過對先秦各家典籍中的關於老、孔關係的史料進行了全面的耙梳和整理，維持先秦古書關於老、孔師生關係的「原判」，並且對唐宋以來的懷疑論做了比較全面的駁斥和排除，分析了那些懷疑論的來源，論證了其不可靠性，進一步證明了先秦古書關於老、孔關係的記載是可信的。這是我們這篇論文的第一個方面的任務和第一個層次。

孔子和老子的關係，還包括孔子和老子思想之間的關係，這是我們研究孔、老關係的第二個方面的任務，也是我們討論孔、老關係的第二個層次。我們澄清和論述了老、孔的基本關係之後，在認可了孔子曾經問禮於老子這個歷史事實之後，再來分析和考察孔、老思想的異同，完全是一個新的天地。許多問題和疑問都能找到合理的解釋。如果說孔、老基本關係的再考察和澄清認識是本文的一個切入口和一個基礎的話，那麼分析和考察老、孔的思想實質和思想關係是我們這篇論文的重心所在。文章分析了孔子思想體系中的諸如「道」、「無爲」、「隱逸」以及其他大量的老子式的思想傾向；也分析了老子思想體系中的許多儒家可以借鑒和融匯的元素，我們還專門比較和論述了老、孔的「道」、「仁」、「禮」、「中庸」等觀念的異同，比較系統和全面地揭示了老、孔思想在諸多方面的相通之處。我們得出的結論是，孔、老思想在許多方面是相通的，雖然其實現方式不同，但他們的思想實質是相通的，孔子和老子思想的差別並沒有像我們後來以「儒家」和「道家」的視角去理解的那樣得出孔子和老子思想截然對立的結論。關於老、孔思想相通的結論在一定程度上無疑也反過來印證了老、孔師生關係的眞實性。

通過對孔、老關係的兩個方面的分析和論述，我們認爲更加有必要對這種結論的背後原因進行一番探析和研究，進而去觸摸和思考早期儒道關係的眞實情況。爲什麼孔子向老子學習這種事情能在當時的社會發生？爲什麼老、孔之間的思想會有那麼多的相通之處？爲什麼老、孔的思想在後來會逐漸地異化成區別更大的兩種學派呢？我們認爲老子和孔子的學說同時發生於相同的社會現實和文化背景之下，這是他們的思想出現相通的必然因素，而孔、老之間的學術交往也是一個重要的因素。孔、老思想在後世的異向發展，

除了其思想層面上的分歧之外，還有來自社會政治的選擇、學術流派的發展
和推動、思想的詮釋角度等等內外方面的因素。

　　當然，強調和揭示孔、老思想的相通，並不是否定其思想的差異。在思
考孔、老關係和他們思想主張的異同的同時，我們發現，在孔子和老子以後，
直至荀子，乃至更後一點的時代，所謂的「儒家」和「道家」的思想仍然像
孔、老之間的思想關係一樣，是相互交融互補的，而早期的儒道關係是和諧
共處的。「儒家」和「道家」的明確概念則是在先秦以後形成的，儒道的真正
分流也不是直接從孔子和老子那裏就迅速開始了。最後，我們還討論了郭店
楚簡等儒道文獻對於孔、老研究、特別是早期儒道關係研究的作用，我們認
為郭店楚簡的儒道材料對於先秦思想研究有十分重大的價值，但是我們不認
為是郭店楚簡「發現」了早期儒道並不緊張，傳世的文獻已經可以證明早期
儒道關係並非尖銳對立。

　　進行孔、老關係和早期儒道的研究，是一項非常艱難和大膽的工作。無
論從材料還是從觀點，還是從研究的視角，都不可能有完全地創新和突破。
我們選擇這頗具爭議但又十分重大的學術問題作為自己的研究選題，並非狂
妄地認為我們可以完全解決這一學術問題，我們只是力圖在前人的研究基礎
之上，努力對這一問題進行進一步的探索和研究，希望能進一步澄清一些認
識、進一步理清一些早期學術思想的基本關係，思考這些思想關係背後的原
因，儘量地接近歷史的真實。如果能夠在這方面有所推動，能夠向人們傳遞
一些自己的思考，我們就滿足了。

參考文獻

主要參考文獻

一、專　著

1. 王弼：《老子道德經注》，《王弼集校釋》，中華書局 1980 年版。

2. 《十三經注疏》，浙江古籍出版社影印本，1988 年版。

3. 司馬遷：《史記》，中華書局簡體字本 2005 年版。

4. 班固：《漢書》，中華書局簡體字本 1999 年版。

5. 韓愈：《韓愈全集》，上海古籍出版社 1997 年版。

6. 朱熹：《四書章句集注》，中華書局 1983 年版。

7. 黎靖德編，王星賢點校：《朱子語類》，中華書局 1986 年版。

8. 郭慶藩：《莊子集釋》（1～4 冊），中華書局 1961 年版。

9. 王利器：《文子疏義》，中華書局 2000 年版。

10. 韓嬰撰；許維遹校譯：《韓詩外傳集釋》，中華書局 1980 年版。

11. 程樹德：《論語集釋》（1～4 冊），中華書局 1990 年版。

12. 何寧校釋：《淮南子集釋》上下冊，中華書局 1998 年版。

13. 梁啓雄：《荀子簡釋》，中華書局 1983 年版。

14. 朱謙之：《老子校釋》，中華書局 1984 年版。

15. 高亨：《老子正詁》，古籍出版社 1956 年版。

16. 高明：《帛書老子校注》，中華書局 1996 年版。

17. 錢穆：《論語新解》，三聯書店 2002 年版。

18. 楊伯峻：《論語譯注》，中華書局 1980 年版。

19. 劉寶楠：《論語正義》，中華書局 1990 年版。

20. 方玉潤：《詩經原始》，中華書局 1981 年版。

21. 陳奇猷校注：《呂氏春秋新校釋》上下冊，上海古籍出版社 2002 年版。

22. 楊伯峻：《春秋左傳注》，中華書局 1990 年版。

23. 陳奇猷校注：《韓非子集釋》上下冊，上海人民出版社 1974 年版。

24. 錢穆：《莊老通辨》，北京：生活‧讀書‧新知三聯書店 2002 年版。

25. 馮友蘭：《中國哲學史新編》，人民出版社 1985 年版。

26. 《百子全書》，浙江古籍出版社 1998 年版。

27. 胡適：《胡適全集》第 4 卷，安徽教育出版社 2003 年版。

28. 顧頡剛等：《古史辨》（1〜7），上海古籍出版社 1982 年版。

29. 錢穆：《先秦諸子繫年》，商務印書館 2002 年版。

30. 郭沫若：《十批判書》，東方出版社 1996 版。

31. 任繼愈主編：《中國哲學發展史》（先秦卷），人民出版社 1983 年版。

32. 侯外廬、趙紀彬、杜國庠：《中國思想通史》，第一冊，人民出版社 1957 年版。

33. 馮友蘭：《中國哲學史》（上冊），華東師範大學出版社 2000 年版。

34. 崔述撰著，顧頡剛編訂：《洙泗考信錄》，上海古籍出版社 1983 年版。

35. 張岱年：《文化與哲學》，教育科學出版社 1988 年版。

36. 金景芳：《金景芳先秦思想史講義》，天津古籍出版社 2007 年版。

37. 呂思勉：《先秦學術概論》，中國大百科全書出版社 1985 年版。

38. 周谷城：《中國通史》上冊，上海人民出版社 1957 年版。

39. 裘錫圭：《中國出土古文獻十講》，復旦大學出版社 2004 年版。

40. 李學勤：《重寫學術史》，河北教育出版社 2002 年版。

41. 李學勤：《走出疑古時代》，長春出版社 2007 年版。

42. 陳戍國：《禮記校注》，嶽麓書社 2004 年版。

43. 張松輝：《老子研究》，人民出版社 2006 年版。

44. 〔德〕馬克思‧韋伯：《儒教與道教》，江蘇人民出版社 1997 年版。

45. 崔大華：《莊學研究》，人民出版社 1992 年版。

46. 熊鐵基、馬良懷、劉韶軍：《中國老學史》，福建人民出版社 1995 年版。

47. 陳啓雲：《中國古代思想文化的歷史論析》，北京大學出版社 2001 年版。

48. 郭沂：《郭店楚簡與先秦學術思想》，上海教育出版社 2001 年版。

49. 王文錦：《禮記譯解》，中華書局 2001 年版。

50. 劉學智：《儒道哲學闡釋》，中華書局 2002 年版。

51. 荊門市博物館：《郭店楚墓竹簡》，文物出版社 1998 年版。

52. 孫以楷、陸建華、劉慕方：《道家與中國哲學》（先秦卷），人民出版社 2004 年版。

53. 陳鼓應：《老莊新論》，香港：中華書局（香港）有限公司 1991 年版。

54. 李零：《簡帛古書與學術源流》，生活・讀書・新知三聯書店 2004 年版。

55. 寧鎮疆：《〈老子〉早期傳本結構及其流變研究》，學林出版社 2006 年版。

56. 聶中慶：《郭店楚簡〈老子〉研究》，中華書局 2004 年版。

57. 陳鼓應：《易傳與道家思想》，三聯書店 1996 年版。

58. 陳鼓應：《老子今注今譯》，中華書局 1983 年版。

59. 李零：《郭店楚簡校讀記》，北京大學出版社 2002 年版。

60. 李維武編：《徐復觀文集》第三卷《中國人性論史・先秦篇》，湖北人民出版社 2002 年版。

61. 陳來：《古代思想文化的世界——春秋時代的宗教、倫理與社會思想》，三聯書店 2002 年版。

62. 尹振環：《楚簡老子辨析：楚簡與帛書老子的比較研究》，中華書局 2001 年版。

63. 張松輝：《先秦兩漢道家與文學》，東方出版社 2004 年版。

64. 楊朝明：《儒家文獻與早期儒學研究》，齊魯書社 2002 年版。

65. 孫熙國：《先秦哲學的意蘊——中國哲學早期重要概念研究》，華夏出版社 2006 年版。

二、研究論文

1. 李存山：《從郭店楚簡看早期儒道關係》，載《道家文化研究》第 17 輯，北京三聯書店 1999 年版。

2. 杜維明：《郭店楚簡與先秦儒道思想的重新定位》，載《中國哲學》第二十輯《郭店楚簡研究》專輯，遼寧教育出版社，1999 年。

3. 郭沂：《楚簡〈老子〉與老子公案——兼及先秦哲學若干問題》，載《中國哲學》第二十輯，遼寧教育出版社，2000 年。

4. 朱維錚：《論語結集脞說》，載 1986 年《孔子研究》創刊號。

5. 杜維明：《郭店楚簡的人文精神》，武漢大學中國文化研究院編：《郭店楚簡國際學術研討會論文集》，湖北人民出版社，2000 年。

6. 李學勤：《竹簡〈家語〉與漢魏孔氏家學》，載《孔子研究》1987 年第 2 期。

7. 李學勤：《新發現簡帛與漢初學術史的若干問題》，載《煙臺大學學報》1988 年第 1 期。

8. 胡平生：《阜陽雙古堆漢簡與〈孔子家語〉》，載《國學研究》2000 年第 7 卷。

9. 王承略：《論孔子家語的眞僞及其文獻價值》，載《煙臺師範學院學報》2001 年第 3 期。

10. 李學勤：《竹簡〈家語〉與漢魏孔氏家學》，載《孔子研究》1987 年第 2 期。

11. 李傳軍：《孔子家語辨疑》，載《孔子研究》2004 年第 2 期。

12. 楊朝明：《讀〈孔子家語〉札記》，載《文史哲》2006 年第 4 期。

13. 陳東：《關於定州漢墓竹簡〈論語〉的幾個問題》，載《孔子研究》2003 年第 2 期。

14. 周玉燕、吳德勤：《試論道家思想在中國傳統文化中的主幹地位》，載《哲學研究》，1986 年第 9 期。

15. 陳鼓應、白奚《孔老相會及其歷史意義》，載《南京大學學報（哲學・人文・社會科學）》1998 年第 4 期。

16. 孫以楷：《老聃與孔丘交往新考》，載《新華文摘》1991 年第 11 期。

17. 李學勤：《郭店楚簡與儒家經籍》，載《中國哲學》第二十輯《郭店楚簡研究》專輯，遼寧教育出版社，2000 年。

18. 李衛星：《漢畫像石所見周禮遺俗》，載《中原文物》2001 年第 1 期。

19. 龐樸：《古墓新知——漫談郭店楚簡》，載 1998 年 12 期《新華文摘》。

20. 李學勤：《郭店楚簡與儒家經籍》，載《中國哲學》第二十輯，遼寧教育出版社，2000 年。

21. 李學勤：《先秦儒家著作的重大發現》，載《中國哲學》第二十輯，遼寧教育出版社 2000 年。

22. 白奚：《「仁」字古文考辨》，載《中國哲學史》2000 年第 3 期。

23. 宮哲兵：《唯道論的創立》，載《哲學研究》2004 年第 7 期。

24. 楊朝明：《〈孔子家語・執轡〉篇與孔子的治國思想》，見於論文集《傳統文化與以德治國國際學術研討會會議論文》，山東省濟南市，2001 年 8 月 17～21 日。

25. 張豈之：《先秦哲學關於「天道」與「人道」問題》，人民日報 2000 年 5 月 11 日第 11 版。

26. 張岱年：《老子哲學辨微》，載《中國哲學史論文集》山東人民出版社 1981 年版。

27. 王中江：《傳經與弘道：荀子的儒學定位》，載《中國哲學》第二十四輯，

遼寧教育出版社 2002 年版。

28. 張松輝：《論老子禮學思想》，《中國哲學史》2005 年第 2 期。

29. 姜廣輝：《郭店楚簡與〈子思子〉——兼談郭店楚簡的思想史意義》，載《中國哲學第二十輯·郭店楚簡研究》，遼寧教育出版社 2000 年版。

30. 劉笑敢：《孔子之仁與老子之自然——關於儒道關係的一個新考察》，載《中國哲學史》2000 年第 1 期。

31. 張運華：《論道家對儒家的影響》，載《管子學刊》1999 年第 3 期。

32. 陳鼓應、白奚：《孔老相會及其歷史意義》，載《南京大學學報》1998 年第 4 期。

33. 葉坦：《儒家「無為」說——從郭店楚簡談開去》，載《哲學研究》1999 年第 7 期。

34. 余學琴：《儒家之始祖　道家之津梁——論孔子思想的道家成分》，載《安徽師大學報》1994 年第 3 期。

35. 郭沂：《生命的價值及其實現——孔、莊哲學貫通處》，載《孔子研究》1994 年第 4 期。

36. 郭沂：《從郭店楚簡〈老子〉看老子其人其書》，載《哲學研究》1998 年第 7 期。

37. 張立文：《論簡本〈老子〉與儒家思想的互補互濟》，載《道家文化研究》第 17 輯，三聯書店 1999 年版。

38. 張鴻愷：《從郭店竹簡〈老子〉不非「仁」、「義」、「禮」、「樂」論早期之儒道關係》，載臺灣《宗教哲學》，（民 9209）。

出版後記

　　這是本人的博士論文。博士畢業後，論文的出版被我長時間擱置。原因有二，一是自己博士畢業之後並沒有更多精力直接從事學術研究，而是承擔了湖南大學辦公室（黨委辦校長辦）的黨政管理綜合性工作，繁重的日常事務，讓我沒有更多的心思和心情去打理自己的學術事務；二是我一直認為，博士論文只是自己在攻讀博士期間對先秦儒道關係研究的初步心得，只是一段學術訓練的研究成果總結，還不夠分量來表達到自己對學術的敬意，也不足以代表自己對學術追求的滿意程度，所以沒怎麼想急著出版。

　　儘管如此，論文也曾經接觸到出版的話題。2008 年 6 月，湖南省第十三屆優秀社科學術著作出版資助評審工作會議通過評審，將我的論文《孔老關係研究》列為湖南省社科基金出版資助項目，但是，需要自己籌集經費並聯繫出版。同年 9 月份，承蒙中華書局馮寶誌先生、張繼海老師認可和厚愛，同意接受書稿在中華書局出版。但編輯部回信表示，「鑒於書稿的性質，我們必須收取一定數額的出版補貼。您的書稿約 20 餘萬字，根據現行制度，作者應提供不少於 3.5 萬元的出版補貼，同時沒有稿酬，出版後贈送作者樣書 20冊。若您接受此條件，我們再討論更具體的問題。」無論如何，需要自己出錢出版自己的學術專著，我覺得渾身都不對勁。（雖然這是當今很多學者面臨的現實問題，也是生活中大量存在的客觀事實。）此後，出版之事一直就擱在那裏了。

　　最近，我的導師朱漢民先生來電，關心我論文出版的事情，說臺灣花木蘭文化事業有限公司願意支持出版一批優秀的博士論文，希望他推薦。由此，出版一事重新提上議事日程。在此，要對朱漢民老師和花木蘭文化事業有限

公司的朋友表示特別的感謝。

本來，按照比較流行的做法，也可以請我所敬重的學術界前輩寫一兩則出版前言給自己貼貼金、鼓鼓勁。我的碩士導師朱漢民先生和博士導師張松輝先生都是學術界公認的深受尊敬的大學者，我也曾向他們報告過想法。他們都很支持，甚至願意推薦輩分更高的學術名人來寫。思考再三，我還是決定不請老師們寫出版前言了。其中最重要的原因，還是有一點心理上的障礙，或者說是書生對學術的一點堅守和自信。學術的事情，好就是好，不好就是不好，既然公開出版，就讓讀者去獨立判斷了，也好對我有個批評和幫助。如果大師們屈尊幫我寫了前言，既影響讀者的獨立判斷，也有藉重名家抬高自己的嫌疑。

前不久，嶽麓書院明倫堂講會進行到第 200 期，我看到嶽麓書院研究生會師弟師妹們推了一則回望和寄語的微信，突然才意識到，從書院博士畢業已經快十年了。明倫堂講會就是我們在書院讀博士時開始創辦的。嶽麓書院2004 年首招博士，首批招了 13 人，其中我和愛華君兩人是碩博連讀本院直升的，比同屆的同學提前了幾個月入學。當時我擔任研究生會主席，爲了營造書院更濃厚的研究生學術氛圍，我和萬瓊華、周之翔等幾位博士倡議發起一個博士論壇，邀請院內外的博士來討論學術，後來延伸邀請了很多老師和院外的專家參與。我們當時上課和學術活動的教室就在明倫堂，加之古代書院有講會的傳統，所以將這個博士論壇取名叫明倫堂講會。「承朱張之緒、弘湖湘學統、沐書院清風、談天下學術」的講會精神就是我當時擬就的。時任院長朱漢民老師對活動非常支持，肖永明老師等師長們給了很多指導。

時光飛逝，然而歲月並不如歌。我是大學畢業工作六年之後再去考研讀博的。生活、學習給了我太多的厚重和磨礪，當然這不是每個人都能夠擁有的一筆財富。猶記大學畢業時，我分配在瀏陽三中教英語。有一年秋天，我陪外教從瀏陽去長沙參觀嶽麓書院，時值深秋，天高氣爽，院子裏落黃滿地，庭院深深，書香濃濃，書院給我留下了靈魂一樣的感召。冥冥之中覺得，這座古老而幽深的院子今後也許會和自己的人生發生某些關聯，當時，自己並不知道這裡還招研究生。後來，我終於放棄了中學教職和良好的職務晉升機會，毅然全脫產考入了嶽麓書院，投到朱漢民老師門下學習儒家文化，重新開始讀書的生涯。後來的後來，在朱漢民老師力薦下，又有幸轉到張松輝老師門下研究道家思想。在兩位恩師的關心和培養下，在書院渡過了難忘的五

個春秋，獲得了歷史學博士學位，也有幸留在了湖南大學工作。遺憾和慚愧的是，十多年過去了，自己仍然俗務纏身，學無長進。不管怎樣，我要感恩命運的安排，讓我有幸遇上了兩位導師，讓我有幸邂逅了嶽麓書院。我要感謝學習期間，所有給予我關心和指導的老師，所有陪伴和鼓勵我的同學，所有支持我的家人。

謹以此書，紀念我那漸行漸遠的學術追夢歲月。